"十四五"法律职业教育新编系列教材

主编◎李春艳 佟晓丽

应用文写作

YINGYONGWEN XIEZUO

中国政法大学出版社

2024·北京

声 明　1. 版权所有，侵权必究。

　　　　　2. 如有缺页、倒装问题，由出版社负责退换。

图书在版编目（CIP）数据

应用文写作 / 李春艳, 佟晓丽主编. -- 北京：中国政法大学出版社, 2024. 12. -- ISBN 978-7-5764-1861-3

Ⅰ. H152.3

中国国家版本馆CIP数据核字第2024VL0237号

出 版 者	中国政法大学出版社	
地　　址	北京市海淀区西土城路 25 号	
邮　　箱	fadapress@163.com	
网　　址	http://www.cuplpress.com（网络实名：中国政法大学出版社）	
电　　话	010-58908435(第一编辑部) 58908334(邮购部)	
承　　印	北京中科印刷有限公司	
开　　本	720mm×960mm　1/16	
印　　张	21.75	
字　　数	414 千字	
版　　次	2024 年 12 月第 1 版	
印　　次	2024 年 12 月第 1 次印刷	
印　　数	1~5000 册	
定　　价	62.00 元	

出版说明

为深入贯彻落实党的二十大和二十届二中、三中全会精神,全面贯彻习近平总书记关于职业教育工作和教材工作的重要指示批示精神,贯彻落实全国职业教育大会和全国教材工作会议有关要求,落实《关于加强新时代法学教育和法学理论研究的意见》《关于推动现代职业教育高质量发展的意见》的有关部署,进一步适应全面依法治国战略对法律职业教育提出的新的更高要求,根据教育部《职业院校教材管理办法》及《"十四五"职业教育规划教材建设实施方案》,结合新修订的《职业教育专业简介》和《职业教育专业教学标准》以及法律职业教育高质量发展的需要,在全国司法职业教育教学指导委员会的指导下,中国政法大学出版社和行业院校共同启动了"十四五"法律职业教育新编系列教材的编写出版工作。

本系列教材以习近平新时代中国特色社会主义思想为指导,全面贯彻落实习近平法治思想,坚持落实立德树人根本任务,遵循高素质技术技能人才成长规律,遵循教材建设规律和教育教学规律,适应产教融合、职普融通、科教融汇对法律职业教育教学改革提出的新要求,充分满足法律职业教育高质量发展的需求,尤其是数字化、智能化发展的新需求,紧扣各专业人才培养目标及其职业能力培养需要,全面推动习近平新时代中国特色社会主义思想进教材进课堂进头脑。教材突出法律职业教育的类型特点,统筹推进教师、教材、教法改革,以司法类专业教学标准为基本依据,以更深入地实施司教融合、校局联盟、校监所(企)合作、德技双修、工学结合为根本途径,运用现代信息技术创新教材呈现形式,着力加强实训教材和数字化教学资源建设,充分发挥教材建设在提高人才培养质量中的基础性作用。在编写内容上，顺应新时代、新要求，尤其是突出教材的实践性特点，力争符合法律类专业人才培养目标达成需要和相关课程标准要求，与相关法律职业任职标准（岗位技能要求）相衔接，体现"原理与实务相结合"的特点，注重培养学生应用理论、规则及方法解决实际问题的能力。

经过专家们的悉心指导、全体编写人员的共同努力及教材编写基地的大力支持和出版社编辑们的辛勤付出，现在该系列教材已陆续出版，欢迎大家选用，敬请各使用单位和广大师生提出宝贵意见和建议，我们将及时根据教材评价和使用情况反馈对教材进行修订，进一步丰富教材内容，优化教材结构，促进教材质量不断提高。

中国政法大学出版社
2024 年 12 月

编写说明

一、课程性质与定位

应用文写作是高等职业教育人才培养方案中的必修课程，是职业院校各专业公共学习领域的基础课，目的是培养学生具备社会和用人单位需要的应用文写作能力。该课程具有很强的实用价值，属于理实一体化课程。各学校课程开设时间一般为学生实习前的学期，为学生走上实习岗位后进行文字材料撰写工作做好准备。

二、内容与体系构建

近几年，国家大力发展职业教育，在《国家职业教育改革实施方案》《高等学校课程思政建设指导纲要》《国务院关于加快发展现代职业教育的决定》《教育部关于深化职业教育教学改革全面提高人才培养质量的若干意见》等文件中提出明确要求，深化教学改革，"推进人才培养模式创新……强化教学、学习、实训相融合的教育教学活动""加强公共基础课与专业课间的相互融通和配合，注重学生文化素质、科学素养、综合职业能力和可持续发展能力的培养"。经过行业调研，编者了解到行业对学生文字表达和沟通能力的期待，明确了应用文写作教学改革的方向。

我们发现，应用文写作课程教学面临的主要问题有：一是如何在有限的教学时间内高效培养学生的应用文写作思维及能力；二是如何以工作过程及行为为导向，提高学生的应用文写作实践技能及相关职业工作能力；三是如何合理有效地与课程思政、专业岗位融通，更好地服务学生职业发展。在分析学情、教情的基础上，我们认为只有落实"三教"改革才能解决问题，才能实现学生德技双修、实务实训技能落地，使课程教学紧跟时代发展的脚步。为此，我们不断丰富课堂教学理念，构建了基于塑造学生职业能力的应用文写作课堂实训教学模式，尝试满足社会对人才培养质量的需求，最后形成了这本《应用文写作》教材。

我们将教材内容体系构建为五部分。其中，实训领域综述部分为应用文写作概述，实训领域部分包括日常类、通用事务类、党政机关公文类三类常用应用文文种实训，还有综合模拟演练部分。

实训领域综述部分简单介绍了应用文写作基础知识，使学生能够初步了解应用文，为后面的文种学习奠定理论基础。

实训领域前三部分是各行各业在日常管理工作中经常用到的、学生在未来岗位上接触和使用频率较高的应用文，因此在校学生必须掌握，也是我们教学中需要重点讲授、训练的应用文。

为了使学生易于理解文种，培养其应用文写作思维，掌握文种写作规律，特将每个文种、每个项目的实训步骤设计为"情境导入——任务描述——知识聚焦——任务实施——例文分析——拓展学习——训练营地"。具体思路是：选择学生熟悉的学校场景或未来工作场景，设置情境，引出任务，引导学生进行任务分析；然后提供文种模板或写作要点提示，引导学生练习写作，完成初稿；再对初稿问题进行诊断修改；随后选择具有代表性、时代性、行业性特点的例文引导学生评析研读，进一步熟悉文种知识、写作思路及技巧；而后为学生提供相关知识，使学生多角度、多侧面感知应用文，拓宽对应用文及文种的理解和思考；最后是练习巩固，实践提高，这一部分以精讲多练为主，突出实用性和实训性，促使学生主动思考，逐步操作完成任务，从而学会常用应用文写作。

综合模拟演练部分主要是在课堂上通过模拟院校、政法系统、公司企业等行业中使用应用文的工作场景来开展教学活动。通过模拟工作情境，让学生初步了解会议过程及办会程序，了解活动的策划、组织、实施过程，提高工作能力；结合实训活动的模拟实施，使学生通过查找资料提前了解和熟悉院校、政法系统及公司企业等行业的工作内容与工作程序，提高职业认知能力，帮助学生走上工作岗位后，能够尽快适应与应用文相关的工作。通过模拟实训环节，让学生学会工作过程中常用应用文的写作方法。通过任务演练环节，让学生切身体验应用文的实际应用情况和效果，并及时修正所写文种的思路、内容、语言等，进一步提升应用文写作能力。通过综合实训活动，使学生置身于工作场景中，经历活动的策划、会务的准备、材料的撰写、活动的举办、会议的召开及后期总结报道等工作阶段，培养学生在工作中以应用文解决问题的思维方式，锻炼学生的综合能力，提高学生的综合素质。

三、编写理念与特色

本教材尝试顺应职业教育发展需要和学生综合职业能力培养的需求，强调应用文写作的实用性，以学生为主体，以常用应用文写作能力培养为本位，以实训为突破点，优化教学内容，改革课堂教学模式，创新实训形式，重在培养学生的应用文写作思维及综合应用能力。教材编写的理念与特色如下：

1. 强化课程思政，传递正能量。本教材全面贯彻习近平新时代中国特色社会主义思想，将社会主义核心价值观等内容贯穿于教与学全过程。在文种学习和综合模拟演练中融入思政元素，如在例文分析、品味研读等环节，以应用文及相关内容为载体，直接呈现思想政治教育资源，通过对文件、历史事件、人物事迹、社会现象等的解读，达到润物无声的效果，引导学生具备爱国情怀、职业道德、社会责任感和团队合作精神等综合素质。

2. 贴近行业，构建基于职业能力的应用文写作课堂实训教学模式。本教材结合学生就业岗位需求，使应用文教学在模拟行业工作情境中以实操演练的方式呈现，突出了"以项目任务为引领""融理论知识于实训实践""专业知识与就业岗位、行业工作相结合"的特点，引导学生提高分析解决问题的能力，特别是尝试提供给学生掌握基于工作的写作思维能力、实务能力、职业认知能力、组织协调能力的机会。

3. 多角度呈现应用文，增强对应用文的感知。本教材设置的应用文写作情境以故事方式展开，主人公的职业身份会使学生有代入感，引导学生体会到应用文就在身边，为其服务，有助于学生理解、感受应用文。拓展学习环节提供的文章或者故事等，可以拓宽学生视野，使学生多角度、多层次、多侧面认识和感受应用文，加深对应用文的理解，帮助学生提高应用文写作能力。

4. 突出"双创"教育，帮助学生提高"双创"意识。为了使学生认识和了解"双创"工作，我们会从多个文种角度呈现"双创"工作。在综合模拟演练部分，专门设置了"创新创业大赛活动"，培养学生"双创"意识，以期达到激励创新的效果。

5. 积极推进数字化教学。根据未来学生工作场景的数字化要求，融入数字化内容，引导师生科学合理地使用信息技术。在教与学的活动中，一是师生可充分利用在线教学学习平台、在线工具和在线资源，帮助自己完成教学任务和学习任务；二是学生可利用网络平台收集资料，整合资料，完成任务；三是可适当用AI（人工智能）赋能教与学，如学生可以用AI帮助自己梳理写作思路、进行语言润色等。

四、使用建议

本教材将常用的应用文文种写作作为精讲精练的内容，授课教师可根据教学课时的实际情况有选择地进行讲解。建议在应用文概述及部分文种讲授完成之后，再进行综合模拟演练实训。综合模拟演练活动部分，授课教师可以根据教学情况灵活选择运用，并根据学生专业特点选择实训内容，进行课堂综合实训指导。可提前安排学生利用课余时间准备，并在学期末进行实训展示。

五、编写分工

本教材的编写大纲、编写计划、书稿统筹由李春艳、佟晓丽负责，陈顾、魏庆培参与编写体例的商讨、确定，协助完成书稿修改。

编写人员撰写分工如下（以撰写项目先后为序）：

李春艳（宁夏警官职业学院）：实训领域综述，实训项目一、二十三、二十五，实训领域一、四简介；

朱亮（黑龙江司法警官职业学院）：实训项目二、四、五；

朱桂华（武汉警官职业学院）：实训项目三、十九；

崔婧（河南司法警官职业学院）：实训项目六、十三；

魏庆培（浙江警官职业学院）：实训项目七、八，实训领域二简介；

吴惊君（江西司法警官职业学院）：实训项目九、二十；

佟晓丽（黑龙江司法警官职业学院）：实训项目十，实训领域三简介；

彭金（云南司法警官职业学院）：实训项目十一、十二；

李阳（新疆司法警官职业学院）：实训项目十四、十五；

陈顾（吉林司法警官职业学院）：实训项目十六、十七；

江海燕（宁夏警官职业学院）：实训项目十八、二十四；

荣幸（北京工业职业技术学院）：实训项目二十一、二十二。

六、致谢

本教材能够出版，首先要感谢全国司法职业教育教学指导委员会、中国政法大学出版社及参编教师所在学院对本教材的大力支持！感谢每一位参与编写、审稿的老师和行业专家张涛、哈晓东，感谢大家在编写过程中给予的指导、建议、帮助，谢谢大家的努力和付出！

在编写过程中，我们参考、借鉴了许多学者、专家出版的教材、学术著作和一些单位团体的网络媒体资源等，还选用了许多行业单位的应用文，对此谨向原作者、材料提供者及相关单位致以衷心的感谢！由于编者理论修养和实践经验所限，书中难免存在疏漏之处，敬请广大师生和各位专家批评指正。

编　者

2024 年 11 月 10 日

目 录

实训领域综述　应用文写作概述 …………………………………………… 1

实训领域一　日常类应用文 …………………………………………… 18
　　实训项目一　申请书 ………………………………………………… 19
　　实训项目二　倡议书 ………………………………………………… 27
　　实训项目三　演讲稿 ………………………………………………… 38
　　实训项目四　个人简历 ……………………………………………… 49
　　实训项目五　情况说明 ……………………………………………… 60
　　实训项目六　邀请函 ………………………………………………… 69

实训领域二　通用事务类应用文 ……………………………………… 77
　　实训项目七　会议日程 ……………………………………………… 79
　　实训项目八　会议记录 ……………………………………………… 88
　　实训项目九　计划 …………………………………………………… 98
　　实训项目十　总结 …………………………………………………… 117
　　实训项目十一　情况汇报 …………………………………………… 133
　　实训项目十二　简报 ………………………………………………… 145
　　实训项目十三　调查报告 …………………………………………… 163
　　实训项目十四　发言稿 ……………………………………………… 176
　　实训项目十五　讲话稿 ……………………………………………… 185

实训领域三　党政机关公文类应用文 ………………………………… 196
　　实训项目十六　通知 ………………………………………………… 208
　　实训项目十七　通报 ………………………………………………… 222

实训项目十八　请示 …………………………………………………… 233
　　实训项目十九　报告 …………………………………………………… 245
　　实训项目二十　决定 …………………………………………………… 258
　　实训项目二十一　函 …………………………………………………… 267
　　实训项目二十二　会议纪要 …………………………………………… 275

实训领域四　综合模拟演练活动 …………………………………………… 287
　　实训项目二十三　院校活动综合演练 ………………………………… 289
　　　　实训科目一　主题班会活动 ……………………………………… 289
　　　　实训科目二　毕业典礼活动 ……………………………………… 292
　　　　实训科目三　师生面对面座谈会 ………………………………… 295
　　　　实训科目四　创新创业大赛活动 ………………………………… 297
　　实训项目二十四　政法工作综合演练 ………………………………… 300
　　　　实训科目五　派出所宪法日宣传活动 …………………………… 300
　　　　实训科目六　监狱工作暨党风廉政建设工作会议 ……………… 303
　　　　实训科目七　公安局优秀人民警察评选表彰活动 ……………… 306
　　　　实训科目八　基层人民法院调研活动及经验交流会 …………… 309
　　　　实训科目九　公安局网络安全工作汇报会 ……………………… 312
　　　　实训科目十　交警支队百日行动查酒驾活动 …………………… 314
　　　　实训科目十一　戒毒管理局庆祝人民警察节暨主题党日活动 … 317
　　　　实训科目十二　司法局工作例会 ………………………………… 320
　　实训项目二十五　企业活动综合演练 ………………………………… 322
　　　　实训科目十三　安全生产视频会议 ……………………………… 322
　　　　实训科目十四　新员工入职培训活动 …………………………… 324
　　　　实训科目十五　中层干部竞聘上岗活动 ………………………… 327
　　　　实训科目十六　年终总结表彰大会 ……………………………… 329

附　录 ………………………………………………………………………… 332

参考文献 ……………………………………………………………………… 333

实训领域综述　应用文写作概述

学习目标

知识目标：理解应用文写作与文学创作的区别；掌握应用文写作的概念、特点及写作基础知识，了解应用文写作的学习方法。

能力目标：提高应用文写作的感知能力，具备自觉运用应用文写作基础知识指导写作实践的能力。

素养目标：认识到应用文写作的重要性，增强自觉运用应用文写作基础知识指导写作实践的意识，提高解决问题的综合素质。

情境导入

在大二的第二学期，李×所在班级开设了一门课程《应用文写作》。第一堂课上，授课老师提出三个问题：为什么要学习应用文写作？应用文和文学作品有什么区别？如何提高应用文写作能力？李×就这三个问题进行了思考。假如你是李×，请谈谈你的理解和看法。随后请将你的理解和看法提交到××网络教学平台，并请利用课余时间在"国家高等教育智慧教育平台""中国大学MOOC（慕课）"等平台进行应用文写作在线学习，巩固应用文写作知识，提高应用文写作能力。

知识聚焦

一、应用文写作课程的重要性

应用文在社会生活中发挥着重要的作用，应用文的读写能力是每个现代人应该掌握的基本技能之一。对于大学生而言，应用文写作能力也是必不可少的。我国知名教育家叶圣陶先生就曾说过："大学毕业生不一定要能写小说、诗歌，但一定要能写工作、生活中的实用文章，而且非写得既通顺又扎实不可。"在这，叶先生所说的"实用文章"就是应用文,可见其重要性。

目前,我国各高等院校普遍开设了应用文写作类的课程,许多专业将应用文写作训练作为重要的教学内容。应用文写作课程不仅培养学生的应用文写作能力,而且在提高学生的工作能力、综合素质等方面也发挥着越来越重要的作用。

(一)培养发现、分析、解决问题的能力

应用文是为解决现实生活工作中的问题而存在的,每一篇应用文都是紧紧围绕现实情况来撰写的。在撰写过程中,需要对现实问题进行观察、分析,找到符合本质规律的解决问题的办法,这一过程就可以培养学生的发现、分析、研判、解决问题的能力,从而提高学生智慧生活、工作的能力。

(二)培养逻辑思维能力

在解决现实问题的过程中,需要学生遵循事物发展规律进行理性思考,按照事物之间的逻辑关系有效解决问题,最后形成具有实用价值的应用文,完成任务和工作。所以撰写应用文的过程能够培养学生的严密的逻辑思维能力,提高其思考力。

(三)提高语言文字表达能力

应用文写作是依靠语言文字传递信息、表达思想从而完成任务的。语言文字是其主要媒介,因此应用文写作可以锻炼并提高写作主体的语言文字的表达和运用能力。

(四)锻炼组织、管理和协调能力

有时完成一篇应用文,实际上是提前组织了一次活动、召开了一场会议、安排了一项工作、协调了一件事情等,虽然没有开展实际工作,但我们已经在大脑中反复思考构建了这些工作、任务,从一定程度上来说,这个过程也锻炼了我们的组织、管理和协调能力。

(五)有助于对职业的认知

在学习这门课程时,可以从大量例文中,特别是与自己专业结合紧密的例文中感知相关职业方向的内容、特点等,进而深化对职业的认识和了解。在进行模拟演练时,需要查找相关专业或职业的资料,这一过程也有助于加深对职业的了解和认知。

二、应用文及应用写作的含义

应用文是指国家党政机关、企事业单位、社会团体以及个人在办理公私事务时所使用的,具有一定惯用体式的实用性文章的总称。它具有指导、管理、宣传、教育、交流、沟通和作为依据、凭证的作用。

应用写作,就是应用文的写作,是以应用文及其写作活动为研究对象,探讨并研究应用文写作的规律,培养应用文写作思维,提高应用文写作能力的一门学科。

三、应用文的特点

（一）实用性

实用性是应用文最根本的特点。应用文是从实际需要出发，为解决或处理生活、工作中的实际问题而写的，具有实用的价值。

（二）真实性

真实性是指应用文的内容真实确凿、实事求是。应用文要为解决现实问题、指导实际工作服务，所以文中所提到的材料必须是真实可靠的，杜绝虚构夸张，做到有根有据、准确可信。

（三）程式性

程式性是指应用文的较固定的拟制和办理程序以及行文格式。这些程序、格式都是人们在长期的实践中约定俗成的，便于处理问题、写作、阅读。应用文要按照固定格式和习惯用法进行写作，不可随意变动，标新立异。

（四）针对性

应用文有很强的针对性，每个文种都有其相应的发送对象和使用范围。发送对象一般都明确具体，特指某一群体。

（五）时效性

应用文是用来解决现实中存在的问题的，一般要求在特定的时间内处理特定的问题，要求写得及时、办得及时，强调时效性。如果不及时写作办理，就会错过解决问题的最佳时机，将会给工作、学习、生活带来不利。

（六）简明性

应用文的目的是实用，力求使用明确、简洁、概括、精炼的语言进行表达，并恰当使用专业术语。

四、应用文的种类

应用文的种类繁多，划分标准各异、分类也不同。一般按照应用文的功能可划分为通用类应用文和专用类应用文。

（一）通用类应用文

通用类应用文指人们在办公或办事过程中普遍使用的应用文。包括党政机关公文类、通用事务类、日常类应用文。

1. 党政机关公文类应用文是指《党政机关公文处理工作条例》中所规定的15种应用文文种。

2. 通用事务类应用文是指机关团体、企事业单位或个人处理一般事务的应用文。包括计划、总结、简报、调查报告、述职报告、会议议程、会议记录、讲话稿、规章制度等。

3. 日常类应用文是指单位或个人用来处理日常生活中的公、私事务时经常使用的应用文。如各类信函、礼仪文书、申请、简历、读书笔记、启事、条据等。

（二）专用类应用文

专用类应用文指社会各行业在其专业工作中使用的专业性较强的应用文。主要有科技类、财经类、公安类、司法类、外交类、军事类、传播类等应用文。

五、应用文写作基础知识

应用文的基本构成要素包括主题、材料、结构、语言表达方式。

（一）应用文的主题

1. 主题的含义。应用文主题是写作意图的直接体现，指作者通过文章的具体材料所表达的中心思想或基本观点，也称"主题思想"或"主旨"等。它是文章的主体和核心，是写作目的的体现。

2. 应用文主题的作用。主题是文章的核心和灵魂，一方面决定着文章的价值，另一方面决定着材料的取舍、支配着文章的谋篇布局、制约着语言表达方式、影响着文章的遣词造句。

3. 主题的来源与提炼。应用文主题一般不能根据作者本人的意愿自由确定，而是源于实际情况和问题的解决等。

（1）来源于上级部门或单位领导的意图。在撰写应用文之前，作者往往需要了解党和国家的路线、方针、政策，认真阅读上级的相关文件，准确领会上级机关的工作部署和要求，或者提前与单位领导沟通，了解、把握领导的意图和要求，在此基础上形成应用文的主题。

（2）来源于对实际生活、工作的调查研究。作者通过对生活、工作的观察、研究、分析或亲自参与社会实践，获得大量的材料，并对其进行分析、综合、比较、归纳，从中把握事物的本质规律，提炼形成主题。

4. 主题的点题方法。应用文的主题一般是直接表达或显露在文章中的。

（1）标题点明全文主题。在应用文标题中直接凸显主题，用明白无误的语句直截了当表达自己的主张、观点。如《××学校关于开展节能减排活动的通知》，标题中的"开展节能减排活动"点明全文主题。

（2）开头主题句点题。在应用文的开头部分，往往用一句话概括出主题。如《中共中央组织部关于全国组织系统认真学习贯彻党的二十大精神的通知》的开头为：

按照《中共中央关于认真学习宣传贯彻党的二十大精神的决定》要求，结合组织工作实际，现就全国组织系统学习贯彻党的二十大精神通知如下：……

这段选文是这份通知的开头部分，在介绍了发文缘由后，用"现就全国组织系统学习贯彻党的二十大精神通知如下"这句来揭示主题。

(3) 文中段旨句（或小标题）点题。在应用文各层次或自然段中，往往在其开始的部分用非常简明扼要的一两句或几句话准确概括层次、段落的大意，形成段旨句。段旨句一般都是围绕总主题所形成的分主题，从一定角度揭示了主题；或者在应用文中形成段落小标题来概括层次大意，深化、细化全文主题。如《××市公安局关于推进小城镇户籍管理制度改革的意见》中：

结合本市实际情况，提出如下意见：

一、工作目标和原则

本市小城镇户籍管理制度改革工作，应坚持既要积极又要稳妥，因地制宜、协调发展的原则。

……

这段选文中，"工作目标和原则"是"推进小城镇户籍管理制度改革意见"的重要内容之一，是主题的进一步细化，同时又是下面几段内容的高度概括和主题表达，是这几段的小标题。

(4) 篇末点题。就是在应用文的结尾再次点明主题，首尾呼应。

(二) 应用文的材料

1. 材料的含义。应用文的材料是指为应用文写作而搜集的能够表现主题的一系列事实、数据、观点。

2. 材料的收集、选择和使用。在写作应用文时，需要广泛收集材料，恰当地选择和使用材料。

(1) 收集材料。材料是撰写应用文的基础。写作时，首先要根据应用文的写作意图和目的，尽可能地搜集更多的资料。搜集材料一般有直接获取与间接获取两条途径。直接获取是指作者运用观察、调查、采访、问卷、开调查会等方法直接从现实生活工作中获取材料；间接获取是指作者通过各种记录、报表、报刊、网页、书籍、单位的档案等传播媒介间接获取材料。

(2) 选择材料。应用文材料的选择是根据主题而定的，要紧扣主题选择那些真实、准确、典型、新颖的，能够有效解决问题的材料。

(3) 使用材料。撰写应用文时，使用材料的原则是能够有力表现主题、解决实际问题。因此，要根据应用文的不同主题、不同性质、不同功能决定材料的选择和使用方式，同时注意观点和材料是否达到统一，材料的使用是否能够有助于解决现实问题。

(三) 应用文的结构

1. 结构的含义。应用文的结构就是根据主题的需要对选用的材料进行组织和编排的方式，是作者思路在文章中的具体体现，也称谋篇布局。包括两层含义，一是应用文内部联系的体现，即材料和观点、部分与整体之间的大体思维逻辑框架。二是外在形式，即应用文的标题、开头、主体、结尾、层次、段落、过渡、照应、主次、详略等外在要素的具体安排设计。一般这二者是和谐统一，相辅相成的。

2. 结构安排的原则。应用文的结构要根据主题和文种的要求，正确反映客观事物的发展规律，符合解决问题之道，做到严谨自然，完整统一。

（1）服从主题。应用文的结构必须为表现、突出主题服务，开头与结尾、层次与段落、过渡与照应、主次与详略的安排都是服从主题的需要。

（2）符合事物的发展规律和内在联系。应用文的结构安排要符合事物的发展规律和内在联系，符合人类认识客观事物的规律。

（3）适应不同文体的要求。不同类型的应用文都有其约定俗成或法定的结构方式，因此，撰写应用文时，要按照具体的文种格式安排结构。

（4）清晰醒目，完整自然。应用文要求条理清晰、纲举目张、完整自然，符合体式特点，以便读者把握要领、贯彻执行，一般采用分条列项、小标题提示、段首提要等形式。

3. 结构的内容。结构包括以下内容：

（1）开头和结尾。应用文常用的开头方式：

第一，目的式。交代发文的目的、动机和意义，常用"为了（为）……"等介词作为文章开端之语。这是应用文写作中最常用的开头方式之一，常用于计划、情况通报、通告、通知、意见等文种。如《关于举办服装产品展销会的通知》中的开头"为了扩大我市服装商品的知名度，向全国推广，繁荣市场，满足消费者需求，经研究决定于……"。

第二，根据式。交代发文的依据和撰写的根据，增加发文的权威性，一般为上级的指示、要求、规章、安排等，常用"根据……""按照……""遵照……""经……决定""经……通过"等介词或介词短语引起下文。这多用于决定、调查报告等文种中。如《中国人民解放军驻澳门部队进驻澳门特别行政区的命令》中的开头"根据《中华人民共和国宪法》赋予中国人民解放军的使命，依照《中华人民共和国澳门特别行政区基本法》《中华人民共和国澳门特别行政区驻军法》有关规定，命令你们……"。

第三，缘由式。交代发文的缘由和原因，常用"因为……""由于……""鉴于……""……为此"等介词引出下文。一般是引出发文目的。常见于启事、消息、通讯、调查报告等文种中。如《招聘启事》的开头"因公司业务发展需要，现面向社会招聘……"。

第四，提问式。以提问的方式开头，让读者首先对全文要说明的问题心中有数，并引起对问题的注意和思考。调查报告、学术论文、新闻、倡议书等文种，有时用这种方式开头。如《致全校同学的倡议书》的开头"你想在一个绿树成荫、鸟语花香的地方生活吗？你想在一个姹紫嫣红、四季如春的环境学习吗？你想在一个环境优美、充满生机的校园里成才吗？答案当然是肯定的"。

第五，概述式。开头主要概括交代背景、基本情况、主要内容，起到提纲挈领的作用。这种开头，多用于通报、调查报告、简报、总结、会议纪要等文种中。如《关于"8·13"火灾事故情况的通报》中的开头为"×××年8月13日15时许，我厂第三车间发生一起火灾事故，烧毁机器设备2台，造成直接经济损失约5万元，所幸未造成人员伤亡。起火是由工作人员在车间抽烟后将烟蒂遗落在易燃物上所致"。

第六，结论式。开头先提出结论性观点和意见，接着再具体解释、阐述、说明。消息、通讯、总结、简报等文种常用这种方式开头。如××县人口普查办公室的简报《提倡"五种意识"力促人普工作》中的开头"在第×次全国人口普查工作中，××县人普办结合自身工作实际，提倡全体普查员树立讲大局、讲奉献、讲质量、讲创新、讲依法的五种意识，确保全县人口普查工作高标准、高质量完成。一是……"。

第七，综合式。开头综合使用以上两种或者几种开头方式，一般为先叙述背景情况，再说明依据，或点明目的等。如《××××年学习总结》的开头"一学年的学习任务已结束。这一年来在增长知识、提高能力方面收获颇多。为了巩固成绩，弥补不足，以利于今后的工作和学习，特总结如下……"。

应用文常用的结尾方式：

第一，以专用词语结束全文。如："特此报告""特予公布""妥否，请批示""此令""此复"等。

第二，总结点题式。运用简洁明了的语言概括出全文内容，或得出结论，点明主题，使读者加深对文章的理解和认识。如《教务处×××年工作总结》的结尾"总之，教务处工作是一项很繁琐的工作，只有认真、细心才能够做好，所以在今后的工作中要继续坚持一贯作风，不断总结完善，注重配合，争取做得更好，为促进学校发展而努力"。

第三，以号召、希望、要求结束全文。在结尾处发出号召，寄托希望，以便激励读者，或者向收文者发出指示，提出要求，适用于下行文或讲话。如《校运动会开幕词》的结尾"最后，让我们共同预祝第三十届校运动会圆满成功"。

第四，祈请式。请求有关部门的批准、支持和协助，适用于上行文。如《××市农业委员会关于发展市观光旅游农业的意见》的结尾"以上意见如无不妥，请批准各县（市）、区及市各部门执行"。

(2) 层次和段落。

第一，层次是应用文思想内容表现的次序。它反映和表现客观事物的发展阶段和问题、矛盾的各个方面，同时也是作者思维流动发展过程的具体体现，因此又称"逻辑段"，或叫"部分"。层次划分要求前后有序，条理清楚。层次安排有总分式、并列式、递进式三种，常见的层次表述方法有数量词表示、小标题表示、词和词组表示三种，如以"一、二、三……"之类的序号，或者用"首先、其次、再次、最后……"等词语标注。

第二，段落是指自然段，是应用文中能够表达一个完整意思而又相对独立的基本构成单位。其标志一般是段首空两格，段末另起行。安排段落需要注意的是，每段要段意单一完整，长短适度，并且还要注意段与段之间的逻辑关系，力求层次鲜明。

(3) 过渡和照应。

第一，过渡是指层次与段落之间的衔接与转换，在应用文中起着承上启下、相互连接的纽带作用。常见的过渡形式主要有三种，一是词语过渡，如"总之""因此""然而""由此可见""综上所述""在此基础上"等；二是使用句子过渡，如"现将具体情况总结如下""现将有关事项告知如下""特制订此办法"等；三是运用序号或相当于序号的词语过渡，如段首标明"一、二、三……"之类的序号，或者用"首先、其次、再次……"等词语，或采用小标题式过渡；四是段落过渡，这种形式常见于篇幅长、层次跨度大的应用文中。

第二，照应是指内容的前后呼应和关照。应用文常见的形式有文题照应、首尾照应和文中内容照应。

(四) 应用文的语言表达方式

1. 应用文写作的语言表达方式。应用文写作常用的语言表达方式主要有叙述、议论和说明三种，描写和抒情一般在广告、通讯、导游词、演讲词等文种里使用，其他文种则很少使用。

(1) 叙述。叙述是对人物的经历、活动和事件的发生、发展变化过程的叙说和交待，是应用文写作中最基本、最常用的语言表达方式。主要用于交待背景、介绍情况、综述事迹、指出办法以及为议论提供事实依据等。应用文中的叙述一般要求要素完备，时间、地点、人物、事件、原因、结果要明确，还有多以概述为主，抓住重点的事实和关键的情况叙述，主次分明，详略得当，要点突出。

(2) 议论。议论是就某个问题、事件进行判断、推理、分析、归纳，提出观点、表明态度、发表意见的一种语言表达方式。一般来说，议论是由论点、论据和论证三个要素构成。在许多应用文写作中，往往以正面论证为主，旗帜鲜明地表明观点，用真实可靠的事实或理论为依据，引导人们理性认知，合理分析解决问题。应用文中的议论不要求完整论证，不需要周详的逻辑推理过程，并且常常是与叙述、说明等语言表达方式结合使用的。常用的立论方法有例证法、引证法、对比法、类比法、因果推论法等。

（3）说明。说明就是用简明的语言介绍、解释、阐述客观事物和抽象事理的一种语言表达方式。在应用文写作中，主要用于介绍人物经历、状况；解说事物的形态、性质、特征、成因、种类、构造、功能及其发展变化；表述事理的概念、特点、来源、演变、规律、关系等。

常用的说明方法有定义说明、分类说明、举例说明、比较说明、诠释说明、数字说明、图表说明等。

2. 应用文写作的语言要求。

（1）准确。应用文的特点和功用决定了它的语言的准确性，即所用词语能恰如其分地表达客观事物，使现实问题得以顺利解决。在应用文特定的语境关系中，概念要清楚，判断要恰当，所引内容、数据要精确，选词要准确明晰，语言表述要确切、无歧义。如注意辨析相似词语之间的差异，数量表达的正确性，词语搭配得当等。例如，"办事严谨"而不是"办事严肃"；"完成5项任务"而不是"完成许多任务"；"召开会议"而不是"开展会议"。

（2）简明。应用文是基于解决现实问题的需要而产生的，因此需要用尽可能少的文字反映尽可能多的信息，做到直截了当、言简意赅、通俗易懂，使人容易明白并能遵照执行。

应用文常用联合短语作句子成分，把若干相关的意思凝聚在一个句子里，如"通过多种途径提高班主任队伍的素质，实践精致管理理念，不断强化育人意识、完善德育队伍建设、丰富德育教育内涵、创新德育工作方法、争创德育特色品牌，努力……"这句中"不断"一词后面就由5个联合短语凝聚在一起，使复杂内容有条理且简练地表达出来。

应用文中，在主语十分明确的情况下，常常可以省略主语。如《××学校×××年德育工作计划》中，因为发文单位非常明确，就是"××学校"，所以在这篇计划中，主语是全部省略的。

（3）规范。撰写应用文时，要求根据具体语境、场合、收文对象使用规范化的书面语言，包括规范使用专业词语、特定词语、简称或者省略语等，应用文一般不宜使用口语、方言、俗语、俚语、网络用语等。如在提出申请事项时，规范用语是"现特申请……"，而不能写为"我想……"。

（4）庄重。应用文语言要庄重、得体、雅正不俗；要符合特定文种的语言特色，按照其格式要求遣词造句；要符合发文者的身份，要与客观环境、特定读者保持和谐一致；语言措辞有度、庄重得体，有利于问题的解决和实施。如上行文应体现尊重、恳切的语气，平行文应体现真诚、谦和的语气，下行文应体现决断明确又体恤下情的语气。在应用文写作中，可以适当使用一些文言词语，不仅可使语言凝练，还可增强应用文的庄重性、严谨性。如兹、兹有、悉、收悉、谨、拟、承蒙等。

（5）平实。平实是应用文语言的本色。主要指语言朴素自然、实在质朴，杜绝溢美之辞，反对套话、大话、空话、假话，要求客观公正地沟通情况，交流思想，解决问题。除了广告通讯、导游词、演讲稿等少数文种之外，一般不使用文学语言，不用夸张、比拟、双关等修辞手法。此外，多用陈述句和祈使句，很少用或不用感叹句和疑问句。

六、提高应用文写作能力的基本方法

提高应用文写作能力是一个长期的实践过程，需要写作者在日常学习、生活、工作中有意识地培养写作思维和参与实践训练。

（一）学习、掌握写作知识

目前，应用文写作已初步形成了理论体系，并在不断发展完善。如果写作者能够认真学习应用文写作知识，掌握具体文种的写作要领，并以此来指导写作实践，就可以避免写作的盲目性，少走弯路，取得事半功倍的效果。

（二）加强政治理论、业务知识的学习

一篇好的应用文，都是作者的政策水平、生活阅历、知识积累和写作技巧的综合反映。因此写作者要加强政治理论、业务知识的学习，熟悉党和国家的路线、方针、政策，会运用科学的立场、观点、方法去观察、分析、解决问题，还要熟悉、掌握本行业和本部门的工作规律，能够理论联系实际，这样才能写出高水平的真正适应工作需要或者解决实际问题的应用文。

（三）认真分析范文和病文

规范、典型的应用文，都是作者苦思冥想、精心撰写的结果，值得学习研读。通过对这些范文的研读可以巩固所获得的应用文文种学习的初步知识，强化正在形成中的关于应用文的内在规范，帮助我们提高写作能力。学习的范文越多，视野就越开阔，应用起来就越得心应手。研读范文最好的办法是多看文件报纸，多看各个单位的官网信息，仔细分析其如何体现写作意图，如何组织材料、安排结构；仔细辨析，掌握文种的写作方法，从中领悟具体的应用文写作规律。

修改病文是从反面引导学习者思考、领悟应用文的写作内容、格式及写作注意事项的。通过修改病文，可以检验应用文写作技能的掌握程度，准确找出写作中存在的薄弱之处，从而对症下药进行弥补完善和提高。因此，认真分析病文，

也是提高应用文写作能力的有效方法。

（四）勤写多练，经常实践

要想写好应用文，最重要的还是勤于动笔，勇于实践。只有经常进行写作训练，才能掌握相关的知识和技能，提高实际的写作能力。因此，在日常学习、生活、工作中要有意识地多写多练，利用好每一次实践、锻炼、提高的机会。

> 例文分析

请根据以上所学知识评析下列例文，并谈谈你的认识。

示例一

请　柬

×××先生：

今年是我校建校60周年。兹定于×月×日上午8时在我校大礼堂举行校庆典礼活动，敬请莅临指导。

××大学60周年校庆筹备组
××××年×月×日

示例二

教育部办公厅关于开展"读经典 我思考"
主题读书活动的通知[1]

各省、自治区、直辖市教育厅（教委），新疆生产建设兵团教育局：

为贯彻落实党的二十大关于深化全民阅读活动的重要部署，落实教育部等八部门联合印发的《全国青少年学生读书行动实施方案》（教基〔2023〕1号），持续推动全国青少年学生读书行动广泛开展，引导青少年爱读书、读好书、善读书，教育部决定开展"读经典 我思考"活动（以下简称"读经典活动"）。现将有关事项通知如下：

一、总体要求

各地各校要继续按照《全国青少年学生读书行动实施方案》要求，将青少年学生读书行动有机融入全民阅读活动，丰富学生读书内容，创新读书行动载体，健全读书长效机制，不断完善各学段阅读服务体系，提高"书香校园"建

---

〔1〕《教育部办公厅关于开展"续经典 我思考"主题活动的通知》，载中华人民共和国教育部网，http://www.moe.gov.cn/srcsite/A06/s7053/202407/t20240708_1140079.html，最后访问时间：2024年7月30日，略有删改。

设水平。以读经典活动为重要抓手，不断深化创新青少年学生读书行动的有效路径，提升读书行动的参与广泛度和积极性。

二、活动目标

引导中小学生阅读经典作品，激发阅读兴趣和读书热情，培养阅读能力和思维习惯，传承中华优秀传统文化，弘扬社会主义核心价值观。引导各地中小学师生加强读书分享，促进各地学校和广大师生互启互鉴，营造更加浓厚的校内外阅读氛围。通过打造更加丰富的品牌读书活动，推动读经典活动有效开展，促进全国青少年学生读书行动更加广泛深入实施，助力广大青少年学生阅读量明显增长，阅读兴趣、阅读能力持续提升，终身阅读习惯逐渐养成。

三、活动内容

（一）古今贯通——我接力。开展"学习新思想 做好接班人""典耀中华""学科学 爱科学"等主题读书活动，中小学校每个班级每学期至少开展其中一类经典主题读书活动。倡导中小学生阅读中华传统经典、红色经典、科普类经典等各类经典著作，加强纸质书阅读，在阅读经典、传承接力中积淀文化底蕴、增强文化自信。

（二）读思结合——我分享。各地各校要积极开展各类读书分享活动，搭建学生展示阅读成果、交流读书心得的阅读分享平台，鼓励学生以撰写感悟、思维导图、绘画作品、课本剧等形式分享读书思考，中小学教师积极分享经典导读资源。

（三）知行合一——我成长。各地各校结合实际，联合博物馆、文化馆、科技馆、爱国主义教育基地和各类研学基地等开展灵活多样的"阅读课"，把书中"小世界"和社会"大课堂"联系起来，引导青少年在读用结合、知行合一中实现自我成长。

（四）心手相连——我奉献。鼓励中小学校开展结对帮扶，向农村地区、民族地区和边远地区中小学校捐赠图书，鼓励不同地区的中小学生通过笔友、书友等方式交流读书心得。中小学校要积极开展"图书漂流""小小书市"等图书交换活动，提高图书利用率，激发学生读书热情。

四、活动支持

依托国家智慧教育读书平台（https://reading.smartedu.cn）继续开展中小学读书分享活动，分享内容要符合《全国青少年学生读书行动实施方案》有关要求，鼓励中小学校及师生在国家智慧教育读书平台上分享读经典作品、导读资源和活动案例。

（一）分享内容

1. 读书作品。由中小学生分享在自主阅读或参与各类读书活动后生成的作品，包括所撰写的读书心得，以及所制作的思维导图、绘画、短剧、朗诵、手抄报、手工作品等各种形式的作品。

2. 导读资源。由中小学教师进行分享，重点分享本人针对特定阅读内容开展阅读指导的导读视频。

3. 读书活动案例。由中小学校进行分享，分为学校和班级两类，如师生共读、名家领读、家庭亲子阅读、阅读课、演讲、朗诵、手抄报、读书心得报告会、主题班会、读书征文、读书月、读书周、读书节等读书活动。

（二）具体要求

国家智慧教育读书平台实行"部—省—市—县（区）—校"五级管理，各级管理员可登录平台了解本地本校师生参与情况，中小学师生可登录平台查看活动指南。学校管理员须严格审核把关师生分享内容，精选内容将在读书平台呈现，供广大师生免费学习借鉴。各地读书分享活动参与情况将作为教育部××××年全国青少年学生读书行动区域优秀案例和"书香校园"遴选推荐工作的重要参考。鼓励各校通过评选"读书小达人"等方式激发学生参与读书分享的主动性和积极性。

五、工作安排

（一）强化组织领导。各地要加强读经典活动组织领导，健全"省—市—县—校"工作机制，教育行政部门要成立活动领导小组，加大经费投入和条件保障，优化阅读环境，丰富阅读资源，开展各类活动，建立激励机制；中小学校要把读经典活动列入重点工作，书记、校长亲自抓，"一校一案"制定实施方案。

（二）加大宣传力度。各地要不断探索创新深化青少年学生读书行动的有效路径，及时总结凝练典型经验，依托报刊、广播、电视、网络以及微博、微信等平台载体，广泛宣传读经典活动的特色亮点，大力营造持续深入开展青少年学生读书行动的浓厚氛围。

（三）做好总结报送。请各省级教育行政部门于××××年12月15日前，向教育部报送读经典活动年度工作总结，全面总结读书行动实施情况、本地中小学读书分享活动参与情况等，特别是注重总结提炼生动鲜活、体现阅读促进学校教育教学质量提升、促进师生成长发展的典型案例。

国家智慧教育读书平台：客服电话××××××，QQ客服××××××

教育部办公厅

××××年6月12日

拓展学习

知识卡片一

应用文写作与文学写作的区别

应用文写作和文学写作是具有截然不同的特点和要求的两种重要写作形式。文学是形象化地反映客观现实、表现作家心灵世界的艺术，包括诗歌、散文、戏剧、小说等。文学写作是以塑造文学形象、抒发情感、表达思想为目的，是一种具有形象性、审美性和创造性的写作实践活动；而应用文写作是从实际需要出发，为解决或处理生活、工作中的实际问题为目的的写作实践活动，具有实用性、真实性、程式性和简明性等特点。具体有以下区别：

1. 性质不同。应用文写作与文学写作的一个很大的区别，就在于它有明确的实用性，往往出于某种事务性的需要而行文，追求文章的实用性、真实性和功效性。实用性是应用文最基本的特质，也是应用文区别于其他文类的本质属性。这种实用性可以有不同的体现，例如，有的是规范人们的行动的，如条例、规定；有的是为人们提供使用方法的，如一些家电说明书；还有的是沟通信息，给人以工作参考的，如简报。文学源于生活，而又高于生活。文学是对现实生活和生活经验的反映和描写，但是，在文学创作的过程中，那些来源于现实生活的部分会被作家加工创造，属于一种艺术的真实。文学创作往往是有感而发，主要源于作家对自然、宇宙、人生和社会的感受和情感，没有明确直接的目的和功用。

2. 格式不同。应用文区别于其他文体的一个鲜明特点就是应用文具有固定的和惯用的体式与格式。应用文的模式化和程式化是适应应用文实用性的要求而形成的，简洁明了，利于受众了解应用文的主要意图，便于公务处理，在实际应用文处理中具有重要的意义。文学写作则个性更为张扬，形式更加灵活，写法更加多样，鼓励写作者展示艺术想象与形象思维，突破束缚，创造崭新的艺术境界。文学创作没有固定套路和格式。

3. 表达方式不同。应用文写作要求客观，实事求是，一般不能有抒情，不能带有个人主观的感情色彩。而作为表达自己思想情感的文学写作，则更侧重于抒情，将自己的想法灌输到人物或事件之上；为塑造典型人物，细节又多有细致描写，或借景抒情，或寓情于景，或动或静的描写。而作为表达自己思想的应用文写作则较少运用描写及抒情，即使是通用的叙述在文章中也大多是概括性的，很少有铺陈。

4. 读者对象不同。应用文写作与文学创作的区别还在于读者对象的确定与否。应用文通常具有时效性，读者对象是特定的，尤其是带有保密性的公文，其读者对象被严格确定在一个很小的范围内。应用文写作面对的读者是有选择的，是定向的。而文学作品的读者对象具有广泛性和不确定性，读者在阅读中可根据自己的审美趣味、生活经验和生命体验来认识、理解、阐释和接受文学作品，不必拘于权威的指点。

5. 写作要求不同。应用文的主旨表达鲜明突出，开门见山，开宗明义，一目了然，明白晓畅，这是应用文写作的根本要求，而文学作品的主题大多比较含蓄、委婉，文章的主旨不是直接告诉读者，而是由作者所描绘的社会生活现象自然显示或流露出来。在写作中，应用文取材要求必须客观真实，实事求是；文学作品则可以进行艺术虚构，运用想象、夸张等手法。从写作过程上来看，文学作品写作较自由，没有时间限制，可以"十年磨一剑"；而应用文写作有严格的时间限制，讲究时效性和时限性。

6. 语言风格不同。应用文的语言要求简洁明了，庄重严肃，一般不带有感情色彩，还要求准确和有分寸，不能用大量的词语修饰，不能拖泥带水，避免产生歧义。而文学写作则多运用排比、拟人、比喻等修辞手法使文章优美，力求生动、形象地表达思想情感。

知识卡片二

人工智能与应用文写作

AI 是"人工智能"（Artificial Intelligence）的英文缩写。它是一门研究、开发用于模拟、延伸和扩展人的智能的理论、方法、技术及应用系统的新技术科学。人工智能是计算机科学的一个分支，它企图了解智能的实质，并生产出一种新的能以人类智能相似的方式做出反应的智能机器，该领域的研究包括机器人、语言识别、图像识别、自然语言处理和专家系统等。随着技术的不断进步，人工智能已经逐渐渗透到我们生活的方方面面，从智能家居、智能医疗到自动驾驶、智慧城市等各个领域都能看到 AI 的身影。然而，尽管人工智能取得了显著的进展，但它仍然面临着许多挑战和争议。

目前 AI（人工智能）在帮助进行应用文写作方面也展现出了一定的潜力和应用价值，特别是商务信函、演讲稿、简历、合同等，这些要求准确、专业且符合特定情境下的写作规范的应用文。AI 通过自然语言处理技术、机器学习算法以及大数据分析能力，能够提供多种辅助功能，在一定程度上会提升应用文写作效率和质量，如提供构思与提纲、草稿撰写、语言润色、模板推荐等。然而，需要注意的是，虽然 AI 在辅助应用文写作方面有一定帮助，但它并不能替代人类的创造力、判断力和情感表达能力等。在使用 AI 辅助写作时，我们仍需保持审慎态度，知道 AI 只是我们的一个辅助工具，目前并不能够将我们的实际生活工作中所需要的应用文提供给我们,我们需要自己成长为有思想理论深度、逻辑思维清晰、语言表达能力强的人,才能够有能力对AI生成的内容进行修改和完善,确保最终完成应用文写作,达到要求的质量和效果。

训练营地

一、填空题

1. _____是文章具体内容所表达的最主要和最基本的思想。
2. 文章材料的选择标准有四个,材料要_____、材料要_____、材料要新颖、材料要_____。
3. 采用比喻的说法,可以说主题是文章的_____,材料是文章的_____。
4. 依据材料的来源,材料可分为_____和_____。
5. 主题在文章中起统帅的作用,它决定着材料的_____。

二、单项选择题

1. "为维护学校秩序,保持校园整洁,特作如下规定",应用文的这种开头称为(　　)。
   A. 根据式　　B. 目的式　　C. 概括式　　D. 提问式
2. 某主送相同级别机关的函的请求事项写道:"《××市机动车辆纳税手册》的收取标准拟为5元/册;《临时税务登记证》的收取标准拟为2元/份(含登记表、资料费、打印费)。特向贵局申请核定收费标准并发给《收费许可证》,请予支持。"从语言表述的角度看,这个请求事项写得(　　)。
   A. 抽象空洞　　B. 含糊不清　　C. 具体明确　　D. 繁杂琐碎
3. "下面,我从五个方面向领导和同志们述职,请予以批评指正",这句话在文中的作用是(　　)。
   A. 总结上文　　B. 提起下文　　C. 过渡照应　　D. 承上启下
4. "三是讲团结,即带头做到互相支持不争权,互相信任不猜疑,互相尊重不刁难",这里使用的修辞手法是(　　)。
   A. 象征　　B. 比喻　　C. 夸张　　D. 排比
5. 对"李国玉是一个爱学习、肯钻研的人"分析正确的是(　　)。
   A. 运用了说明　　B. 运用了议论　　C. 运用了描写　　D. 运用了抒情

三、多项选择题

1. 在应用文写作中,语言要(　　)。
   A. 准确　　B. 简明　　C. 优美　　D. 庄重
2. 文章的结构包括(　　)。

A. 开头　　　　B. 结尾　　　　C. 层次　　　　D. 过渡

3. 关于应用文的特点，以下表述正确的是（　　）。
A. 实用性　　　B. 程式性　　　C. 时效性　　　D. 简明性

4. 应用文的语言表达方式主要有（　　）。
A. 叙述　　　　B. 说明　　　　C. 描写　　　　D. 议论

5. 应用文选择材料需符合（　　）的要求。
A. 真实　　　　B. 准确　　　　C. 典型　　　　D. 新颖

四、判断题（对的打"√"、错的打"×"）

1. 应用文中结构层次序数依次可以用"一、""（一）""1""（1）"标注。（　　）

2. 应用文中成文日期用阿拉伯数字将年、月、日标全，年份应标全。（　　）

3. 在应用文写作中，文章的结构也相当重要，既要按照逻辑思路安排材料，也要讲究材料的均衡性。（　　）

五、简答题

1. 应用文有哪些特点？与文学作品有什么不同？
2. 你认为应该怎样修改应用文？
3. 请你谈谈 AI（人工智能）在应用文写作领域的应用情况及你对此问题的看法。

参考答案

实训领域一　日常类应用文

> **学习目标**
>
> 知识目标：熟悉日常类应用文申请书、倡议书、演讲稿、个人简历、情况说明、邀请函的概念、适用范围、特点等，掌握其结构、写作要求和写作技巧。
>
> 能力目标：提高日常类应用文写作的思维能力，具备独立完成日常类应用文的写作能力。
>
> 素养目标：学会发现问题、分析问题、解决问题，提高应用文写作工作素质，培养严谨的工作作风，提升沟通效率和综合素养，引导学生成人成才。

日常类应用文简介

日常类应用文是指单位或个人用来处理日常生活中的公、私事务时经常使用的应用文。如各类信函、礼仪文书、申请、简历、读书笔记、启事、条据等。日常类应用文与个人的日常生活、人际交往活动关系密切，使用范围广。日常类应用文有一定的格式，写作较灵活自由。日常类应用文看似写起来不算太难，但要想真正写好并达到最佳的表达和沟通效果，却也不容易。王国维讲"散文易学而难工"，对于日常类应用文而言，也是如此。

一、写作特点

（一）事务性

日常类应用文属于应用文的范畴，而应用文的本质是"应付实务、为事而作"，日常类应用文也不例外，一般是用来处理事务的，其目的是要应对和解决现实生活中种种事务或带有鲜明事务性的问题。例如，求职信是用来找工作；祝酒词是用来活跃酒宴气氛、增进感情；欢迎辞是为了欢迎远道而来的客人、促进主客双方某项业务的顺利进行；等等。因此，日常类应用文应注意"所为何事"而作，所有的遣词造句、精心构思、行款格式等，都应围绕完成相应事务这一目的展开，而不是脱离具体事务、漫无边际地行文。

（二）情感性

日常类应用文中相当一部分带有一定个性色彩，有些还往往要念出来、讲出来，常常要避免公文那种刻板、严肃的印象，因此会常用到一些具体、形象、富于情感色彩的语言来增强文章的表现力，从而易于打动人、感染人，增强文章的表达效果。这在礼仪致辞和信函中体现得尤为明显。

二、写作要求

（一）明确写作目的、对象、背景、场合

应用文写作是为解决具体事务而进行的活动，带有鲜明的目的性和功利性。日常类应用文写作也是如此。首先应明确写作目的是什么，这是确定使用什么文体、采用何种书面形式乃至何种遣词造句的风格（文雅的还是通俗的、严肃的还是风趣的，等等）的前提。例如，想入党就必须写入党申请书、思想汇报；想求职就必须写求职信和简历等；想参加职务竞聘就要写竞聘演讲稿；等等，而且还应注意对象和背景场合。

（二）行文得体，礼仪适当

所谓得体，主要有两层含义：一是根据写作目的、对象、场合等，选用适当的文种形式。二是行文款式、语体风格与所用的文体和谐一致，要符合交际双方的身份与应用场合。另外，还要注意采用适当的礼貌用语。只有如此，才能充分发挥其相应的文体功能。

（三）学习掌握并恰当使用谦词、敬词

谦词，是用谦卑的言词谦称自己或与自己有关的人或事。敬词，是用尊敬的言词敬称他人（主要是对方）或与他人有关的人或事。在许多日常应用文中，这样的谦词、敬词频频可见，并发挥着积极的语言功能。

实训项目一　申请书

情境导入

法律事务专业××区队学生王×不慎丢失了学生证，现需要补办学生证。请问他如何解决这个问题？

> **任务描述**

王×为这事去找辅导员李老师。李老师告诉他，如果想解决这个问题，王×需向学生处提交一份补办学生证的申请书；在申请书里写清楚申请事项及理由，并请所在系部领导签字后递交到学生处，请学生处领导批准后，即可找管理此事的工作人员补办。随后根据老师的指导，王×找来了《应用文写作》教材，查阅了教材中关于申请书的内容，又上网搜集了申请书写作方面的资料，准备撰写申请书。

> **知识聚焦**

一、什么是申请书

申请书是个人或集体向上级部门或者有关组织、机关、企事业单位、社会团体表述愿望，提出请求，要求批准或帮助解决问题的应用文体。

二、如何写申请书

申请书一般包括标题、称谓、正文和落款四部分。

（一）标题

标题一般有三种写法：第一种是直接写文种名"申请书"，或直接写为"申请"；第二种是由申请部门、事项和文种构成，如"办公室关于购置档案盒的申请"；第三种是由申请事项和文种构成，如"入党申请书""缓考申请书"等。

（二）称谓

应在标题下另起一行，顶格写明接收申请书的单位名称、组织或有关领导，再加冒号。如"警察管理系：""尊敬的院领导："。

（三）正文

1. 主体。正文要写清所申请的事项和理由。写申请事项时要开门见山，清楚明白地提出；写申请理由时要突出主要理由，抓住重点，理由要充分、肯定、条理清晰，有时需要把提交申请的原因、目的、意义以及自己对该事项的认识、决心或要求写清楚。

2. 结束语。一般情况下，需表明态度，可以写"以上申请，请批准""特此申请""望批准为盼""恳请领导帮助解决""望领导批准""请组织考验""请审查"等祈请用语；也可以写"此致敬礼"之类表示敬意的话。

（四）落款

落款包括署名和日期。在结尾下一行偏右处写上申请人姓名或申请单位名称，申请者为单位的则要盖章。在署名下面另起一行，注明申请的具体日期。

三、注意事项

1. 申请事项要具体鲜明，理由要充分、合理，实事求是，涉及的数据要准确无误。
2. 语言要准确、简洁、得体，态度要诚恳、朴实。
3. 一事一申请。

任务实施

随后，根据老师的指导，王×找来了《应用文写作》教材，查阅了教材中关于申请书的内容，又上网搜集了申请书写作方面的资料，在此基础上，他拟写了一份申请书。请你帮他看看这份申请书的内容及格式是否符合要求？

申请书

学生处的领导：

  我是王×，男，18岁。我把学生证给弄丢了，我想重新补办一个学生证。

王×
××××年×月×日

王×在老师的指导下，发现他的这份申请书存在以下问题：一是称谓不规范；二是申请人信息不完整；三是申请理由不清晰；四是申请事项不明确；五是没有结束语与敬语；六是语言口语化。王×经过反复修改，又提交了一份申请书，请指导：

申请书

学生处：

  我是法律事务专业××区队学生王×。我不慎丢失了学生证，现特申请补办学生证。请批准为盼！

  此致

敬礼

王×
××××年×月×日

> 例文分析

示例一

元旦快要到了，王×所在的班级同学与辅导员李老师商量，决定举办××××年元旦联欢晚会。为了举办好这次晚会，王×作为区队长和其他班干部认真策划，不仅拿出了活动方案，而且列出了需购买的物品。随后，他去找李老师拿班费，作为活动经费，但李老师告诉他，为了规范班费管理，班费使用要写申请。王×很聪明，回去后就写成一份班费使用申请书。

申请书

尊敬的李老师：

　　元旦即将来临，本区队决定于××××年12月31日晚上7:00在班内举办元旦联欢晚会。为了在班内营造节日气氛，需购买彩纸、水果、干果等物品，现特申请支出班费363元作为活动经费。具体预算为：彩纸15张30元；胶带1个3元；苹果30斤90元；桔子20斤60元；瓜子10斤70元；花生10斤80元；路费30元。请批准。

　　此致
敬礼

法律事务专业××区队
经办人：王×
××××年12月15日

思考：

1. 申请经费时，需要具体写明经费的支出情况吗？请谈谈你的看法。
2. 在这份申请里，可不可以不写"经办人"？请说说理由。

示例二

法律事务专业的王×同学到青山派出所实习。一天，指导员告诉他，让他打个报告，购买两个移动硬盘，把所内计算机上的所有案件资料拷贝到移动硬盘里，以免资料丢失。王×听到后，便问指导员，说"是不是写份申请？我们在学校时老师讲过，在内部使用的，请求领导批准的应用文是申请。"指导员边点头边说："你学得不错！"王×感到心里美滋滋的，心想："这对我来说，小菜一碟，我在学校学过申请书，也多次写过，我要写好这份申请书，让领导刮目相看。"

关于购买移动硬盘的申请书

派出所：

　　户籍室有许多重要资料经常存放在电脑上，具有一定的安全隐患，加之所内拍摄的宣传照片占用空间比较大，一般U盘容量有限，所以我部门特申请购买移动硬盘两个。经过对4种移动硬盘品牌质量、价格的咨询及对比，确定购买林花牌2TB移动硬盘，其价格为人民币500元，购买2个需1000元。望领导批准！

××派出所户籍室

经办人：王×

××××年×月×日

思考：

1. 指导员让王×打报告，而王×却写成了申请。就此事请大家讨论。
2. 这份申请书需要写敬语吗？为什么？

示例三

　　王×毕业后到××有限公司工作，入职后需经过3个月的试用期。在试用期间，他踏实认真，严格要求自己，领导安排的工作都能圆满完成，因此，公司领导决定聘用他为正式职员。领导告诉王×，需提交一份转正申请，批准后他才能成为正式职员。

转正申请

尊敬的领导：

　　我叫王×，男，汉族，20岁，××××年×月毕业于××学院法律事务专业，同年9月底应聘于本公司工作，至今工作将满3个月，现申请转正。

　　试用期间，我能够严格要求自己，虚心求教，踏实工作，及时地完成了各项任务。作为一名高职毕业生，初来公司，曾经很担心不知该怎么与人共处，该如何做好工作，但是公司宽松融洽的工作氛围、团结向上的企业文化，让我很快完成了从学生到职员的转变。

　　工作中，在领导和同事的耐心指导下，我在较短的时间内适应了公司的工作环境，也熟悉了公司的整个操作流程，完成了领导交办的各项任务。

　　由于工作时间短，工作经验较少，受思想认识所限，工作中还有不足，但我将继续努力，在各方面不断提高完善自己。

　　看到公司的迅速发展，我深深地感到骄傲和自豪，也更加迫切希望以一名正式员工的身份在这里工作，实现自己的奋斗目标，体现自己的人生价值，和公司一起成长。在此我提出转正申请，恳请领导予以批准。

此致

敬礼

申请人：王×

××××年×月×日

思考：

1. 请梳理这份转正申请的思路。

2. 你认为这份转正申请中的理由合理吗？如果是你的转正申请，你的申请理由会是什么呢？

示例四

  为规范公司内部管理，部门负责人交给王×一项任务，让他制作一份电子版的公司员工加班申请表，作为模板供员工使用。今后公司所有员工加班前需填写加班申请表，一般情况下领导批准后方可加班，最后人事部门根据加班申请表发放加班费。王×接到任务后，似乎还不太明白，他赶紧追问道："领导，请您再具体给我讲一下。"领导看王×虚心好学，便为他耐心讲解："在现代社会，不管是个人，还是单位，向上级有关部门、领导提出请求，或帮助解决问题时都会用到申请。如你想贷款，需向银行提交申请；你想开店，需向工商局提交申请；你想办护照，需向海关提交申请；你想到国外读书，那也要向国外大学提交申请，学校同意录取你后，你才能办理其他手续。所以说，申请书使用范围非常广，我们要掌握它的写作方法。当今社会，针对同类申请内容，为了节约时间，方便群众，许多单位或集体制作出了制式申请表格，把申请以表格的形式展现出来，只需申请人按照实际情况填写即可。而今天这个加班申请表就是制式申请表格。它包括申请的各个部分，要具备标题、申请人、申请人所属部门、申请日期、加班事由、加班时间、审批人等内容。设计时，考虑周全一些。你先认真设计，做完后我再修改。"听了领导的话后，王×对申请有了更清楚的认识。在领导的指导下，经过努力，他终于圆满地完成了任务。

××有限公司员工加班申请表

姓名		部门		申请日期	
加班时段	□工作日加班 □节假日加班	□周末加班	类型	□申请加班 □补报加班	

续表

加班时间	计划加班时间：　月　日　时　分-　日　时　分 实际加班时间：　月　日　时　分-　日　时　分　总计____工时			
加班事由				
主管审批		部门审批		人事部审批
备注	1. 请在加班前填写《加班申请表》，加班人员填写完毕后由上级领导审批签字方为有效； 2. 此加班单全部填写完毕后交到人事部，人事部值班人员依据加班申请单进行核实、备案。			

思考：
1. 请问备注栏内容需要添加吗？为什么？
2. 你认为这份申请表格的特点是什么？

拓展学习

知识卡片

申请书和请示的区别

申请书和请示写作内容都有请求原由、请求事项，但它们又有许多不同之处。

1. 文种类别不同。申请书属于日常应用文；请示属于党政机关公文，是法定公文。
2. 使用范围不同。申请书不仅可以用于下级向上级部门的请求，而且还可用于不相隶属的但按照规定、法律程序必须向其请求的有关组织、机关、企事业单位、社会团体等，申请内容不以系统、部门为限；请示是用于下级机关向上级机关提出请求，内容限于本系统、本单位的行政公务等。
3. 撰稿作者不同。申请书的作者可以是组织、机关、单位、团体，也可以是个人；请示的作者只能是法定的机关、团体等。
4. 行文对象不同。申请书的行文对象可以是组织、单位等，也可以是组织、单位的领导；请示的行文对象固定，只能是上级机关。
5. 附件不同。申请不带附件；请示可以带附件，附件是请示的重要组成部分，是作为对正文的补充说明。

品味研读

"特殊"的入党申请书

一封自愿退出贫困户申请书背后的故事

训练营地

一、填空题

1. 申请书一般包括_____、_____、_____和_____四部分。
2. 落款包括_____和_____。

二、请谈谈这份申请书存在的问题

困难补助申请书

研究生处：

  你好！我叫王×，系文学院××级中国古代文学专业研究生。我来自青海省一个贫穷落后的山区，一家八口人，家庭非常困难。

  听说研究生处要发放一笔困难补助金，我本不愿给学校添麻烦，但觉得若能拿到困难补助金，就可以给家里减轻一些负担，所以我想领导能够考虑我一下。

  此致

敬礼

学生：王×

××××年×月×日

三、写作练习

1. 请结合实际情况，为自己写一份入团申请书或入党申请书。要求：格式齐全，内容正确。

2. 北海技术学校的王×同学因生病住院，不能如期参加学校的期末考试，现需向学校教务处提出缓考申请。请以王×同学的名义写一份缓考申请书。要求：格式规范，条理清晰，结构完整。

3. 李×是××大学法律系法律事务专业一年级学生，本学期他参加了系里的几次活动，觉得学生会是学校和学生之间的桥梁，他也想加入，正巧系里决定改选学生会干部，号召学生积极申请参加学生会干部竞选，请你代其起草一份申请。要求：格式齐全，内容正确，完成后提交到××教学平台。

参考答案

实训项目二　倡议书

情境导入

单×作为一名铁路公安年度受表彰的先进代表，受命起草一份致广大铁路公安民警的倡议书，以中国人民警察节的设立为契机，激励全警以强烈的担当精神履行好党和人民赋予的新时代使命任务。为了达到这个目的，这份倡议书要包含哪些内容？结构怎么安排？

任务描述

领导告诉单×，撰写一篇饱含深情、振奋人心的倡议书，是一项需要深思熟虑、精心策划的任务。首先，倡议书的标题要简洁而有力，吸引目光；其次，倡议书的开头应如细雨润物，将读者带入倡议的背景之中；再次，倡议书还需明确阐述倡议的目的和意义，让读者深刻理解参与其中的价值所在；最后，倡议书的结尾应振奋人心并寄予希望。此外，倡议书还应包括发起人的签名和日期，以增强其正式性和可信度。倡议书不仅是一纸文字，更是一份情感的传递，一份责任的担当，一份对未来的期待。单×听完领导的分析，对倡议书的内容和思路就清晰了。

知识聚焦

一、什么是倡议书

倡议书是党政机关、社会团体、企事业单位或个人在日常学习、工作和生活中，为了发动群众，动员社会力量共同去完成某项任务，开展某种公益活动时向有关方面和群众提出某种建议的文书。它是把党组织和有关团体、领导的号召变为群众行动的有效途径。

二、如何写倡议书

倡议书一般包括标题、称谓、正文、结尾和落款五部分。

（一）标题

倡议书的标题要鲜明，可以直接在第一行居中写上"倡议书"，也可以根据倡议内容采用公文式的标题来命名，在"倡议书"前加上发文单位名称、发文事由或倡议对象等，比如《关于×××的倡议书》《致全市青年公安干警的倡议书》《关于大力推广使用首批全国高等院校曲艺本科系列教材的倡议书》等，让读者一看标题就能知道倡议内容。

在拟制倡议书的标题时，还可以采取"正标题+副标题"的双行标题形式，呈上下排列，从视觉上给人一种立体的美感和内涵的厚重感。如《助力团队建设和自身成长——致安宁疗护社工和志愿者的倡议书》《天地有正气 春风颂书香——机关青工委、图书资料室关于第27个"世界读书日"的倡议书》《修身守正 立心铸魂——致广大文艺工作者倡议书》等。

（二）称谓

标题下一行顶格写倡议对象的名称，后面要加上冒号。一般要依据倡议对象选用适当的称呼，如"全处广大干部民警""广大的青少年朋友们""尊敬的各位业主"等。如果面向社会公众发出倡议，也可省略称谓。

（三）正文

在称谓下面另起一行空两格开始写正文。要写清发出倡议的背景和目的以及倡议的具体内容和要求。倡议的背景要引起倡议对象的重视；倡议书的目的或缘由在倡议书的写作过程中应该是全文的重点，它决定倡议的实际效果；倡议的具体内容和要求，事项应简单明了，只要讲清楚就可以了，没有必要一而再，再而三地反复强调，直接告诉人们倡议什么即可。比如开展怎样的活动，要做哪些事情，具体要求是什么，价值和意义有哪些等。如果内容较多，可以分条来写，做到清晰明确，一目了然。

（四）结尾

结尾应干脆有力，具有号召性。表达倡议者的决心和希望，或发出呼吁等。这部分内容不要占用太大的篇幅。多表达倡议者的决心和期望，倡议书一般不必附上表示敬意或祝愿的话语。

（五）落款

落款包括署名和日期两部分，写在右下角，分两行来写。第一行写明发出倡议的单位名称或个人姓名；第二行写上发出倡议的日期，如"××××年7月29日"。

三、注意事项

1. 标题要发人深省，具有鼓动性。尽可能拟制一个有特色、有亮点的标题。
2. 缘由要情真意切，具有震撼性。缘由要充分，情感要真挚，论述要到位。
3. 事项要简单明了，具有简洁性。直接告诉人们倡议什么即可。
4. 结尾要干脆有力，具有号召性。进一步激发人们的认同感、参与感。
5. 用词要得体合适，具有情理性。多用些"建议、希望、恳请"之类的词语，少提譬如"命令、要求、必须、务必"之类的词语。

任务实施

下面，我们一起看看单×写的这份倡议书。大家读完后可以谈谈感受。

公安心向党 护航新征程
——致广大铁路公安干部民警的倡议书

广大铁路公安干部民警：

经党中央批准、国务院批复，自2021年起，将每年1月10日设立为"中国人民警察节"。"中国人民警察节"是在国家层面，为人民警察队伍设立的专属节日，充分体现了以习近平同志为核心的党中央对人民警察队伍的高度重视和关心关怀，是进一步健全完善人民警察荣誉制度和标志体系的重要举措，对于推动人民警察队伍革命化、正规化、专业化、职业化建设，增强广大民警职业荣誉感、自豪感、归属感，激励全警以强烈的担当精神履行好党和人民赋予的新时代使命任务具有重大意义。

作为受表彰先进民警代表，我们将以这个节日为新的起点，以更加旺盛的斗志和饱满的工作热情，与全体广大干部民警一起，忠诚履职、无私奉献，为奋力谱写铁路公安工作新篇章作出新贡献。在此，我们倡议：

一、坚定政治立场，铸牢忠诚警魂

政治坚定、对党忠诚是公安机关的建警之魂，也是对公安民警的最高政治要求。我们要以警察节的设立为激励，坚持不懈地用习近平新时代中国特色社会主义思想武装头脑，深入学习贯彻党的十九届五中全会和中央全面依法治国工作会议精神，深入学习贯彻习近平总书记在全国公安工作会议上的重要讲话和在中国人民警察警旗授旗仪式上的重要训词精神，增强"四个意识"、坚定"四个自信"、做到"两个维护"，切实打牢高举旗帜、听党指挥、忠诚使命的思想根基，在思想上、政治上、行动上同以习近平同志为核心的党中央保持高度一致，永葆绝对忠诚、绝对纯洁、绝对可靠的政治本色，永远做党和人民的忠诚卫士。

二、坚守初心使命，勇于担当作为

确保铁路安全，维护站车治安秩序，保护旅客生命财产安全，是铁路公安机关的神圣职责。我们要坚持以习近平总书记关于加强新时代公安工作的重要论述为引领，切实把党中央的关心关怀、激励鞭策转化为强大精神动力和履行使命任务的实际行动，以更加强烈的政治担当、使命担当、责任担当，扎实做好维护铁路安全稳定的各项工作，努力用忠诚巩固党的执政地位，用奋斗筑牢铁路治安的铜墙铁壁，用奉献换来旅客的幸福安宁，绝不辜负党和人民的期望与重托。

三、勇于改革创新，苦练实战本领

坚持创新理论武装、熟练掌握业务知识、练就克敌制胜本领，是履行岗位职责的基本要求，更是适应形势任务发展变化的迫切需要。我们要把能力建设摆在突出位置，牢固树立终身学习理念，突出政治标准，强化政治训练和履职能力实战大练兵，切实加强法律政策运用能力、防控风险能力、群众工作能力、科技应用能力、应急处突能力、群众工作能力和抓落实能力建设，锻造能打胜仗队伍，确保关键时刻敢于亮剑、能拼善赢，努力以一流的素质、过硬的本领，让上级党组织放心、让旅客群众满意。

四、严守纪律规矩，保持清正廉洁

纪律严明、作风过硬既是公安队伍的优良传统，也是人民警察的立身之本。我们要严格落实全面从严管党治警部署要求，锚定"四个铁一般"标准，以深入开展"坚持政治建警全面从严治警"教育整顿为抓手，切实强化理想信念教育、革命传统教育和忠诚教育，自觉加强思想淬炼和政治历练，着力锤炼忠诚干净担当的政治品格，不断增强政治定力、纪律定力、道德定力、抵腐定力，清清白白做人、干干净净做事，永葆共产党人的浩然正气和人民警察的高尚情操，充分展现人民警察克己奉公、无私奉献的良好形象。

战友们，2021年是中国共产党成立100周年，也是全面建成社会主义现代化强国的第二个百年奋斗目标的开启之年，让我们深入贯彻落实习近平总书记在中国人民警察警旗授旗仪式上的重要训词、关于加强新时代公安工作的重要论述以及公安部和部铁路公安局决策部署，在局处党委的领导下，以高铁和旅客列车安全万无一失为政治红线和职业底线，以维护公共安全和铁路稳定为职责使命，在血与火的淬炼中诠释初心、在国与家的守护中担当使命、在生与死的考验中彰显忠诚，用热血和生命谱写对党、对国家、对人民的绝对忠诚，努力为实现中华民族伟大复兴的中国梦作出新的更大贡献。

单×

××××年×月×日

> 例文分析

示例一

近日，涟源市民警匡晗彧倒挂30分钟成功救回轻生群众后昏迷的新闻在当地成为美谈，他英勇救人的事迹被《人民日报》、中国新闻网、央广网、人民网等竞相转发，涟源市委书记当晚听说匡晗彧英勇事迹后，率政法、公安负责人第一时间赶到医院慰问，对这一英勇行为表示赞赏，并号召政法系统学习英雄舍己为人、舍己救人的高尚品德。涟源市公安局随后连夜写了一份倡议书。

向匡晗彧同志学习的倡议书[1]

涟源市公安局全体民警、职工、辅警：

蓝田水陆派出所年轻民警匡晗彧，坚持人民至上，为挽救人民群众生命，不惜把自己置身于死亡线边缘，倒挂在楼顶栏杆外，强忍着大脑充血引起的昏胀，咬着牙紧紧抓住轻生男子，靠着信念坚持了30余分钟，终于将男子成功救下，但自己却因大脑供氧严重不足陷入昏迷，经抢救，最终与死神擦肩而过。对于匡晗彧同志英勇无畏的行为，在此我们向全体公安民警、职工、辅警倡议：

弘扬公安精神，铸牢忠诚警魂。匡晗彧同志不惧危险、挺身而出、英勇救人，以实际行动捍卫了人民群众的生命财产安全，以尽职尽责践行了人民警察的神圣使命，以忠诚担当诠释了"人民公安为人民"的服务宗旨。匡晗彧同志的英勇行为，让我们看到了作为一名人民警察应该具备的勇气和担当，值得我们每一位公安民警、职工、辅警学习。我们要把他的精神内核转化为我们的行动指南，时刻以维护社会治安、保护人民生命财产安全为己任，全心全意为人民服务，为构建一个更加安全、更加美好、更加和谐的涟源而努力奋斗！

涟源市公安局
××××年×月×日

思考：
1. 这篇倡议书是怎样将"感性"与"理性"完美地融合的？
2. "广而告之"方能"群起行之"说的是倡议书的什么特点？为什么？

示例二

习近平总书记对深入开展学雷锋活动作出重要指示："实践证明，无论时代如何变迁，雷锋精神永不过时。"这对于进一步深化雷锋精神，准确把握雷锋精神基本内涵和实践要求，全面推进学雷锋活动融入日常、化作经常，具有非常重

---

[1] 曾向阳：《涟水网评："人民卫士"英雄本色铸警魂》，载涟源新闻网，http://www.hnlyxww.com/content/646756/58/13353994.html，最后访问时间：2024年9月2日，略有改动。

要的理论与实践意义。

在弘扬雷锋精神中贡献第一方阵力量

——致中央和国家机关广大党员干部职工的倡议书[1]

今年是毛泽东等老一辈革命家为雷锋同志题词60周年。近日，习近平总书记对深入开展学雷锋活动作出重要指示，强调要深刻把握雷锋精神的时代内涵，让雷锋精神在新时代绽放更加璀璨的光芒。中央和国家机关作为践行"两个维护"的第一方阵，广大党员干部职工要深入学习贯彻习近平总书记关于弘扬雷锋精神的重要论述和重要指示精神，充分发挥模范带头作用，在弘扬雷锋精神、深化拓展学雷锋活动上走在前、作表率。为此，我们郑重倡议：

带头在践行"两个维护"中弘扬雷锋精神。努力学懂弄通做实习近平新时代中国特色社会主义思想，树立崇高理想追求，更加坚定拥护"两个确立"、坚决做到"两个维护"，在政治机关意识教育、对党忠诚教育中自觉弘扬雷锋精神，建设让党中央放心、让人民群众满意的模范机关。心怀"国之大者"，不断锤炼对党忠诚的政治品格，为全面贯彻党的二十大精神贡献智慧和力量。在重大任务、重要岗位、重点工作中强化政治历练和实践锻炼，自觉把个人追求融入为党和人民事业奋斗中，积极投身中国式现代化伟大实践。

带头在立足岗位奉献中弘扬雷锋精神。把本职岗位作为弘扬雷锋精神的实践平台，忠于职守、爱岗敬业、精益求精，干一行爱一行、专一行精一行，在自己的岗位上做一颗永不生锈的螺丝钉。把服务人民作为弘扬雷锋精神的根本立足点，站稳人民立场、践行宗旨意识，巩固党史学习教育"我为群众办实事"实践活动成果，把以人民为中心的发展思想体现到落实决策、制定政策、推动工作的全过程各方面。学习雷锋同志的"挤劲"和"钻劲"，发扬斗争精神，矢志攻坚克难，敢于啃最硬的骨头，勇于挑最重的担子，以钉钉子精神推动改革发展稳定各项任务落实。

带头在倡导时代新风中弘扬雷锋精神。深入践行社会主义核心价值观，传承红色基因，学雷锋、树新风，塑造团结向上的机关文化，注重家庭家教家风建设，明大德、守公德、严私德。强化艰苦奋斗优良作风，厉行勤俭节约、反对铺张浪费，坚决制止餐饮浪费行为，带头倡导健康文明节俭的生活方式。积极参与群众性精神文明创建活动，见贤思齐、争当先锋，自觉向道德模范、时代楷模、最美人物、身边好人等先进典型学习，努力营造"学习雷锋好榜样"的浓厚氛

---

[1]《在弘扬雷锋精神中贡献第一方阵力量——致中央和国家机关广大党员干部职工的倡议书》，载党建网，http://www.dangjian.cn/jgdj/2023/03107/detail_202303076570706.html，最后访问时间：2024年7月29日。

围，以良好的机关作风引领社会风尚，为奋进新征程凝聚强大的精神力量。

带头把学雷锋活动融入日常、化作经常。积极走进社区、乡村、基层，从自己做起、从现在做起、从小事做起，多做扶危助困、敬老助残、扶志助学、心理咨询、环境保护的好事、实事，在机关广泛形成"人人学雷锋、人人做雷锋"的生动局面。争当注册志愿者，组建党员志愿服务队，丰富拓展志愿服务平台载体，精心设计志愿服务项目，建立健全常态化、长效化活动机制，打造质量水平高、社会影响力大的学雷锋活动品牌。广大青年带头弘扬服务社会、助人为乐的奉献精神，自觉加入学雷锋青年志愿者队伍里，送温暖、献爱心，在帮助他人、奉献社会中坚定理想信念，厚植家国情怀，涵育道德情操，用实际行动书写新时代的雷锋故事。

中央和国家机关工委
××××年×月×日

思考：
1. 请梳理这份倡议书的写作思路。
2. 倡议书在什么情况下可以不用称谓？为什么？

示例三

连日来，我市出现持续强降雨天气，汛期雨情给群众生产生活造成很大影响，防汛抗灾工作面临严峻考验。市公安局号召全体党员干部，特别是民警、辅警积极投身防汛抗灾工作中。

致全市各级公安机关和广大民警、职工、辅警积极投身防汛抗灾的倡议书[1]

全市各级公安机关和广大民警、职工、辅警：

连日来，我市出现持续强降雨天气，汛期雨情给群众生产生活造成很大影响，防汛抗灾工作面临严峻考验。全市公安机关要坚决贯彻落实习近平总书记关于当前防汛抗灾工作的重要指示精神，严格按照党中央决策部署以及省委、市委部署要求，在防汛抗灾中充分发挥机关党组织战斗堡垒作用和党员民辅警先锋模范作用，彰显公安担当，贡献公安力量。现倡议如下：

一、闻"汛"而动，在防汛抗灾中打头阵。要把防汛抗灾工作作为坚定拥护"两个确立"、坚决做到"两个维护"的实践考验，始终坚持人民至上、生命至上，自觉听从党委政府的统一指挥，深入群众最需要的地方，积极参与风险排查、抗汛清淤、交通疏导、群众搜救、人员疏散、物资转运、便民服务等工作，

---

[1]《致全市青年民辅警积极投身防汛抗灾的倡议书》，载广西柳州市公安局网站，http://gaj.liuzhou.gov.cn/xwzx/jwdt/202206/t20220623_3082509.shtml，最后访问时间：2024年9月2日。

全力以赴守护人民群众生命财产安全。

二、迎"浪"而上，在防汛抗灾中站排头。汛情就是警情。全市公安要完善应急处置预案，加大警力投入，聚焦重点区域和重点时段，加强社会面整体防控和重点场所、重点部位巡防管控，严厉打击各类涉灾违法犯罪行为，坚持依法严厉惩处防汛抗灾期间造谣传谣、扰乱社会秩序等违法犯罪行为，坚决维护防汛抗灾良好社会秩序。

三、逆"峰"而行，在防汛抗灾中扬正气。险情就是战场。哪里险情严重，哪里群众受灾，公安民警的身影要第一时间出现在哪里。扎硬寨，打硬仗，洪峰不降不收兵，险情不除不收手。要注重发现、及时表扬、宣传表彰防汛抗灾中涌现出的先进典型，广泛宣传他们的感人事迹和崇高精神，激励全警舍小家、为大家，以实际行动践行初心使命和责任担当。

公安向前，冲锋在前。全市公安机关民警、职工、辅警要强化"时时放心不下"的责任感，积极行动起来，携手同心、风雨同行，在防汛的关键时刻冲得上去、在抢险的危难关头豁得出来，在党和人民最需要的地方彰显公安担当、贡献公安力量！

××市公安局
××××年×月×日

思考：

1. 倡议得法，方能一呼百应。这份倡议书是如何给语言增加色彩的？
2. "振臂一呼，应者云集"形容的是倡议书的什么特点？请具体展开说明。

拓展学习

知识卡片

倡议书和建议书的区别

倡议书和建议书属于专用书信的一种，而且它们都有一个"议"字，但它们又有许多不同之处。

1. 发布形式不同。建议书的内容是个人或单位对某项工作、活动或某一问题见解和建议的陈述，仅供对方参考，所以公开宣读、张贴或发表者较少，一般是直接发送或递交给对方；而倡议书虽然也有建议的内容，但一般是公开宣读、张贴或在报刊发表，或通过广播、电视、网络等媒体发布，内容面向公众，一般为公众所认同。

2. 具体作用不同。倡议书面对群体，虽然也带有建议，但主要是宣传、鼓动对方去做，具有一定的号召性。从而达到宣扬正气、树立新风、引起受众的强烈共鸣的目的。建议书是个人或集体面对领导和有关部门，一般是中肯地提出自己对工作的意见和建议，不具有号召性。在工作中起着沟通传递信息的作用，也是加强上下级联系、密切政府和群众关系的桥梁纽带。所以，建议书一般采取商讨的语气，不像倡议书那么富于鼓动性。

3. 主题内容不同。建议书的主题没有倡议书主题那么恢弘，可以是内部商量、商榷，根据目前的具体情况向受众的一般反映；而倡议书一般要响应党和国家的方针政策，倡议内容应当是符合时代精神，体现时代风貌的事情。

4. 具体对象不同。建议书的对象是确定的，即根据建议内容，向有关单位或领导提出；而倡议书是要求广大群众响应的，其对象范围往往是不确定的，它往往不是对某个人、某一集体而言的，它往往面向广大群众，或对一个部门的所有人发出，或对一个地区的所有人发出，甚至向全国发出。所以，倡议对象具有广泛的群众性是倡议书的根本特征。

品味研读

"践行大食物观 保障粮食安全"倡议书

> **训练营地**

一、填空题

1. 倡议书的正文一般由_____、_____和_____三部分构成。
2. 倡议书的_____在写作过程中是全文的重点，它决定倡议的实际效果。

二、请指出这份倡议书存在的问题

关于"强健体魄，文明精神，展示形象，美丽校园"的倡议书

××××年9月21日，我校将举办第十六届田径运动会。本届运动会将通过开幕式的集体展示和各项比赛项目，达到强健学生体魄，弘扬体育精神，展示文明形象，增强彼此友谊的目的。我校学生人数众多，但运动场地有限，为了能够开展一场绿色、文明、健康的运动会，特向全体师生发出如下倡议：

1. 着装要统一。裁判员要穿黑色运动套装，学生要穿秋季校服，志愿者要穿红马甲、戴红袖套，开幕式表演队员要穿表演服。

2. 进退要有序。运动会开幕式前，请各班按学校要求，在场外排好队形，

准时有序进场。开幕式结束后,请各班同学在班主任的带领下有序离场。

3. 公共卫生及设施要爱护。全体同学要注意维护公共卫生,不要随地吐痰、乱扔垃圾,要自备小垃圾袋,看到垃圾,要及时处理。同时,同学们要爱护运动场上各项公共设施,不得故意损坏,要养成爱护公共卫生及设施的好习惯。对于不听劝阻或恶意损害公共设施的行为,将按照有关规定予以处罚。

4. 比赛要文明。参赛运动员要文明参赛,要遵守比赛规则,不得有作弊等行为,要尊重并服从裁判。同时,同学们要发扬顽强拼搏、团结奋进的体育精神,赛出水平,赛出风格。

5. 安全要牢记。参赛运动员要做好赛前准备活动,避免参赛时发生人身伤害事故。比赛时,运动场周围会拉上警戒线,运动员由检录人员带队从入口处进入场地比赛,非运动员不能进入比赛场地。同学们不要钻、跨警戒线,更不要扯断警戒线,要站在安全区域内文明观赛,不得起哄喧哗,不得恶意攻击他人,要服从学校安排,遵守各项纪律,注意自身安全。

同学们,让我们谨记:友谊第一,比赛第二!竞赛场上,拼搏不止;人生路上,友谊相伴!预祝我校第十六届田径运动会圆满成功!

特此通告。

倡议人:××

××××年×月×日

三、写作练习

1. 在"五四"青年节到来之际,为进一步引导广大青年继承和弘扬"五四"精神,坚定理想信念,激发青年爱岗敬业、奉献青春的工作热情,共青团××市公安局委员会特此号召青年民警、辅警勇担重任、冲锋在前,务实奋进。请以共青团××市公安局委员会名义拟写一份倡议书。

2. 请将这段材料改写成一份倡议书。

有一种人

有一种人,他们的名字叫公平正义;有一种人,他们头上没有顶着国徽,他们将国徽刻在脑海里;有一种人,他们胸前没有别着党旗,他们将党旗印在心头——他们,就是我们的人民公仆。他们没有特殊的标志,他们其实一点也不显眼:站在群众中间是百姓,对待同志便成了亲人,面对党旗他们赤胆忠诚。有人说,法官都有"洁癖"——看不得国徽蒙上灰尘;容不得党旗沾染污点;要是有谁跟百姓过不去,他们就去拼命。

也有人说,法官就像"守门员","糖衣球"踢来,要用钢板一样的意志挡回去;"关系球"踢来,要用"太极拳"推回去;"恐吓球"踢来,要用无惧无畏的胆识打回去……

法院战线上有很多优秀干警用感人事迹诠释了公平正义,赢得了无数荣誉,为法官队伍增添了无限光彩。

"他们"中有一个人曾感动了中国——新疆哈密地区中级人民法院退休法官阿布列林·阿布列孜。他途经河南时参观兰考焦裕禄故居,焦裕禄同志"不改变兰考绝不离开、不达目的死不瞑目"的铮铮誓言,"生也沙丘,死也沙丘"的动人事迹,直击阿布列林的心灵,从学习榜样,到成为榜样,阿布列林用一生的坚守,实现了自己许下的诺言。感动中国组委会的颁奖辞这样写道:"在细碎的时光中守望使命,以奋斗的精神拥抱生活。执法无私,立身有责;恪尽职守,勤勉为公。在这片土地上,红柳凝聚水土,你滋润心灵。"

"他们"中也有一个我的身边人。原本柔弱的身体,却干起了最"硬"的事;原本沉静的女子,却常常要拍案而起。这位来自樊城法院的美丽女法官曾让泪水湿润了无数人的脸庞。她就是刑一庭的法官张挺。谁说女子无铁肩,她就将"沉重"扛在了肩上。"钢铁般的岗位"铸就了小女子的铮铮铁骨。她耐住了寂寞,顶住了诱惑,守住了小节,虽然身患过敏性紫癜、颈椎病、腰椎病,但仍然十年如一日地奋斗在工作岗位。

法官以"党纪国法"之"尺"丈量公平与正义,无怨地书写着忠诚与奉献,他们的背影留给我们一个个巨大的"人格惊叹号"。

朋友们,尽管我们已经可以接受肯定,但还远没有资格享受鲜花和掌声。

因为,我们的天空还不纯净,世间仍有不平,空气中还残留着腐朽的气味,阳光还没有到达所有的角落。

群众的不满提醒我们自勉;百姓的期待激励我们奋进;社会的不公在敲打我们的良知;贪污腐化在考验我们的决心;惩恶扬善在挑战我们的能力。

是的,我们不该满足,我们还没有理由满足;我们不该停步,我们也没有资格停步。

我们的选择只有一个:前行,无悔地前行、执着地前行、坚定地前行。为了我们共同的那份神圣,前行!

我相信,共和国的光辉将照耀在每一个角落;总有一天,纯净的阳光会普洒进每一个人的心田;良知、责任、奉献会构筑起我们的精神家园;勤勉、廉洁、务实将成为人们的行为习惯。到那时,也只有到那时,共和国会铭记我们,我们将作为一个集体在老百姓的心里垒起一座丰碑,永远的丰碑!

参考答案

实训项目三　演讲稿

情境导入

法律事务专业的学生王×被选为代表，要在"校园安全"主题班会上做演讲。王×知道校园安全问题很重要，但这是他第一次公开演讲，他感到有些紧张。请问他要做好哪些准备工作，才能发表一场精彩的演讲？

任务描述

王×在高中时曾观摩过同学参加演讲比赛，知道作为演讲新手，登台之前应该准备好演讲稿。他去找老师咨询如何写好这篇演讲稿。老师提醒王×，同学们大都知道校园安全很重要，但在日常学习与生活中，却常常忽视一些细节，容易造成安全隐患。他的演讲稿应该尽量贴近实际，让同学们产生共鸣，意识到校园安全"事关人人"，因此要"人人抓，时时抓"。

知识聚焦

一、什么是演讲稿

演讲也称讲演，指在特定的时空环境中，以有声语言和相应的体态语言为媒介，公开向听众传递信息、表述见解、阐明事理、抒发情感，以期达到感召、教育听众的目的的一种信息交流活动。演讲稿也称演说词，是用来演讲的文稿。

二、演讲稿的特点

（一）鼓动性

演讲稿具有宣传、鼓动、教育等作用，它可以把演讲者的观点、主张、思想情感等传达给听众，让人信服并产生共鸣。

（二）针对性

演讲稿一般要针对某个特定任务或者场合、对象，来拟定演讲内容和形式。

（三）互动性

演讲以讲为主，以演为辅，强调语言的修辞和演讲技巧的使用。

（四）论证性

演讲稿讲究摆事实、讲道理，以便阐明观点和主张。

三、演讲稿的类型

依据不同的分类标准，演讲稿可以分为不同类型。

1. 从完整性来划分，可以分为完整式演讲稿和提纲式演讲稿。完整式演讲稿指将全部的演讲内容以完整的文本形式呈现，对演讲有着很大的支撑和约束作用。提纲式演讲稿一般只包含演讲片段，或者只对演讲的内容和形式进行简略的规范与提示。

2. 从演讲的内容和性质来划分，可分为政治演讲稿、经济演讲稿、学术演讲稿、社会活动演讲稿等。

3. 从演讲的场域分，可分为会场演讲稿、电视演讲稿、课堂演讲稿、线上演讲稿、线下演讲稿等。

4. 从表达方式上划分，可分为记叙性演讲稿、议论性演讲稿、抒情性演讲稿等。

四、如何写演讲稿

完整的演讲稿一般包括标题、称谓、正文三个部分。

（一）标题

命题演讲要以指定题目为标题，半命题演讲要围绕主题拟定演讲标题。即兴演讲中，建议也先抛出好的标题或者主题，以吸引听众注意力。常见的演讲稿标题有如下几种类型：

1. 直接型。开门见山，直接点明演讲的主题和重点。例如：校园安全的重要性。

2. 号召型。以号召或劝导的方式，激发听众的情感共鸣和行动欲望。例如：让我们共同守护校园安全。

3. 引言型。引用名人名言、谚语或经典语句作为标题，引起听众的注意。例如：居安思危，防患未然。

4. 创新型。用创新、有趣的方式命题，吸引听众的注意力和好奇心。例如：小细节决定大安全。

（二）称谓

演讲稿的称谓能够有效地在演讲者与听众之间建立起联系，称谓的选择应根据听众的身份、场合的正式程度以及文化习惯等来决定。有时针对特定的听众，要根据其姓名、职务或头衔来称呼；有时在混合听众的场合，可以使用统称来涵盖所有听众。例如，"各位领导""各位来宾""老师们""同学们""女士们、先生们"等。通常在称谓前加上"尊敬的""敬爱的"等词，以示尊敬和友善。

（三）正文

1. 开头。演讲稿的开头通常包含问候语、背景介绍和引言等。常见的开头方法有：

（1）营造气氛。如引用权威讲话来营造庄重的气氛，或者用幽默的语言营造活跃的气氛。例如：

例1："安全是发展的保障，发展是安全的目的。"——这是习近平总书记关于安全问题的重要论述。今天，我想和大家谈谈校园安全的重要性。

例2：大家好！今天我要和大家聊聊校园安全。你可能会觉得这个话题"听起来就不安全"，我想用一种轻松的方式来谈这个严肃的话题。

（2）启发思考。通过提问和启发，引起听众的思考。例如：

例1：同学们，你们是否想过我们的校园安不安全？今天，我想和大家一起探讨这个重要的话题。

例2：请闭上眼睛，想象一下你在校园某个安静的角落读书。突然，一阵刺耳的警报声响起，你会如何反应？今天，我们来聊聊校园安全。

（3）引起关切。通过列举一些重要数据或事实，来引起听众的注意。例如：

例1：据官方报道，××××年×月至同年×月，全国学校共发生火灾××起，总数同比去年上升了×%。校园安全已经成为我们必须重视的问题。

例2：刚刚过去的一个月内，××学校发生了一起学生受伤的事件，引起了社会的广泛关注和讨论。

2. 主体。演讲稿的主体部分应该紧扣中心，内容具体，条理清晰，有逻辑性，语言流畅且有感染力。

（1）中心明确，内容具体。演讲稿的主体部分应紧密围绕演讲的中心展开。通常可以将中心分解成若干主要观点，再用丰富的素材对每个观点进行具体详细的阐述，以增强说服力。

（2）条理清晰，有逻辑性。演讲稿的各个观点和段落之间应该体现条理，并确保合乎逻辑。常见的逻辑包括时间顺序、空间顺序、从一般到特殊或从特殊到一般的顺序，以及因果关系、递进关系、并列关系、转折关系等。条理清晰不仅指文章总体结构要清晰，还包括段落内部层次清晰，以及段落之间的过渡与衔接等。

（3）语言流畅且富有感染力。演讲稿尽量使用短句，保持口语化，避免晦涩难懂。可适当使用比喻、修辞、排比等修辞技巧，来增强语言的感染力。

3. 结束语。精心设计且情感充沛的结束语可以大大增强演讲的效果。结束语可以包括对演讲内容的强调总结,对听众提出号召与鼓励,以及展望未来、感谢致辞等。

五、注意事项
1. 演讲稿区别于讲话稿,其形式更灵活,互动性更高,感情更充沛。
2. 演讲时间要控制合理,确保内容紧凑连贯,不拖沓冗长。
3. 语气要热情诚恳,要有适当的停顿和语调变化,以保持听众的兴趣。

任务实施

王×了解了演讲稿的基本写法后,写了一份完整的演讲稿,你认为它能打动你吗?请谈谈你的感受。

校园安全的重要性

尊敬的老师、亲爱的同学们:

大家好!我是王×。今天,我很荣幸能够站在这里,和大家聊一聊我们校园安全的话题。

校园安全不仅关系到我们每个人的学习生活,更影响到我们的人身和财产安全。虽然我们常常觉得学校是一个很安全的地方,但是安全隐患却无处不在。

首先,我想谈一谈网络安全。网络便利了我们的生活,但也带来许多安全问题。许多同学在网络上注册各种账户,却忽视了保护个人信息。还有同学下载各种软件或点击来历不明的链接,容易招致网络诈骗,带来财产损失。网络世界纷繁复杂,我们要保持理智和警惕,保护好自己的隐私和安全。

其次,我想引导大家关注校园的消防安全。在我们的宿舍和教室,消防通道常被一些杂物堵塞,这是非常危险的。我们应该时刻保持消防通道的畅通,定期检查电器设备,杜绝火灾隐患的发生。

最后,我要提到心理安全。生活和学习中我们面临各种压力,太多的压力会导致抑郁、烦躁等情绪,引发心理健康问题。当你感觉到有压力的时候,一定要及时寻求老师或辅导员的帮助,并多和朋友们倾诉。

同学们,校园安全需要我们每个人的积极参与和自觉维护。只有大家共同努力,才能构建平安和谐的校园。希望大家从现在开始,关注校园安全,保护好自己和他人。

谢谢大家!

老师的评价如下:其一,成功之处。该稿中心突出,条理较为清晰,能够从多个方面阐述校园安全存在的问题,并提出了有针对性的措施;所举事例贴近实际，具有一定的教育性和警示性。所讲道理科学准确，并契合时代主流价值观。其二，不足之处。标题与正文契合度不高，标题为"校园安全的重要性"，正文却重点阐述了校园安全存在的问题与应对措施，出现"文不对题"的情况。开头平淡，不能很好地营造演讲氛围；主体内容不够充实，缺乏具体数据和实例支撑；语言缺乏感染力，与听众互动性不强。其三，修改建议。修改标题，扩充内涵与外延；补充事例，所选事例要典型、恰当；调用提问、讲故事等演讲技巧。

  王×吸收了老师的修改建议，重新提交了一份演讲稿。请你比较一下两份文稿的异同，并说说有什么启示。

拧紧思想"安全阀" 筑牢校园"防火墙"

尊敬的老师、亲爱的同学们：

  大家上午好！我是王×。我今天演讲的题目是"拧紧思想'安全阀' 筑牢校园'防火墙'"。在这个充满活力与梦想的校园里，我们学习知识，结交朋友，但你是否曾停下脚步，思考过这样一个问题：我们的校园，真的像想象中那样安全吗？或许你会毫不犹豫地说："当然，这里是我们的第二个家。"没错，正因为它是我们的家，我们才更应该细心呵护，排查每一处潜在的安全隐患，让我们的家更加坚固，更加温馨。

  首先，我想说说网络安全。在这个信息化时代，我们身处网络的海洋，生活、学习和工作都离不开网络，但网络安全问题却常常被忽视。试问，有多少同学的手机和电脑密码仍然是"123456"这样的简单组合？又有多少同学还在轻信刷单赚钱？殊不知，简单的密码，就像是给黑客打开了一扇畅通无阻的大门，让他们在我们的数字世界里肆意妄为。那些看似能轻松赚钱的刷单陷阱，背后隐藏着巨大的风险，一旦陷入，就可能无法自拔。所以，同学们，请设置复杂且独特的密码吧，就像给你的百宝箱加上一把独特的锁；请警惕不明来源的软件和链接，就像警惕一个陌生人给你的糖果。记住，保护我们的个人信息和隐私，就是保护我们自己。

  接下来，我想谈一个老生常谈的话题——交通安全。每到周末，校门口的那条道路上就满是同学们欢快的身影。我想请大家回想一下，是否每次外出都遵守了交通规则，过马路走人行横道了吗？骑车戴头盔了吗？我曾亲眼见过，因为一时的疏忽，有一个同学险些被飞驰而过的汽车撞倒。那一瞬间，时间仿佛被冻结，他惊恐的面庞至今让我无法忘怀。同学们，生命只有一次，一旦失去，就无法挽回。让我们约定：从今天起，无论步行还是骑车，都严格遵守交通规则，珍惜自己和他人的生命。

  再来说说消防安全。在教室和宿舍，我们会经常使用空调、电热水壶、充电器、台灯等电器，离开时容易忘记关闭电源；在实验室和实训室，我们可能因为粗心大意而出现违规操作，忽视了里面可能存放有化学物品和易燃材料。这些看似微不足道的疏忽都可能导致致命的火灾。而有些同学因为贪图一时方便在宿舍和教室的消防通道上停放自行车，和随手堆放其他物品，给我们的逃生通道制造障碍。记住，"隐患险于明火，防范胜于救灾，责任重于泰山"。请时刻保持消防通道的畅通无阻，就像保持我们呼吸的顺畅，而定期检查电器设备就像定期体检一样重要。让我们共同防患于未然吧！

最后，我要着重提到的是心理安全。在这个竞争激烈、快节奏的时代，学习、生活带给我们的压力与困扰不胜枚举。有些同学会选择沉默，独自承受内心的煎熬，而我想告诉大家，孤军奋战只会让我们更加疲惫和脆弱。当压力来袭时，请不要犹豫，伸出你的手，寻求老师、辅导员或朋友的帮助。心理健康的重要性绝不亚于身体健康。一个强健的心灵，是应对一切挑战的最有力的武器。

同学们，校园安全不仅是一个口号，更是我们每一个人共同的责任。只有当我们每个人都行动起来，积极参与其中，才能建设一个真正平安、和谐的校园环境。希望大家从此刻起，将校园安全牢记心中，关注每一个细节，保护自己与他人的生命和财产安全。让我们携手，共同构建一个更加和谐、充满爱的校园。

谢谢大家！

例文分析

示例一

2014年，北京大学法律系研究生刘媛媛，参加了安徽卫视《超级演说家》第二季的演讲比赛。在不被导师们看好的情况下，她一路过关斩将，最终站到了总决赛的演讲台上，凭《寒门贵子》的精彩演讲，荣获《超级演说家》第二季全国总冠军。以下为她的演讲原文：

寒门贵子[1]

各位评委、各位老师、同学们：

大家好！

在这段演讲开始之前，我先问大家一个问题：你们当中谁觉得自己是家境普通，甚至是出身贫寒，将来想出人头地只能靠自己？（几乎全员举手）你们当中又有谁觉得自己是有钱人家的小孩，起码奋斗的时候可以从父母那儿得到一点助

---

[1]《刘媛媛寒门贵子演讲稿》，载百度文库网，https://wenku.baidu.com/view/5af0ddc630d4b14e852458fb770bf78a65293add?，最后访问时间：2024年8月28日，略有改动。

力？（没人举手）

前些日子，有一个在银行工作了十年的资深HR（人力资源管理师）在网络上发了一篇帖子，叫作《寒门再难出贵子》，意思是说在当下我们这个社会里面，寒门的小孩，他想要出人头地、想要成功，比我们父辈的那一代更难了。这个帖子引起了特别广泛的讨论，你们觉得这句话有道理吗？

先拿我自己说，我们家就是出身寒门的。我们家都不算寒门，我们家都没有门。现在想想我都不知道当初我爸跟我妈，那么普通的一对农村夫妇，他是怎么样把三个孩子——我跟我两个哥哥——从农村供出来上大学、上研究生的。

我一直觉得自己特别幸运，我爸跟我妈都没怎么读过书，我妈连小学一年级都没上过，她居然觉得读书很重要，她吃再多的苦也要让我们三个孩子上大学。我一直也不会拿自己跟那些家庭富裕的小孩去做比较，说我们之间会有什么不同，或者有什么不平等。但是我们必须要承认，这个世界是有一些不平等的。他们有很多优越的条件，我们都没有；他们有很多的捷径，我们也没有。但是我们不能抱怨。

每一个人的人生都是不尽相同的。有些人出生就含着金钥匙，有些人出生连爸妈都没有——人生跟人生是没有可比性的，我们的人生是怎么样的，完全取决于自己的感受。你一辈子都在感受抱怨，那你的一生就是抱怨的一生；你一辈子都在感受感动，那你的一生就是感动的一生；你一辈子都立志于改变这个社会，那你的一生就是斗士的一生。

英国有一部纪录片叫作《人生七年》。片中访问了12个来自不同阶层的7岁的小孩，每7年再回去重新访问这些小孩。到了影片的最后就发现，富人的孩子还是富人，穷人的孩子还是穷人，但是里面有一个叫尼克的贫穷的小孩，他到最后通过自己的奋斗，变成了一名大学教授，可见命运的手掌里面是有漏网之鱼的。而且现实生活中，寒门子弟逆袭的例子更是数不胜数。

所以当我们遭遇失败的时候，我们不能把所有的原因都归结到出身上去，更不能抱怨自己的父母为什么不如别人的父母。因为家境不好，它并没有斩断一个人取得成功的所有可能。当我在人生中遇到很大困难的时候，我就会在北京的大街上走一走，看着人来人往。而那时候我就想："刘媛媛，你在这个城市里面，真的是依无所依，你有的只是你自己，你什么都没有，你现在能做的就是单枪匹马地在这个社会上杀出一条路来。"

这段演讲到现在已经是最后一次了，其实我刚刚在问的时候发现了：我们大部分人都不是出身豪门的，我们都要靠自己！所以你要相信：命运给你一个比别人低的起点，是想告诉你，让你用你的一生去奋斗出一个绝地反击的故事。这个故事关于独立、关于梦想、关于勇气、关于坚忍，它不是一个水到渠成的童话，没有一点点人间疾苦。这个故事是"有志者事竟成，破釜沉舟，百二秦关终属楚"，这个故事是"苦心人天不负，卧薪尝胆，三千越甲可吞吴"。

谢谢大家！

思考：

1. 这篇演讲稿的主题是什么？这个主题有何积极意义？

2. 这篇演讲稿的开头采用了什么样的演讲技巧？

3. 演讲稿的主体部分，刘媛媛既动情地讲述了自己的成长故事，又对社会现实作出了精辟理性的分析，这样讲有什么好处？

示例二

2014年3月27日，国家主席习近平在巴黎联合国教科文组织总部发表重要演讲。他站在人类文明进步和世界和平发展的高度，深刻阐述了中国的文明观，提出文明交流互鉴的重要主张。演讲摘录如下：

在联合国教科文组织总部的演讲[1]

尊敬的博科娃总干事，女士们，先生们，朋友们：

大家好！

有机会来到联合国教科文组织总部，感到十分高兴。首先，我谨对博科娃女士再次当选教科文组织总干事，表示衷心的祝贺！对教科文组织为推动人类文明交流互鉴作出的卓越贡献，表示诚挚的敬意！

……

自1945年成立以来，教科文组织忠实履行使命，在增进世界人民相互了解和信任、推动不同文明交流互鉴方面进行了不懈努力。中国高度重视同教科文组织的合作，愿意加大参与教科文组织的各项活动。为体现对非洲的支持和帮助，我们决定把通过教科文组织向包括非洲国家在内的发展中国家提供的长城奖学金名额由每年25人扩大为75人，我们还将同教科文组织一道把援助非洲信托基金的活动继续开展下去。

女士们、先生们、朋友们！

文明因交流而多彩，文明因互鉴而丰富。文明交流互鉴，是推动人类文明进步和世界和平发展的重要动力。

推动文明交流互鉴，需要秉持正确的态度和原则。我认为，最重要的是坚持以下几点。

---

[1]《习近平在联合国教科文组织总部的演讲（全文）》，载中国网，http://www.china.org.cn/chinese/2014-04/01/content_31964496.htm，最后访问时间：2024年8月28日，有删减。

第一，文明是多彩的，人类文明因多样才有交流互鉴的价值。阳光有七种颜色，世界也是多彩的。一个国家和民族的文明是一个国家和民族的集体记忆。人类在漫长的历史长河中，创造和发展了多姿多彩的文明。从茹毛饮血到田园农耕，从工业革命到信息社会，构成了波澜壮阔的文明图谱，书写了激荡人心的文明华章。

"一花独放不是春，百花齐放春满园。"如果世界上只有一种花朵，就算这种花朵再美，那也是单调的。不论是中华文明，还是世界上存在的其他文明，都是人类文明创造的成果。

我参观过法国卢浮宫，也参观过中国故宫博物院，它们珍藏着千万件艺术珍品，吸引人们眼球的正是其展现的多样文明成果。文明交流互鉴不应该以独尊某一种文明或者贬损某一种文明为前提。中国人在2000多年前就认识到了"物之不齐，物之情也"的道理。推动文明交流互鉴，可以丰富人类文明的色彩，让各国人民享受更富内涵的精神生活、开创更有选择的未来。

第二，文明是平等的，人类文明因平等才有交流互鉴的前提。各种人类文明在价值上是平等的，都各有千秋，也各有不足。世界上不存在十全十美的文明，也不存在一无是处的文明，文明没有高低、优劣之分。

我访问过世界上许多地方，最喜欢做的一件事情就是了解五大洲的不同文明，了解这些文明与其他文明的不同之处、独到之处，了解在这些文明中生活的人们的世界观、人生观、价值观。我到过代表古玛雅文明的奇琴伊察，也到过带有浓厚伊斯兰文明色彩的中亚古城撒马尔罕。我深深感到，要了解各种文明的真谛，必须秉持平等、谦虚的态度。如果居高临下对待一种文明，不仅不能参透这种文明的奥妙，而且会与之格格不入。历史和现实都表明，傲慢和偏见是文明交流互鉴的最大障碍。

第三，文明是包容的，人类文明因包容才有交流互鉴的动力。海纳百川，有容乃大。人类创造的各种文明都是劳动和智慧的结晶。每一种文明都是独特的。在文明问题上，生搬硬套、削足适履不仅是不可能的，而且是十分有害的。一切文明成果都值得尊重，一切文明成果都要珍惜。

历史告诉我们，只有交流互鉴，一种文明才能充满生命力。只要秉持包容精神，就不存在什么"文明冲突"，就可以实现文明和谐。这就是中国人常说的："萝卜青菜，各有所爱。"

……

女士们、先生们、朋友们！

"等闲识得东风面，万紫千红总是春。"明年是教科文组织成立70周年，我相信，在博科娃总干事领导下，教科文组织一定能为推动人类文明交流互鉴、促进世界和平谱写新的篇章。

谢谢大家。

思考：

1. 这篇演讲稿的称谓有什么特点，会产生什么样的互动效果？

2. 演讲稿的开头，习近平主席表达了对来到教科文组织总部的喜悦，以及对博科娃女士的祝贺和对教科文组织的敬意，随后从教科文组织的使命谈起，自然过渡到中国对教科文组织的支持和合作，再进一步阐述文明交流互鉴的重要性和原则。请想一想，这些段落顺序能不能调换，为什么？

3. 这篇演讲稿的语言有什么特色，请举例说明。

拓展学习

知识卡片

演讲稿与发言稿的区别

演讲稿与发言稿虽均用于传达信息和观点，且需考虑场合与听众，但二者存在明显差异：

1. 使用场合不同。演讲稿多用于正式的公开场合，发言稿常用于会议、座谈。

2. 语言表达不同。演讲稿注重修辞手法的运用，语言富有感情，结构逻辑性强；发言稿则要求简明扼要地陈述观点事实，少有过多的修饰。

3. 受众差异。演讲稿面向广泛公众，要求内容能引起普遍共鸣；发言稿一般针对特定群体，如同事、会议成员等，内容的指向性更强。

品味研读

张思德与《为人民服务》

训练营地

一、填空题

1. 完整的演讲稿一般包括_____、_____和_____三部分。

2. 演讲稿的主体部分应该_____、内容具体，_____、有逻辑性，语言流畅且有感染力。

二、修改题

法律事务专业的王×同学到青山派出所实习。所长告诉他，高科技的发展给人们生活带来便利，也带来新的安全隐患。为了提醒居民关注新的安全问题，请他撰写一篇演讲稿，以备到辖区社区活动中心向广大居民发表演讲。王×很快完成了一篇演讲稿，请你分析它存在的问题并进行修改。

<h3 style="text-align:center">构建和谐社区，共创平安环境</h3>

各位居民朋友们：

大家好！我是青山派出所的实习生王×。今天，我想和大家聊聊怎么才能让我们的社区变得更安全、更和谐。希望大家听了我的分享后，有什么好的建议也可以告诉我。

你们都知道，社区的治安情况直接关系到我们每一个人的生活质量。安心的环境能让大家晚上睡个好觉，白天出门的时候不用总是提心吊胆。那么，我们到底怎么做，才能让社区更安全呢？

首先，我们要加强社区的巡逻力度。有的居民可能会问，派出所是不是每天都有警察在巡逻？答案是肯定的，但我们还需要大家的配合。比如，有没有人见到过可疑的人在社区里晃来晃去？这种时候，大家可以及时联系我们，让我们来处理。

其次，我建议我们多进行安全宣传教育。大家平时可能忙于工作，对一些安全常识不太了解。我们可以组织一些安全讲座，教大家如何防盗、防火、防诈骗。比方说，老人家容易接到一些诈骗电话，只要提高警惕，就能大大减少被骗的可能。

另外，我们还可以安装一些监控摄像头。其实，有了监控摄像头，不但能防范犯罪，还能帮助我们找到一些丢失的东西。比如，前段时间，有个小朋友丢了自行车，通过查看监控，我们很快就找到了。

还有，我们要定期组织应急演练。大家可能觉得这有点麻烦，但真的非常重要。如果我们遇到火灾或者其他突发情况，知道怎么处理，能避免很多损失和伤害。比方说，演练时我们可以学到如何使用灭火器，这对我们的安全非常有帮助。

最后，我想说的是，提高社区治安需要大家共同努力。除了警察的巡逻和监控摄像头，最重要的还是每个人的积极参与。大家有问题、有建议，都可以随时来找我们沟通。我们希望和大家一起，共同打造一个安全、和谐的社区环境。

希望大家也能分享一些你们的想法和建议，让我们的社区更美好。

谢谢大家!

三、写作练习

学校要开展以"青春奋斗 梦想起航"为主题的演讲比赛,请以"践行工匠精神 铸就青春辉煌"为题撰写一篇演讲稿,以备参赛。

要求:①结合在校期间的学习体会、生活感悟以及未来的职业规划。②内容积极向上,展现新时代青年的责任与担当。③中心突出、内容具体,条理清晰、有逻辑性,语言流畅且有感染力。④字数不少于800字。

参考答案

实训项目四　个人简历

情境导入

钱×是一名优秀的应届毕业生,但由于不太了解个人求职简历的基本内容和版式,他的简历并没有传递出自己是优秀学生的信息,求职效果自然也不理想。在钱×不知所措时,他想到求助于职业顾问。

任务描述

钱×找到职业顾问,咨询撰写简历需要从哪些方面入手?怎样才能写出让面试官眼前一亮的简历?职业顾问告诉他,如果想制作一份出色的个人简历,应该要认真思考,自己的求职目标是什么,职业发展方向是什么,然后专业技能、社会实践及个人爱好是否和自己的求职目标一致。另外一定要突出重点,简历的作用就是推销自己、表现自己,让用人单位发现你的价值,所以一份优秀的简历要目标明确、以突出专业知识为主,并且要适当调整简历版面。钱×听完职业顾问的指导,结合以下内容开始撰写求职简历。

知识聚焦

一、什么是个人简历

个人简历是指对个人基本情况信息、教育经历和职业经历等内容的简明的书面介绍，现多指求职简历，即是求职者简要介绍自己的个人信息以及与求职岗位相关的素质、能力、工作经验等情况，表达求职意愿的一种应用写作文体。该文体具有真实性、针对性、简要性等特点。

二、个人简历的分类

如今简历的样式呈现多元化趋势，五花八门的简历样式让人眼花缭乱，为了在简历上凸显个性、夺人眼球，很多新奇的创意纷纷涌现。当前主要的简历样式有：简历按格式可分为段落式、条框式和文本式；按形式可分为传统书面文字式、创意插图式；最新出现的网络视频简历也是一种全新的简历模式。

三、如何写个人简历

个人简历大多采用表格的方式，一般包括标题和正文两部分。

（一）标题

一般有"××（姓名）个人简历""××（姓名）求职简历"或者"××（姓名）简历"等写法。

（二）正文

正文主要包括以下内容，表达顺序可根据实际需要灵活调整。

1. 基本信息。基本信息包含姓名、性别、出生年月、户籍、居住地、工作年限、政治面貌、联系方式等。注意核对电话号码和邮箱地址是否正确，把联系方式放在本部分的醒目位置，可方便人事联系。简历中可不写身份证号码，写明出生年月就可以。居住地可以写到某区某街道，不需要罗列详细地址。

2. 工作经历或项目经验、实践实习经历。这个部分是简历的重要的部分，要做到三点：

（1）逻辑清晰。从最近的经历开始写，写明工作或实习公司名称、岗位、时间。

（2）言之有物。逐条逐项写清自己的工作内容。用"负责、参与、开展"等动词开头，体现自己具体做了什么，描述内容要真实可信，忌离谱夸张。

（3）量化最佳。自己在这个岗位上锻炼了什么能力、取得了怎样的成绩。比如，具备沟通能力、领导能力、数据分析能力等。尽量用量化的信息、数据来支撑，不能太口语化。在一份简历中，面试官最想了解的核心内容就是求职者做过什么、能做什么及做到什么程度。此外，简历不是一味堆砌自己所有的经历，而是要针对不同的岗位，有针对性地按照招聘内容，拆解岗位招聘要求，逐一对照，梳理自己的工作经历、实践部分，做到有的放矢。

3. 教育经历。写明最高学历的毕业学校名称、专业、入学及毕业时间。应届毕业生如果成绩不错的话，可写上成绩绩点和专业排名，不宜多写与工作无关的课程。

4. 个人技能及其他。这个部分主要罗列前三部分体现不出与没有提及的技能、证书或亮点等，建议不要罗列一大段空洞的自我介绍。

四、注意事项

（一）明确求职目标

求职目标是确定一个具体职位最简单、最迅速的方法，求职目标在个人简历里占据重要地位。求职者不仅要清楚某个职位，还要了解适合于求职者的多个职位，这意味着求职者每申请一个职位就要写一份相应的简历。对求职目标的描述一定要有针对性，要简短准确，通常不超过三行。

（二）突出个人优势

突出个人优势包括：一是亮点要突出渲染。应该根据招聘的职位特点，重点突出自己个人简历上的亮点信息，让信息看起来更有说服力。二是经验技能知识要详写。如果求职者缺少实际工作经验，这时就要把与招聘职位相关的实习经验较详细地列出来，对所掌握的某种和工作直接有关的知识或技能，要尽可能写得详细一些，并表明求职者将如何把这些知识技能运用于实际工作，这样可以表现出求职者善于学习新知识，掌握新技能，可以快速适应新岗位。三是弱点要妥善处理。很多单位在筛选求职简历时，是先按照"硬件"标准来进行的，如专业、学历、工作年限、年龄、户口所在地等。当求职者不符合要求时，可以省略不写，或者提供相对模糊的信息。四是切忌夸大虚假。对求职者年龄、性格、特点及能力的描述要尽量准确，切忌夸大自我描述和修饰，否则即使求职者获得了面试机会，由于求职者的真实能力与个人简历中的描述相差悬殊，从而产生巨大反差，让招聘者对求职者的人品产生怀疑，使求职者彻底丧失被录用的机会。其实个人简历只是给求职者自己应聘工作的书面材料，求职者是否适合、胜任工作，主要是由求职者自身的素质和能力所决定的。

（三）写清兴趣爱好

不少求职者为了引起招聘者的注意，不惜成本制作精美的简历，彩色印刷、华美的封面、写真照等应有尽有，但缺少有分量的兴趣爱好。很少有求职者把自己的兴趣爱好作为重点写出来，即使写到也往往是一带而过，有兴趣爱好的求职者在同等条件下，被聘用的可能性要高很多，填写一定要详细。例如，求职者说自己擅长乐器，就应该写清楚是什么乐器，如萨克斯、钢琴或者笛子，而且最好写清楚等级数、所参加过的重大演出、获得的奖项等；如果擅长武术表演，应写清楚武术种类，是太极拳、长拳等。

（四）力求富有创意

简历是为求职者设计的第一张闪亮"名片"。在应聘过程中，既然求职者要应聘的单位和职位各有不同，那么个人简历写作也不能千篇一律，设计必须有创意。当然，有创意也要减少弱点暴露。例如，有些手写的个人简历通常给招聘单位留下"潦草、不认真"的印象，因为招聘单位可以从求职者的文字书写中分析出他们的性格、能力、学识等。

（五）做到真实专一

真实专注是个人简历写作的基本原则，也是招聘单位非常重视的。招聘单位在筛选求职简历时，非常注意查看个人简历的真实性、专一性，并密切关注关于求职者细节的描述。一旦发现求职者有造假现象，那么，求职者的人品和职业道德就会受到质疑，即使求职者能力可能比较突出，招聘单位也会考虑将其淘汰。例如，有的求职者对同一招聘单位投递两份内容高度雷同的求职简历，只不过前一份应聘的是销售职位，后一份应聘的是行政职位。显然求职者是想通过多投简历，获得更多的机会。求职者或许以为招聘者不会注意到这一点，事实上，不但被注意到了，而且往往不被录用，因为招聘单位招聘某一职位的人才时需要求职者对该职位的高度认可，而不是一份随意为之的求职简历。

（六）把握写作规范

要做到：一是杜绝错别字。二是勿遗漏重要信息。三是用语准确规范。如"他们、我的、你们"等人称代词不宜直接出现，最好直接省略主语，或使主语隐含于句子之中。例如，描述工作经历时，建议不要写成"我曾任职管理经理助理及销售助手"，而应该写"在××单位，任管理经理助理及销售助手"，这样的表述简洁、凝练。个人简历用语要严肃庄重，注重礼仪，既不能阿谀奉承，也不能语气生硬。

任务实施

随后，钱×经过反复修改，制作了一份个人简历。为了能抓住招聘者的"眼球"，他请职业顾问进行指导。在职业顾问的指导下，钱×发现他的个人简历存在以下问题：一是简历格式不统一，包括标点、间距及字体等都要一致。这样才能凸显应聘者的仔细程度，让招聘官赏心悦目，从而留下一个良好的初步印象。二是教育背景中对于学习成绩的表述非常一般，虽然写了绝对分数，但是没有写相对成绩排名，这样就不能体现出成绩的优异，这点对于应届生来说比较吃亏。三是求职意向不够明确。求职目标是非常重要的信息，要突出简历的重点及自己的优势，让招聘官充分明白求职动机。四是获奖情况不够突出。五是实习经历缺乏针对性。突出自己在校园各类工作及活动中所展现出的和精算工作相关的经验与能力，这样能够使简历更具有针对性，清晰地向招聘官展示自己的能力，从而提升面试成功率。现在，钱×重新修改了简历，请大家看看他的简历是否能够抓住招聘者的"眼球"。

钱×个人简历

个人信息	姓名	钱×	性别	男	出生年月	×××年×月	照片
	应聘职位	法律顾问					
	毕业院校和专业	××大学法学专业					
	民族	汉	户籍	××	目前所在地	××	
	政治面貌	中共党员	学历	大学本科	所学专业	法学	
联系方式	联系方式	移动电话：1388888××××			E-mail	qian×××@163.com		
	家庭地址	××市××路××弄×号			邮政编码	××××××		
个人能力	××法律咨询公司法律顾问岗位实习经验；荣获"国家特等奖学金""优秀三好学生"；通过国家统一法律职业资格考试；法律专业知识丰富。 语言技能：英语CET4、CET6、普通话二级甲等证书。 专业技能：法律职业资格证书A类、国家计算机一级证书、汽车驾照C1。 办公技能：熟练使用Office办公软件，文字功底好，具备一定公文写作能力。 诚实守信、正直可靠、品行端正，工作态度积极，待人接物稳妥，善于交流与合作；具有良好的职业操守及团队合作精神，较强的学习能力、逻辑思维能力、分析和解决问题能力、抗压能力和沟通协调能力；熰悉国家、地方、法律法规，熟悉公司法、民法、知识产权法等法律知识。							
工作实习经验	××××.11-××××.06　　××市××法律咨询有限公司　　法律顾问 ——接听用户电话或者线上咨询，解答用户诉讼事务性问题。 ——协助主管对工单和语音进行质检；定期输出工单报表、数据分析以及报告。 ——对负责的法律知识库进行加工，包括新增、修改以及检查。							

续表

教育获奖经历	××学校/法学专业　　　　　　　　　GPA：4.06/5 排名：1/49 主干课程包括：法理学、宪法学、中国法制史、外国法制史、行政法、行政诉讼法、刑法、民法、商法、经济法、知识产权法、刑事诉讼法、民事诉讼法、国际法、国际私法、国际经济法、物证技术学、证据法、环境法、劳动法和社会保障法等。 ××××年12月获得上海市××区普法大赛一等奖。 ××××年9月获得××大学演讲比赛"一等奖"。 ××××年12月获得国家特等奖学金（2%）。 ××××年10月荣获校级"三好学生"荣誉证书。

例文分析

示例一

快要毕业了，随着金三银四求职招聘旺季的到来，人才市场又迎来新一波的热潮。对于广大求职者而言，简历是求职应聘的敲门砖。一份"高颜值"简历能敲开人力资源的"心门"，对后续能否顺利"通关"影响极大。于是，××大学专门制作了求职简历模板供毕业生们使用。

××个人简历			
姓名		性别	
年龄		出生日期	
毕业院校		学历	照片
求职意向		联系电话	
联系地址			
电子邮箱			
教育背景	时间	学校	专业
	（可说明所学主要学科）		
社会实践	时间	单位	职务

续表

	(详细介绍实践成果和学习经验)		
职业技能			
个人荣誉			
自我评价	(描述个性、特长、应聘优势、阶段职业定位目标等)		
备 注			

思考：

1. 你认为这份个人求职简历模板最大的亮点是什么？
2. 请问你在制作简历时会采取两栏并列式还是一栏式？为什么？

示例二

"面子"重要，"里子"更重要，有了好看的简历模板，还要有高质量的内容。下面这份简历制作精良、内容全面，很多人力资源看后都认为不错。

金××个人简历

姓名	金××（化名）	性别	男
籍贯	上海	政治面貌	中共党员
意向部门	市场部		
联系方式	199 9999 ××××		
家庭住址	上海市奉贤区××路××号		
E-mail	jxw@163.com		

续表

教育经历	2011.09 至今 上海××大学电子信息与电气工程学院微电子学专业 主修课程：微电子学、C++、Verilog HDL、Python、Java语言、ISE、Cadence、Matlab等。 选修课程：微观经济学、技术经济学、证券投资分析、经济学和市场营销及分析等。
个人经历	××××年12月-××××年2月 第六届"微世界全国中学生商业模拟挑战赛"质检部主管 □前期负责部门章程的制定，比赛规则的制定，后台系统的测试及数据录入。 □比赛期间协调分配团队成员的任务，通过合理分工有效提高了工作效率，完成了1000多种原材料和产品的审批工作。通过与其他部门沟通协作，使整个比赛平稳有序地进行。 ××××年—××××年×× ××大学微电子学院学生会副主席 □全面负责学生会对外对内的联络工作和各种文案的策划及管理，锻炼了人事管理以及商业谈判技巧和市场沟通能力。在任期1年内拉到的赞助总计达3500元，为学生会的活动提供了经费来源。 □带领团队编写了《微电子学院学生会章程》，并获得所在学生会的一致通过。撰写11篇新闻稿，其中3篇刊登在学校及学院官网。 □带领团队安排召开"××大学第八届微电子学院学生会年会"以及"××大学第八届微电子学院学生会代表大会"，获得学院领导的高度评价。 ××××年—××××年×× ××大学精英培训营营员 □完成团队风采展示，定向越野，辩论赛多项任务；培养团队领导力，组织管理与沟通表达能力。 ××××年—××××年×× ××大学社会实践团重点项目团长 □负责整个市场活动项目的策划及实施。主要内容包括确定课题的选择（关于食品添加剂滥用的调查），策划一系列市场活动：与食品药品监督所所长访谈，参观全球连锁餐饮业巨头——××皇后生产加工工厂，撰写"致××市食品药品监管局的一封信"，以及校内媒体的宣传。
奖励情况	××××年9月荣获××大学优秀奖学金C等，获奖比例：15%
	××××年9月荣获××大学优秀奖学金B等，获奖比例：10%
语言和计算机能力	CET6（547）；通过高级口译笔试；擅长口译；熟练掌握C++，Office办公套件，verilog，MS等。

思考：

1. 在制作个人简历时，把姓名、联系方式放在显要位置的好处是什么？

2. 金××的简历相对比较完整，这份简历有什么亮点和特点？请就此展开讨论。

拓展学习

知识卡片

求职信和个人简历的区别

　　求职信与个人简历是两种重要的求职文书。具体而言，它们都是求职者写给用人单位，向用人单位介绍并推荐自己，以使对方接纳自己的一系列文字、图表等材料。求职信和个人简历既有密切联系又有本质区别。一般来说，求职信经常与个人简历配合使用。个人简历主要说明个人具体情况，往往采用表格的形式呈现，要求规范清晰；求职信则主要表达工作意愿，往往采用文章的形式呈现，要求言简意赅。下面我们就比较一下这两个文种，以便求职者对其加以甄别，更恰当地使用并为自己的求职服务。

　　1. 形式不同。求职信是"书信"的一种，其表现形式要遵循书信的基本格式规范，如前有称谓、后有落款，前有问候句、后有祝颂语等。而个人简历则是求职者对自己履历（包括学习、生活、工作或实践等经历）的一个简单介绍，它一般是以表格的形式分成几个栏目来呈现的。

　　2. 要素不同。个人简历从内容上看大致包括个人基本信息、求职意向、教育背景、实践或工作经历、外语及计算机水平、获奖情况等。求职信的内容则不同：首先是标题和称谓。开头部分一般有问候语、从何处获得对方的用人信息、自己符合什么条件，打算谋求或应聘哪个工作岗位等内容。中间主体部分是向用人单位作自我介绍和推荐，包括：个人的基本情况、学业情况（即所学专业内容、成绩及具备的专业技能等）、实践或工作情况、个人的其他情况（包括任职、爱好特长、性格等）。接着还可谈谈求职者对工作或职位的认识以及工作愿景、自己对工作或面试的渴望、自己的联系方式等内容。最后是祝颂语、附件及落款等。

　　3. 性质不同。求职信虽也可以面向广大社会用人单位漫无目的地散发，即所谓的"普发"，但这种"普发"性质的求职信因其目标不明确，针对性不强，效果不佳，在求职中已经很少使用了。故与"普发"相对应，现在的求职信多体现出其"单发"性的特点，即每一封求职信仅是写给某一用人单位的，目标十分明确，谋求或应聘该用人单位的某项工作或职位，体现在内容上往往能紧扣所谋求的工作或职位进行自我介绍和推荐,灵活机动、重点突出、针对性强。

与求职信的这种"单发"性不同,个人简历则更多地具有"普发"性的特点。即面向的不是某一具体的用人单位而是广大的社会用人单位;谋求的不是某一特定的工作或职位,而是与自己专业及意愿对应或相关联的性质相近的多种工作岗位;因其求职目标不十分明确具体,故针对性不强,在内容上对自己的介绍更要求全面客观。

4. 写作(制作)要求及效果不同。求职信因是"书信",呈现出一种双向沟通的态势,故其写作在格式规范的基础上更讲究语言的表述:简练准确、语句流畅;条理清晰、逻辑严谨;自然得体、亲和力强。内容有所侧重、详略得当;篇幅可长可短、灵活性强。

个人简历多采用表格的形式,呈现出一种单向沟通的态势,其形式较为生硬刻板,内容含量也受到限制,是一种程式性公式化更强的表达方式。所以在制作中更应侧重其结构格式,讲究格式规范、表述客观、栏目清晰、简练大方。一份好的个人简历要能使招聘者在最短的时间内对求职者有一个较为全面清晰的认识,并给招聘者留下较为深刻的印象。

最后需要强调的是,求职信一般是求职者简要自我介绍并表达求职愿望的书信,有关个人的详细情况可以体现在个人简历中。也就是说,求职信主要是用来表明态度并有针对性地介绍个人情况的。相对而言,简历一般用来详细介绍个人情况,配合求职信向用人单位更全面地展现自己,两者各司其职。这样的分工,避免了求职信信息的琐碎,而个人简历,则弥补了求职信信息的不足。为了使阅读者快速、立体、全面地了解求职者的个人情况,还是建议将求职信与简历分开撰写,让其各自发挥不同功用。

品味研读

七彩简历让自己"亮"起来

训练营地

一、思考题

小科是一位药学专业研究生,他的职业目标首选高校教师,其次是高校辅导员,最后是医药公司研发人员。为此,他设计了三份简历,应聘高校教师的简历突出自己的科研成果,应聘高校辅导员的简历突出自己的学生工作经历,应聘医药公司研发人员的简历就突出自己的实验操作。三份简历投往不同的岗位,他认为，这样才有的放矢。请大家就此进行讨论，谈谈看法。

二、请谈谈小张对个人简历存在的认识误区

小张是××校的应届毕业生，性格大大咧咧的他经常与身边一起奔波求职的同学讨论有关面试的问题，他自认为求职过程中简历不是主要部分，关键是要看个人本身的实力，花费大量的时间精力去做简历不值得。于是小张应聘时不是直接填写招聘单位现场提供的履历表，就是递上一张已被捏得皱巴巴且十分简单的简历。几个月过去了，身边的同学纷纷找到了就业归宿，可崇尚"实力论"的小张依然在求职市场中奔波。一次，一位已在职的同学得知自己单位正在招聘，好心将信息告诉了小张，并将小张的简历直接交给了单位人事部门，想为小张争取面试机会。可面试时该同学并没有看到小张，一打听才知道，小张那张薄薄的简历早被弃置一边了，更让同学哭笑不得的是，人事部门同事告诉他，小张简历上的联系方式只有手机，可拨过去的答复竟是停机。原来，小张早已换了手机号码，但交给同学的那份简历上仍是以前的号码。得知错过面试良机的小张懊悔不已。

三、写作练习

了解与自己所学专业联系密切的行业或者单位的相关信息，从中选择一家比较理想的就业单位，结合具体的岗位制作一份个人求职简历。

写作提示：

1. 客观真实，突出亮点。实事求是地说明自己的优长，切忌夸大事实、弄虚作假。

2. 目标明确，有针对性。要结合求职岗位介绍自身的条件和能力，避免堆砌无关紧要的内容。

3. 语言简练，信息准确。语言要简洁凝练、条理清楚，前后语句的排列能体现出恰当的逻辑顺序。联系方式等信息务必要准确无误。

参考答案

实训项目五　情况说明

情境导入

某车站刑警队长邢×在火车站广场抓获一名在逃犯罪嫌疑人，按照工作程序，他需要向单位提交犯罪嫌疑人归案情况的说明，请问他该怎么写这份情况说明？

任务描述

邢×警官有多年的工作经验，他知道这份情况说明的重要性，也知道其作用和写作内容。在犯罪嫌疑人实施犯罪的当场将其抓获时，情况说明的制作，表面上是要反映犯罪嫌疑人归案，实质上却是要证明犯罪事实存在，这一文书是证实犯罪的直接证据。一般包括背景介绍、事实经过、处理措施等几项内容。

知识聚焦

一、什么是情况说明

"情况说明"是单位或个人就相关工作、问题或事件向社会公众、相关部门加以解释说明时经常用到的一种应用文体。

二、情况说明的主要类型

按照处理事务时发布动机原因的不同，情况说明可以分为回应性情况说明、告知性情况说明、证明性情况说明和归案情况说明。

（一）回应性情况说明

这类说明主要用于紧急事件或网络舆情发生后，单位或个人需要被动回应社会公众对相关事项的质疑，有针对性地及时说明相关情况，以便消除不良社会影响。例如，陈××《关于本人孩子参加全国青少年科技大赛获奖项目的情况说明》回应了社会对其子获奖项目的质疑。此类情况说明在公共媒体上使用得最多，但非正式机构或个人使用情况说明的专业性和规范性有待提升。

（二）告知性情况说明

这类说明主要用于单位需要就重要事项或立法类事务向相关部门汇报，或就涉及群众利益的重要政策主动向社会说明相关情况，或就可能的社会关注热点主动告知相关情况。例如，全国人大教育科学文化卫生委员会副主任委员××在第

××届全国人民代表大会常务委员会第××次会议上作《关于修订〈中华人民共和国×××法〉的说明》；××区直属幼儿园主动发布《区直幼小区配套园区×××年秋季招生情况说明》；成都熊猫基地主动发布《关于大熊猫"娇奥"与"双雄"的情况说明》等。相关单位主动发布此类情况说明有助于相关部门及时了解特定事务进展情况，或解决群众对某些政策知晓率不高、社会沟通不畅等问题。

（三）证明性情况说明

此类情况说明主要是法律、财税、海关、党务等专门部门或领域使用，用来向相关部门主动说明情况或按要求提供相关情况的证明材料。如企业的财务情况说明、纪检监察部门的到案情况说明、司法机关的侦查情况说明、个人的公务员政审情况说明等。此类情况说明专业性最强，均有特定的专业要求和规范体式。

（四）归案情况说明

犯罪嫌疑人归案情况说明是公安机关在办理刑事案件过程中制作的文书，公安部将其列入刑事证据卷文书目录，旨在说明抓获犯罪嫌疑人或者群众扭送犯罪嫌疑人、犯罪嫌疑人到公安机关投案等情况。归案情况说明是司法办案证据链条的必要组成部分，在刑事诉讼过程中具有证据作用，属于证人证言。归案情况说明重点要体现为什么要抓这个人，抓对了没有，所以此文书属于证据类型中的证人证言，制作主体是个人。这一文书的写作，除了在程序和要素方面合乎证据应体现的合法性之外，在语言表达上，由细节化而体现出的确凿感是其赖以存在的生命，而严谨的逻辑性则是它牢牢维系的灵魂。

三、如何写情况说明

情况说明一般包括标题、称谓、正文和落款四部分。

（一）标题

情况说明的标题，一般不用"情况说明"这样简单的几个字，而是多采用《关于××的情况说明》《关于××情况的专项说明》《犯罪嫌疑人归案情况的说明》等，便于受众能够直接知晓说明的事项，获知必要的信息，并决定是否进一步了解具体内容。如《关于网传"乘客在地铁车厢喝水被开罚单"的情况说明》《关于国土资源厅财政拨款"三公"经费年决算的情况说明》这样的标题，受众据此易于作出阅读判断，从而节省时间和精力，更加符合人们的阅读习惯。还可以在标题中加入单位名称，比如《朝阳街道×××年12月-×××年7月关于房屋征收的情况说明》《××县文体广电旅游局关于履行证明事项告知承诺制情况说明》等。

（二）称谓

情况说明在有致送对象的情况下要写明主送机关。比如，安徽省××县××

×乡人民政府向××县水务局报送的《关于×××乡王楼村水渠、大塘项目规划的情况说明》，其主送机关就写明了是"县水务局"；某工程公司因拖欠工资造成部分农民工围堵市政府大门讨薪，市政府要求该工程公司上报一份情况说明，这份情况说明也需要写明主送机关是"××市人民政府"。

如果是向领导报送的情况说明，则可以直接采用称呼语。比如，某位同志因公外出，但因相关支出票据丢失而无法报销，需要向单位领导说明情况，并请求予以审批报销，此时的情况说明可考虑将称谓写为"尊敬的局领导"等；如果是面向公众发出的情况说明，则不需要写称谓。

（三）正文

除财务情况说明、刑事司法中的情况说明等具有特殊要求外，大多数情况说明并无特殊的专业要求。一般情况下，包括背景介绍、事实经过、处理措施等几项内容。

1. 开头。情况说明的开头背景介绍部分，一般概括说明问题即可，主要侧重于提出问题，说明情况发生的时间、地点、事项等。主要是为了让有关部门、人员了解事情的前因，掌握更多背景资料，为顺利阅读后文、得出准确判断做铺垫。这些背景必须和要说明的事件密切相关，既要交代完备详尽，又要避免喧宾夺主。

2. 主体。详述事情经过是情况说明的主体，主要侧重于分析问题、解决问题，要做到实事求是、符合逻辑、层次清晰。内容要求实事求是，尊重事情本来面貌，并突出主要问题和主要矛盾。要注意结构清楚、层次清晰。行文可以选择纵向结构，按照情况出现的先后顺序，说明情况的来龙去脉；可以选择横向结构，按照归纳出来的问题，划分出各个层次来安排结构；也可选择综合结构，将纵向与横向结合起来，交替使用。可分段说明。

针对一些事件的情况说明，有的时候还要明确写出处理措施、处理结果和现状等。

3. 结尾。结尾可根据具体情况来写或不写，有的结尾部分根据需要表示感谢之意或表达歉意。如下面这两则情况说明的结尾部分：

"在此，我局对广大媒体和社会各界的关心与支持表示感谢！"

"我行将以此为戒，举一反三，开展专项整治行动，着力提升服务质量。"

（四）落款

情况说明的文后，均要有落款。落款既要写明发文机关，显示权威性，也要注明时间，增强时效性。一般情况下，还需要加盖公章，表明真实性。如果是个人作出的情况说明，署名时可以采用亲笔签名。

四、注意事项

（一）标题中事件或情况的概括要明确到位

为了便于主送机关或社会公众快速获取核心信息，情况说明的标题应尽量采用完全式标题写法，对事件或情况的表述建议采用包含动词性成分、事件名词或事件相关时间地点信息的短语。例如，《××师范大学关于更换教育综合科目试卷相关情况的说明》用动宾短语来表述；《关于××集团人民医院"10.26"医疗纠纷事件的情况说明》用"时间词+事件"来概括；《关于××市萌宠海洋乐园狗熊表演的情况说明》用"地点词+事件"来概括；《关于人教版英语教材——汉语拼音人名的情况说明》用名词性短语概括核心事件。

（二）正文对情况的说明要有针对性

情况说明讲究"以理为重"，有针对性地讲清楚真实情况，把道理说明白。正文通常需要就相关单位或媒体受众有疑问的特定情况有针对性地提供相关事实或证明材料，做到具体问题具体回应，因此写法具有较大的灵活性。

1. 如果是回应性情况说明，写作时要注意结合主送机关或媒体受众的特点有针对性地调整回应策略，在保持客观公正的前提下，尽量避免情绪化用词或使用社会敏感心理的触发词。

例如，《中国国家话剧院关于××××年应届毕业生招聘有关情况的说明》客观公正地逐一回应了在公示期间社会质疑的招聘工作程序、报名情况、拟聘人员资格条件、演员岗位设置和考试情况、面试流程等问题，但并未直接出现社会关注的某演员信息，避免舆情持续发酵。

2. 由于使用主体基本都是机关单位，告知性情况说明正文的写法与常见的情况通报类似，一般包括背景介绍、事件经过、主要事项介绍或处理措施等内容。例如，《关于〈××市河道垃圾治理条例（草案）〉起草情况说明》从背景和依据、起草过程、主要内容、需要说明的几个问题等角度全面介绍了该条例的出台过程和相关核心内容。

（三）回应表态要明确适度

新媒体环境下，网络舆情往往伴随着强烈的社会情绪，在写作时需要树立"以言行事"的公关思维，特别是回应性情况说明，需要事先预判公众心理，运用恰当的公关语言技巧，以便及时化解舆情危机。

1. 及时明确回应。例如，《关于我院学生在校外公司实习期间被举报的情况说明》，就首先说明"学院高度重视，第一时间成立工作组深入调查，分别向学生本人、举报人、实习公司多次了解和核对情况。目前，相关情况还在进一步调查核实中"。这既明确了承担责任的回应主体，表明了真诚沟通的意愿，也为后续调查应对留足了回旋余地。

2. 表态立场鲜明。情况说明在讲清楚事实后，通常需要明确说明处理措施，或声明立场，此时宜态度明确、立场鲜明。再如"经过慎重思考，我决定放弃入职国家话剧院"。这样的表态毫不含糊，有利于赢得好感，防止舆论持续发酵。当然，表明立场时切忌含糊回避或强硬指责，不宜过多使用警告性、维权性或带有污名化意味的表态用语。

|任务实施|

随后，民警邢×拟写了一份犯罪嫌疑人归案情况的说明。请就此谈谈你的看法。

犯罪嫌疑人归案情况的说明

我叫邢×，男，25岁，××车站公安段刑警队民警。×××年10月10日1时30分左右，我与同事高×在××火车站广场进行打击防范时，发现一名35岁左右的男子手提一黑色电脑包，从进站口南侧麦当劳餐厅出来，形迹可疑。当问其包的来源时，该男子神色慌张，说话吞吞吐吐，随后我们将其带回刑警队办公室进行调查处理。

经查，该男子叫贺××，男，汉族，身份证号612133××××××××××，×××年4月3日出生。经讯问，贺××供述了其在××火车站进站口南侧××餐厅趁旅客赵××熟睡之机，盗窃赵××身边的黑色"××"牌笔记本电脑的事实。我和高×抓获贺××后，从其手中起获旅客赵××被盗的笔记本电脑。

据贺××交代，其原籍××省××市，现住××省××市××县××镇××村。×××年因盗窃被××市公安局判处有期徒刑7个月，×××年因盗窃被××市公安局劳教1年，×××年因盗窃被××市公安局劳教1年。

抓获人：邢　×

×××年×月×日

因为这类情况说明是要证明犯罪事实存在，是证实犯罪的直接证据。所以，这类情况说明的写作应着重写五个方面的内容：其一，抓获人发现违法犯罪的经过；其二，抓获人看到的违法犯罪案情；其三，犯罪嫌疑人的特征及基本情况；其四，抓获情况及起获证据情况；其五，送交的审查机关。以扒窃为例，即要说明抓获人在什么情况下发现了犯罪嫌疑人，抓获人看到的犯罪嫌疑人扒窃情况，犯罪嫌疑人特征及基本情况、证据情况、送交哪个派出所等。在反映犯罪嫌疑人的基本情况时要注意表明信息的确凿程度，如"自称""据称""经核对身份证"等。

> 例文分析

示例一

近几日，在微信群里流传关于两夫妻发生矛盾导致房屋烧毁的事件，××镇人民政府对此情况进行辟谣回应。

关于××县××镇××村夫妻吵架烧房事件的情况说明[1]

近几日，相关微信群疯传关于两夫妻发生矛盾，导致房屋烧毁，并声称要自焚的事件，并传播夫妻两人为××市××县××镇××村人，收到此信息后，××镇党委政府高度重视，对此事件进行专项调查，现将调查结果说明如下：

经过与各村联系核实，××镇各村并未发生此事件，经查证此视频传播者系××市某微信公众号，并非事实。

随后，××镇党委政府积极引导网络舆情，向人民群众说明情况，要求不信谣、不传谣，并倡议广大网民正确看待网络事件，有正确的是非判断能力。

特此说明。

××镇人民政府
××××年×月×日

思考：新媒体环境下，网络舆情往往伴随着强烈的社会情绪，在写作时需要树立"以言行事"的思维，特别是回应性情况说明，需要事先预判公众心理，运用恰当的语言技巧，以便及时化解舆情危机。请你谈谈对"以言行事"的理解。

示例二

因河南省遭遇极端强降雨，成都熊猫基地主动发布《关于大熊猫"娇奥"与"双雄"的情况说明》，有助于社会及时了解河南省海之龙动物园大熊猫情况。

关于大熊猫"娇奥"与"双雄"的情况说明[2]

近日，河南省遭遇极端强降雨，受灾情况严重。成都大熊猫繁育研究基地（以下简称"熊猫基地"）第一时间与河南省海之龙动物园取得联系，就其所在

---

[1]《辟谣：关于象市镇走马夫妻吵架烧房事件的情况说明》，载搜狐网，https://www.sohu.com/a/329149549_100018563，最后访问时间：2024年9月2日，略有改动。

[2]《关于大熊猫"娇奥"与"双雄"的情况说明》，载百度网，https://baijiahao.baidu.com/s?id=1705979500253482517&wfr=spider&for=pc，最后访问时间：2024年9月2日。

地河南省新乡市五龙山的受灾情况进行了沟通、了解与慰问，并重点关注了大熊猫"娇奥"和"双雄"的相关情况。

经动物园反馈，目前，两只大熊猫状态良好，生存与生活环境安全，大熊猫馆无异常。同时，饲养人员长驻大熊猫馆馆内，以应对突发情况。

因洪水原因，大熊猫食用竹由园区内的备用竹供给，饮用水使用备用矿泉水。目前，两只大熊猫相关后勤物资均能得到保障。

后续，熊猫基地将会与河南省海之龙动物园继续保持密切沟通与联系，主动掌握两只大熊猫在河南的相关情况。情况如有变动，我们也将第一时间公布相关信息。

再次感谢大家对大熊猫的关注与爱护，也欢迎大家继续对我们的工作进行支持与监督。

成都大熊猫繁育研究基地
××××年×月×日

思考：在写告知性情况说明的时候应该注意哪些事项？告知性情况说明有什么特点？请就此进行讨论。

示例三

针对近日毕业生反映的档案转递的情况，××大学发布了一则情况说明。

关于毕业生档案转递的情况说明[1]

各位毕业生：

毕业生档案转递工作是毕业生就业工作的重要组成部分。为做好档案服务工作，为毕业生就业保驾护航，我校转递工作严格按照规定进行。结合相关文件精神，现将××××年毕业生档案转递和省平台档案转递情况说明如下：

一、转递至用人单位

用人单位可以接收、保管档案的（一般是事业单位、国企、央企等），请向单位人事咨询和获取档案的接收信息，如实填写。

二、转递至用人单位所在地人才市场

用人单位不能保管档案的，可以申请转去用人单位所在地的区级人才服务中心，具体接收信息，请电话联系人才服务中心，获取档案接收的信息（不知道电话的，可以问单位HR，或者是所在地的人才服务中心）。

---

〔1〕《关于毕业生档案转递情况的说明》，载浙江大学软件学院网，https://www.cst.zju.edu.cn/2023/1219/c78421a2840390/page.htm, All Rights Reserved，最后访问时间：2024年9月5日，有删改。

三、转递至原籍

请联系原籍所在地的区级人才服务中心，致电询问档案接收信息，如实填写即可。

四、北京、上海就业

如果选择在北京、上海就业落户的同学，档案转递信息一律填"暂不确定"，等落户手续办理好以后，再提供调档信息，办理档案转递手续。

浙江大学软件学院
××××年×月×日

思考：在生活中经常出现各种情况说明，请结合示例三谈谈情况说明在社会生活中发挥着怎样的作用？

拓展学习

知识卡片

情况说明和情况通报的区别

情况说明与情况通报两者在写法上有相似之处，但从传播心理学的角度来看，情况通报代表一定的官方立场，具有权威性；情况说明虽往往也由官方发出，但具有平等性、亲和性，更易于接受。

1. 适用范围不同。通报是党政机关公文，适用于表彰先进、批评错误、传达重要精神和告知重要情况。如传达重要的讲话精神、重要的文件精神等；或者是反馈社会信息、反映社会动态、介绍某项工作开展的情况、通报自然灾害等。情况通报可以批评错误，反映存在的问题，也可以介绍正面情况，包括成绩、经验，它的着眼点在于总揽全局，而不是某个方面的问题。而情况说明属于日常类应用文，是单位或个人就相关工作、问题或事件向社会公众、相关部门加以解释说明时经常用到的一种应用文体。情况说明没有强烈的情感性，重在客观说明。

2. 目的不同。情况通报是领导机关站在全局的高度，将本部门、本系统、本单位的重要精神或者情况及时传达给下级单位或个人，使下级单位或个人能够了解形势，掌握动态，明确方向，开阔眼界，减少盲目性，增强自觉性，促进工作的顺利开展，目的在于告知情况。而情况说明的写作目的是通过对相关情势状况的解释和说明，使受众获得准确明白的信息，对相关情况有充分的认识和了解，以消除疑虑、困惑与不良社会影响。

品味研读

中国国家话剧院关于××××年应届
毕业生招聘有关情况的说明

训练营地

一、填空题

情况说明的文后，均要有落款。落款既要写明_____，显示权威性，也要注明时间，增强时效性。一般情况下，还需要_____，表明真实性。如果是个人作出的情况说明，署名时可以采用亲笔签名。

二、请谈谈这份犯罪嫌疑人归案情况说明存在的问题

情况说明

我叫荀××，男，26岁，××站公安派出所民警。××××年11月6日下午，××站派出所民警荀××、罗××在执勤时，发现一个可疑年轻男子的面貌与刚接到的协查通报上的照片相像，便紧随其后，商量好对策，突然出现在该男子面前，迅速扭住该男子两只胳膊，该男子顽抗不能，被带到派出所。经详细盘问、审查，此人正是××公安局通缉的杀人在逃犯罪嫌疑人李××，并速告市公安局。

抓获人：荀××

××××年11月8日

三、写作练习

1. ××地铁工作人员在开展列车巡查时，发现一位旅客在饮用瓶装果汁饮料，为防止饮料泼洒引发环境卫生等方面的隐患，工作人员向其出具《轨道交通设施内禁止行为告知单》，对禁止事项进行宣传告知。随后有网友发视频称，在地铁上因为喝了水而被"开罚单"，引发网友热议。请你代××地铁集团起草一份情况说明。

2. 在研究生考试前，××师范大学发现相关人员在网上传播一门考试科目押题资料，经专家研判，考题存在安全风险。为确保考试公平，维护考生利益，学校第一时间启用备用试卷，对所有报考并参加此科目考试的考生更换考题，并且向公安机关报案，此案正在调查。请你为××师范大学起草一份情况说明。

参考答案

实训项目六　邀请函

情境导入

法律系承办了一年一度的学院辩论赛。系里安排法律事务专业学生协助张老师完成这项工作。现需要邀请部分领导、老师担任辩论赛评委。请问他们该如何邀请？是选择纸质邀请，还是采用打电话、发微信的方式邀请？面对多种邀请方式，法律事务专业学生陷入了困惑，到底哪种方式才是比较正式、合适的方式？

任务描述

法律事务专业学生遇到了"采用哪种方式邀请相关人员担任评委"的小难题，他们带着疑惑找到了张老师。张老师微笑着对他们说："一般来说比较正式的邀请是向对方发一份邀请函。它不仅体现了对被邀请人的尊重，还能确保信息的准确传达。你们可以尝试撰写一份邀请函，这样既正式又得体。"随后，他们按照张老师提供的评委名单，开始准备邀请函。

知识聚焦

一、什么是邀请函

邀请函是个人、单位或者团体在举办各种联谊、纪念、商务、学术等活动时邀请亲朋好友、知名人士、专家学者、商业伙伴等参加活动时所发的邀约性书信。它在国际交往以及日常的各种社交活动中使用广泛。

二、邀请函的特点

1. 礼仪性。邀请函包含表达尊重、联络情感的意味，具有很强的礼仪色彩，在撰写时必须礼仪周到，以示郑重。

2. 明达性。邀请函要将活动的内容、时间、地点等基本要素交代清楚，语言应通顺明白，不要含糊其辞。

3. 书面性。邀请函多采用书面形式，以示对被邀请者的尊重，也可保证被邀请者不忘却或弄错会议或活动时间、地点。

三、如何写邀请函

邀请函一般由标题、称谓、正文、落款四部分组成。

（一）标题

标题一般有三种写法：

1. 直接以文种名"邀请函"为标题。
2. 由"活动名称+邀请函"构成，如《××××年青年骨干教师培训活动邀请函》。
3. 由"邀请单位+活动名称+邀请函"构成，如《××公司年终客户答谢会邀请函》。

（二）称谓

称谓，即被邀请方的单位名称或个人姓名。在标题下第二行，顶格写上被邀请人的姓名。称谓根据实际情况可以使用"统称"，也可以写明具体的人员姓名、职务职称等，并加敬语，如"尊敬的××先生/女士"或"尊敬的××经理（厅长、教授等）"，以示尊重。对一些不便直接指明受邀人员参加的会议，称谓可写单位全称，如"××学院""××公司"。

（三）正文

正文一般包括开头、主体和结尾三部分内容。

1. 开头部分是邀请方告知被邀请方举办活动的缘由、目的、内容等，并发出诚挚得体的邀请。
2. 主体部分写明活动的日程安排、时间、地点、材料准备、接待情况及要求等。
3. 结尾一般要使用邀请惯用语。如"敬请光临""欢迎光临"。

此外，为了活动顺利圆满举办，邀请函有时需要通过"回执"来确认被邀请者能否按时参加活动，适用哪种接待程序等。

（四）落款

落款包括署名和日期。邀请单位的名称写在结尾下一行右下方，在署名下面另起一行，写上邀请时间（年、月、日），并加盖公章。

四、注意事项

1. 内容要清楚。邀请函的时间、地点、参加者、事项、缘由等要素要清楚、具体。在写邀请函之前，执笔人对被邀请者有关的情况要作详尽的了解。
2. 语气要恳切。写邀请函时，要注意措辞，语气热情有礼，让人感受到邀请者的诚意。
3. 发送要提前。邀请函要提前发出，保证被邀请者能提前若干日收到，以便被邀请者安排、准备。

任务实施

张老师鼓励学生们根据辩论会的具体情况，开始撰写邀请函草稿。学生们认真思考后，开始动笔。他们讨论了活动的主题、活动安排以及希望达到的效果，力求在邀请函中展现出辩论会的独特魅力。

最后，他们写了一份邀请函。请你帮他们看看这份邀请函的内容及格式是否符合要求？

邀请函

××领导：

　　我是法律事务专业学生，我们系部想要举办大学生辩论赛。现通知你参加辩论赛。
　　此致
敬礼

法律事务专业学生
××××年×月×日

草稿完成后，张老师指出了以下问题：一是未梳理清楚活动主办方、承办方的关系以及邀请者、撰写者的身份位置；二是称谓不明晰；三是对于内容的描述过于简单；四是语言不规范，并未体现出对被邀请者的尊重和重视；五是活动的时间、地点没有交代清楚，这对于一个活动的组织筹备来说是缺少核心要素的，从邀请函写作的角度来说也不符合要求；六是落款格式不规范。

张老师进一步强调邀请函的语言要简洁明了，避免冗长和复杂的句子结构，但是也不能过于简单。同时，要注意邀请函的排版和格式，确保其整洁、规范。张老师还提醒学生们注意细节，如活动时间的准确性、地点的详细描述等。

经过反复修改，该专业学生又提交了一份邀请函，请指导：

邀请函

尊敬的××教授：

　　为了进一步丰富校园文化生活，提高学生的综合素质，××学院将于××××年5月15日15：00在学院报告厅举办本年度的辩论大赛。我们诚挚地邀请您作为本次辩论赛的评委，您的专业意见将对参赛选手的成长和比赛的公正性起到至关重要的作用。我们相信，您的参与将为本次大赛增添无限光彩。

　　再次感谢您对法律专业工作的支持与帮助！

××学院
××××年5月5日

张老师在审阅了最终版的邀请函后，对学生们的表现表示满意。他指出，这份邀请函在格式上已经符合要求，称谓明确且礼貌，内容详尽且条理清晰，语言表达得体，既体现了对受邀教授的尊重，也展示了活动的正式性和专业性。张老师还提醒学生们，邀请函的发送方式要根据被邀请者的习惯和偏好来选择，确保信息能够及时准确地传达。

通过这次邀请函的撰写，学生们不仅掌握了邀请函的写作技巧，还学会了如何根据不同的场合和对象来调整邀请函的内容和格式。他们意识到，一份好的邀请函不仅能够传递信息，更能体现组织者的专业素养和对活动的重视程度。在张老师的悉心指导下，学生们在沟通和组织能力上都有了显著的提升，为他们未来在职场上的表现打下了坚实的基础。他们也学会了如何根据不同场合选择合适的邀请方式，提高了自己的沟通能力和专业素养。

例文分析

示例一

××学校即将迎来建校50周年，将于××××年10月8日上午9：00至12：00在学校体育馆举办××学校50周年校庆庆祝活动，学生处将代表学校向全部毕业生发出邀请，学生处将此任务交给了法律文秘专业学生，希望他们以学校的名义向广大毕业生写一份邀请函。

××学校50周年校庆邀请函

尊敬的各位校友：

　　在这春意盎然、万物复苏的美好时节，我们满怀喜悦地迎来了××学校建校50周年华诞。50年的风雨兼程，50年的砥砺前行，××学校在各位校友的大力支持与深切关爱下，取得了令人瞩目的辉煌成就。为了共同庆祝这一具有历史意义的时刻，我们诚挚地邀请您参加××学校50周年校庆庆祝活动。活动时间为××××年10月8日上午9：00至12：00，地点为学校报告厅。

　　我们热切期待您的到来，让我们共同回顾学校50年来的发展历程，展望美好的未来。您的参与将为校庆活动增添无限光彩，也将为在校师生带来莫大的鼓舞和激励。再次感谢您对××学校的关心与支持！期待在庆典之日与您相聚，共同见证这一历史性的时刻！

　　请您在收到邀请函后，于9月25日前通过学校官网回复确认参加意向。如果您有任何问题或需要进一步了解信息，请随时与我们联系。

　　联系人：×××

电话：139××××××××

×× 学校（印章）

××××年9月18日

思考：
1. 针对这份邀请函，需要被邀请者进行回复吗？为什么？
2. 在这份邀请函里，应不应该写明联系人？请说说理由。

示例二

法律文秘专业的高×同学到××律师事务所实习。一天，律所导师何律师告诉他，所里马上要承办一个关于《中华人民共和国民法典》的学术研讨会，将会召集业界、学界的专家、学者对民法典进行探讨。何律师希望高×能够以律所名义写一份邀请函，发给各位业界、学界的专家学者。高×听到后，想到之前在校庆中自己也参与过邀请函的撰写，就对着导师拍了拍胸口，说道："何律师，放心吧，我保证完成任务！"

邀请函

尊敬的××教授/先生/女士：

　　我们怀着无比诚挚的心情，向您发出邀请，诚邀您参加××××年×月×日在××律师事务所举办的主题为"对话民法典"的研讨会。自2021年1月1日起，《中华人民共和国民法典》这部具有划时代意义的法律正式施行，对我国的民事法律体系产生了深远的影响。我们深信，您在法律领域的深厚专业知识和独到见解，将为本次研讨会增添极大的价值。

　　此次研讨会旨在深入探讨《中华人民共和国民法典》的多个方面，包括但不限于合同法、物权法、人格权法、婚姻家庭法、继承法等。我们期待您就您专长的领域发表见解，并与参会者共同交流，分享您的智慧和经验。通过您的参与，本次研讨会将为业界和学界提供一个深入交流和学习的平台，共同促进我国民法理论与实践的发展。

　　请您在收到邀请函后，于×月×日前回复确认您的出席意向。如果您有任何问题或需要相关信息，请随时与我们联系。我们期待您的光临，并希望您能与我们共同分享您的智慧和经验。

联系人：×××

电话：139××××××××

×× 律师事务所（印章）

××××年×月×日

思考:
1. 请你谈谈对这份邀请函的感受。
2. 这份邀请函需要写敬语吗？为什么？

示例三

高×经过努力学习，顺利考上了硕士研究生，并在研究生毕业后应聘到一所中等职业院校担任新生辅导员。中职学校学生年龄小、心理承受力弱，在刚入校的军训中出现了不少问题，因此学校决定在军训汇报演出之际邀请学生家长观摩，以增强学生的责任感和自信心，同时也让家长更直观地了解孩子在校的成长过程。高×作为新生辅导员，被委以重任，负责起草给家长的邀请函。以下是高×撰写的邀请函：

家长邀请函

尊敬的××家长：

随着金秋九月的到来，我们迎来了新学期的开始，也见证了孩子们在军训中的蜕变与成长。在这段短暂而充实的日子里，学生们经历了汗水与坚持，收获了纪律与团队精神。为了展示军训成果，增强家校联系，我校特举办"军训汇报演出"，并诚挚邀请您拨冗出席，共同见证孩子们的精彩瞬间。活动具体情况如下：

一、活动时间

××××年×月×日。

二、活动地点

学校操场。

三、活动内容

1. 观摩军训队列展示、军体拳表演等精彩项目。

2. 与孩子的教官、辅导员面对面互动交流，了解孩子在军训期间的表现和收获。

3. 邀请家长反馈对学校的意见和建议。您的每一条建议都将是我们改进工作的宝贵财富。

我们深知，孩子的每一步成长都离不开家长的关注与支持。您的到来，不仅是对孩子努力的肯定，更是对我们教育工作的巨大鼓舞。请您在百忙之中抽出宝贵时间，与孩子共享这份荣耀与喜悦。请您收到邀请函后，于×月×日前通过电话或者学校官网链接进行确认回复，以便我们做好相应的接待工作。如有任何疑问或需要进一步了解活动信息，请随时与我们联系。我们期待在军训汇报演出的现场，与您共同见证孩子们的成长与蜕变，携手为他们的未来加油助力！再次感谢您的关注与配合！

联系人：××老师

电话：139×××××××

×　×学校（印章）

××××年×月×日

思考：

1. 这份邀请函的优点在哪里？请展开说说。

2. 若让你来写这份邀请函，你会怎么写？

拓展学习

知识卡片

邀请函和请柬的区别

请柬与邀请函相比，都具有"邀请"的作用，同样具有庄重性和礼仪性的特点，但也存在以下几点区别：

1. 邀请函的使用范围比请柬广泛。邀请函涉及国家元首互访、大小会议、庆典等社会生活的各个方面；而请柬多用于喜庆之事，且多为个人使用。

2. 邀请函的内容比请柬复杂，信息容量更大。邀请函除了要像请柬一样写明活动时间、地点外，还包括介绍活动举行的背景、意义，活动的具体安排等，有更详细的邀约内容，因而一般采用书信体格式。

3. 邀请函的措辞及制作比请柬更朴实。邀请函的语言较之请柬更为平实晓畅，较少使用文言词语；邀请函可以有艺术的装饰，也可以是一张礼仪信函，一般没有请柬制作得精美。

品味研读

中国古代最美的六份邀请函

训练营地

一、填空题

1. 邀请函一般包括_____、_____、_____和_____四部分。

2. 落款包括_____和_____。

二、请谈谈下面这份邀请函存在的问题

邀请函

××大学：

　　我厅将举办"五月的鲜花——纪念'五四'运动八十周年大型歌咏会"。因演出活动的需要，经编导与贵单位领导初步协商落实，今正式向贵单位发出参加活动邀请函。请将回执单填好传真给××教育电视台节目编导组。因本次演出纪念活动为全省电视直播，恳请贵单位认真抓好节目的整体质量。节目审查时间为4月20日左右。联系电话（传真）8077××××。

　　另外，请贵单位领队及节目指导教师于本月23日（星期二）下午2∶00到××教育电视台4楼会议室参加节目协调会。

××广播电视厅（印章）
××××年×月×日

三、写作练习

1. ××市定于××××年8月13日至18日在××酒店举行第×届法学研究学术年会，请你以研究会秘书组的名义向研究会各位委员、理事发出一份邀请函。

2. 假如你是××汽车公司的一名员工，××汽车公司将要在近期召开新品发布会，拟邀请××汽车公司董事、老顾客及其他相关人员参加新品发布会，请你拟写一份邀请函。另外，发布会将同步在网络直播，还请另行制作电子邀请函。

参考答案

实训领域二　通用事务类应用文

> **学习目标**

知识目标：熟悉会议记录、计划、总结、简报、调查报告、讲话稿等常用事务类应用文的特点、格式和写作规范。了解通用事务类应用文不同文种在语言表达、结构组织和逻辑思维上的要求及写作技巧。

能力目标：能够准确判断在何种情境下应使用何种通用事务类应用文。具备熟练撰写通用事务应用文的能力，做到语言准确、简洁、通顺，格式规范。掌握收集、整理和分析相关信息的方法，以充实应用文的内容。所撰写的应用文要能够清晰传达意图，达到预期的沟通效果，解决实际问题。

素养目标：培养严谨、细致的写作态度和工作作风。提升逻辑思维能力与素养，提高文字综合素质与处理能力。通过达成这些学习目标，学习者能够在工作和生活中更好地运用通用事务类应用文，提高沟通效率和工作质量。

通用事务类应用文简介

一、什么是通用事务类应用文

通用事务类应用文是党政机关、企事业单位、社会团体或个人在参与社会活动和处理日常事务时普遍使用的一类应用文。事务应用文具有指导、依据和凭证、资料研究、行为规范和信息交流的作用。

二、通用事务类应用文的特点

（一）日常事务性

通用事务类应用文主要是处理日常事务的一类应用文，尤以处理日常公务为主。公务性的事务应用文是党政机关、企事业单位、社会团体处理日常事务的业务文书，有别于内容系统、体式完整、具有法律效力的公文，被称为"准公文",其主要作用是方便管理、规范行为和交流经验。

(二) 非专业性

通用事务类应用文具有非专业性的特点,有别于专业技术应用文,如法律应用文、经济应用文、科技应用文等。

(三) 灵活性

通用事务类应用文的格式是约定俗成的,是在实际应用中逐步形成的惯用格式,不像公文那样有严格的要求,也没有公文那样严格规范的制发权限、行文规则和处理程序。另外,事务类应用文常用的表达方式有说明、叙述和议论,也可以根据需要,适当灵活地使用描写和抒情的表达方式,使语言表达生动、鲜活,以增强其感染力,如简报、讲话稿等。

三、通用事务类应用文类型

(一) 会议文书类应用文

会议文书类应用文指在会议过程中使用的应用文。主要包括:事务性会议通知、会议议程、会议日程、会议记录等。

(二) 计划安排类应用文

计划安排类应用文是用于规划、组织和安排各类事务活动的应用文。主要类型有:计划、安排、方案、规划等。

(三) 总结汇报类应用文

总结汇报类应用文是对过去一段时间内的工作、学习、活动等进行回顾、反思、分析和归纳的通用事务类应用文。目的是展现已完成的事项,总结经验教训,为后续工作或相关决策提供参考依据。主要包括:总结、情况汇报、述职报告等。

(四) 简报信息类应用文

简报信息类应用文是机关、团体、企事业单位等用于汇报工作、反映问题、交流经验、沟通情况等的简短文书。主要包括:简报、动态信息、喜报等。

(五) 发言讲话类应用文

发言讲话类应用文是为了在会议或者重要活动上表达观点、意见、指示、情况介绍等内容而事先准备好的书面材料。主要包括:发言稿、讲话稿等。发言稿有会议发言稿、庆典发言稿与辩论发言稿等;讲话稿有会议类讲话稿、宣传类讲话稿与仪式类讲话稿等。

实训项目七　会议日程

情境导入

××司法警官职业学院准备承办全省高职院校大学语文课程建设研讨会，如果请你设计会议日程，你能很好地完成吗？

任务描述

根据学院办公室主任介绍，撰写会议日程，首先要了解明确会议主题和目标，收集相关信息，包括参会人员、会议主题资料、会场设施及可支配时间等。再就是确定好会议日程框架，合理安排活动等。

知识聚焦

一、什么是会议日程

会议日程是对会议期间各项活动在时间上的具体安排。它详细列出了会议从开始到结束各个时间段内的具体活动内容，包括会议主题发言、小组讨论、休息时间、用餐时间等各项议程的具体时间分配。

二、会议日程的特点

（一）明确性

会议日程明确规定了会议各项活动的具体时间点，让参会者能够清楚地知道每个环节何时开始、何时结束，以便合理安排自己的时间和准备相应的工作。

（二）有序性

会议日程按照一定的逻辑顺序安排会议活动，通常会根据会议的主题和目标，将相关的议程进行合理排序，使会议进程有条不紊。

（三）可调整性

虽然会议日程在制定时经过精心规划，但在实际会议过程中，可能会因为各种突发情况需要进行调整。因此，会议日程往往具有一定的灵活性，以便在必要时进行修改。

（四）指导性

为会议的组织和参与者提供明确的指导，确保会议能够按照预定的计划顺利进行。参会者可以根据会议日程提前准备相关资料和发言内容，会议组织者也可以依据日程安排场地、设备等资源。

三、如何写会议日程

（一）标题

标题通常为"会议名称+会议日程"，如"年度销售会议日程"。

（二）开头

开头应写明会议的名称、时间、地点和会议主题等基本信息。

（三）主体内容

1. 按时间顺序详细列出各项会议活动，包括会议开始及结束时间、每个议程的主题、发言人、预计时长等。例如："9：00-9：30 会议开幕式，领导致辞"。对于较为复杂的议程，可以进一步细分内容或事项。

2. 标明每个活动的持续时间，以便参会者合理安排时间。

3. 如果有休息时间、用餐时间等，也须明确列出，如"12：00-13：00 午餐及休息时间"。

4. 会议总结，由主持人或另请他人发言。

5. 每个议程的表述要简洁明了，突出重点。如有特殊的要求或提示，如着装要求、携带材料等，可在日程中注明。

6. 结尾处要标明闭幕时间。

四、注意事项

（一）明确会议主题和目标

在开始撰写会议日程之前，要清楚地了解本次会议的主题和目标。这将有助于确定需要安排哪些议程和活动，以及如何合理地分配时间。

（二）收集相关信息

1. 确定参会人员名单，了解他们的背景和可能的需求。

2. 收集与会议主题相关的资料，包括重要的报告、论文、案例等。

3. 了解会议场地的设施和可用时间，以便更好地安排日程。

（三）确定日程框架

1. 划分会议的主要阶段，如开幕式、主题演讲、小组讨论、总结发言等。

2. 为每个阶段分配大致的时间，根据会议的重要程度和复杂程度进行合理调整。

（四）详细安排各项议程

1. 开幕式：①确定主持人和致辞嘉宾。②安排适当的欢迎仪式和开场表演（如果需要）。③明确开幕式的时间长度，一般不宜过长，以保持参会者的注意力。

2. 主题演讲：①邀请相关领域的专家或领导进行主题演讲。②确定演讲的题目和内容，确保与会议主题紧密相关。③安排好演讲的顺序和时间，避免出现时间冲突或过长的等待。

3. 小组讨论：①根据会议主题确定讨论的分组和议题。②为每个小组安排主持人和记录员，确保讨论的有序进行。③确定小组讨论的时间和汇报方式，以便在规定时间内完成讨论并分享成果。

4. 休息时间：①合理安排休息时间，让参会者有足够的时间放松和交流。②可以在休息时间提供茶点和饮料，营造轻松的氛围。

5. 总结发言：①安排会议的总结发言人，对会议的主要内容和成果进行总结。②留出一定的时间给参会者提问和交流，以进一步深化对会议主题的理解。

（五）检查和调整

1. 仔细检查会议日程的时间安排是否合理，是否存在冲突或遗漏的地方。
2. 考虑参会者的需求和反馈，对日程进行适当的调整和优化。
3. 确保会议日程的格式清晰、易读，方便参会者查看和理解。

（六）发布和通知

1. 在会议前及时发布会议日程，让参会者有足够的时间准备。
2. 可以通过电子邮件、短信、会议通知等方式将会议日程发送给参会者。
3. 在会议现场也可以准备纸质版的会议日程，方便参会者随时查阅。

总之，撰写会议日程需要认真考虑会议的主题、目标、参会人员等因素，合理安排各项议程和活动，确保会议的顺利进行和取得预期的效果。

任务实施

下面是已经撰写好的课程建设研讨会会议日程。请同学们谈谈自己的看法。

全省高职院校大学语文课程建设研讨会会议日程

时间：××××年7月20日　　　主题：传承与创新：探索高职大学语文课程建设新路径

	时间	事项	地点	参会人员	备注
上午	08:30-09:00	参会人员签到与入场，领取会议资料	实验楼大厅	全体人员	
	09:00-09:30	开幕致辞	实验楼3楼会议室	全体人员	
	09:30-10:30	专家主题报告一：新时代高职院校大学语文课程的价值与使命	实验楼3楼会议室	全体人员	
	10:30-11:00	茶歇与交流互动	1楼会客厅	全体人员	
	11:00-12:00	院校代表发言一：优秀大学语文课程建设案例分享	实验楼3楼会议室	全体人员	
中午	12:00-13:00	午餐	1楼中餐厅	全体人员	
下午	13:30-14:30	专家主题报告二：大学语文课程与职业素养培养的融合	实验楼3楼会议室	全体人员	
	14:30-15:30	分组讨论一：大学语文课程教学内容的优化	实验楼2楼各会议室	全体人员	
	15:30-16:00	茶歇与自由交流	1楼会客厅	全体人员	
	16:00-17:00	分组讨论二：大学语文课程教学方法与手段的创新	实验楼2楼各会议室	全体人员	
	17:00-17:30	会议总结与闭幕	实验楼3楼会议室	全体人员	

例文分析

示例

以下是一份××法学会法理与情理专题研讨会日程安排,请结合所学内容进行分析。

××××年××法学会法理与情理专题研讨会日程安排

(7月20日-7月22日)

日期	时间	内容
7月20日 (星期五)	14:00-17:30	报到 地点:主楼大厅
	19:00-20:00	××法学会第×届理事会 地点:第10教室
7月21日 (星期六)	08:00-08:20	集体合影
	08:30-09:00	开幕式 1. ××学院院长致欢迎辞 2. ××法学会领导致辞 地点:第10教室
	09:00-11:30	主题发言1:传统法理学的伦理精神 主题发言2:法治思维中的情理和法理 主题发言3:司法公正与同理心正义 地点:第10教室
	14:30-17:30	小组讨论:情理司法的法理阐释 地点:2楼各会议室
7月22日 (星期日)	08:30-11:00	小组讨论:情理与法理的逻辑关系及实践路径 地点:2楼各会议室
	14:30-17:30	总结发言及闭幕式 1. 各小组负责人总结发言 2. ××学院法律系主任致闭幕词 地点:第10教室

> 拓展学习

知识卡片

会议日程和会议议程的联系与区别

一、联系

1. 目的相同。会议日程和会议议程都是为了确保会议的顺利进行，对会议的各项活动进行规划和安排。

2. 相互关联。会议议程是制定会议日程的基础，会议日程是对会议议程在时间上的具体安排。会议议程中的各项议题和活动需要通过会议日程来确定具体的时间节点。

二、区别

1. 内容范围不同。会议议程主要是列出会议要讨论的议题、要进行的活动等内容，重点在于明确会议的主题和核心任务。例如，会议议程可能包括"公司上半年业绩总结""新产品研发方案讨论""市场拓展策略探讨"等议题。会议日程则更加详细地规定了会议期间各项活动的具体时间安排，包括会议议程中的各个议题的讨论时间、休息时间、用餐时间等。例如，会议日程会明确"9：00-9：30 会议开幕式""9：30-10：30 公司上半年业绩总结""10：30-10：45 休息"等。

2. 详细程度不同。会议议程相对较为简洁，通常只列出关键的议题和活动，不涉及具体的时间分配。会议日程则非常详细，精确到每个活动的开始和结束时间，甚至包括活动之间的过渡时间。

3. 作用不同。会议议程主要是为了引导会议的讨论方向，确保会议围绕既定的主题和任务进行，让参会者清楚会议的主要内容和目标。会议日程则主要是为了帮助参会者合理安排时间，让他们知道在什么时间进行什么活动，同时也方便会议组织者掌控会议进度，确保会议按时完成。

文种链接

会议议程

一、什么是会议议程

会议议程就是把一次会议的各项议题按照一定的原则和顺序编排起来并以文书的形式确定下来。与会者通过会议议程，可以更好地了解会议所要讨论的问题，清楚会议议题的安排顺序。

二、如何写会议议程

1. 标题。由会议名称加上"议程"二字组成。如"××学院第×届职工代表大会第×次会议议程"。

2. 时间、地点、稿本或题注。议程可以注明会议时间、地点、主持人等，也可不注明。议程、日程如需提交预备会议审议表决，应在标题后面或者下方的括号中注明"草案"二字。议程如已获通过，则去掉"草案"二字，在标题下方注明该议程通过的日期、会议名称，并用圆括号括入。

3. 正文。概括地说明会议每项议题性活动的顺序，多使用无主句，用序号标注，句末一般不用标点，如：

一、宣读本次选举大会须知

二、介绍大会主席台就座人员和大会主席

……

三、注意事项

1. 提前与会议负责人、参加人员等沟通，确定会议议程事项。

2. 科学合理安排各议程事项的顺序和时间。在编写议程时，要按照议题的轻重缓急编排先后次序，每一个议题应预估所需的处理时间并清楚地标示出来。

3. 会议议程初步确定后，必须经主管领导审核才可以实施。

4. 提前分发会议议程，便于与会者有充足的时间对议题进行思考。对于每一项议程，要提前通知相关负责人，做好具体准备工作。

5. 会议主持人要根据议程主持会议。

6. 议程确定后不可随意更改。会议的后勤服务、人员安排等都需要根据议程来确定。

7. 作为管理人员，召开会议前要养成准备会议议程的工作习惯。因为一旦会议欠缺议程，则会议的内容就会不确定，沟通的次序就会杂乱，沟通的节奏就会太快或太慢，一定程度上会影响会议的实效性。

四、会议议程写作模板

标题	会议名称+议程
时间、地点、稿本或题注	时间：××××年×月×日星期×上午（下午）×时 地点：××× 主持人：××× 参加人员：×××、×××、×××……

续表

正文	会议议程： 一、×××× 二、×××× 三、×××× 四、×××× ……

示例

××区公安局年度专题民主生活会议程

时间：××××年12月28日上午9：00-12：00

地点：××会议室

参加人员：×××、×××、×××、××、××

主持人：局党委书记×××

会议内容：

一、通报局××××年度民主生活会整改意见落实情况

二、通报局××××年度民主生活会准备情况

三、局领导班子进行对照检查并进行评议

四、局党委班子成员及调研员进行自我剖析和对照检查，并开展批评和自我批评

发言顺序：

1. 局党委书记×××

2. 局党委副书记、政委×××

3. 局党委副书记×××

4. 局党委委员、纪委书记×××

5. 局党委委员、副局长××

6. 局党委委员、副局长××

7. 局党委委员、副局长××

五、省公安厅××讲话

六、局党委书记×××表态发言

品味研读

一次高效的会议转变

训练营地

一、填空题

1. 会议日程包括_____、_____、_____和_____等各项议程的具体时间分配。

2. 会议日程的开头需要写明_____、_____、_____和_____等基本信息。

3. 会议议程包括_____、_____和_____三部分。

二、请谈谈这份会议日程存在的问题

××学院教职工代表大会会议日程

上午：
8：30-9：00　代表签到，领取会议资料
9：00-9：30　大会开幕式
学院领导致辞
9：30-10：30　学院工作报告
回顾过去一年的工作成绩和经验
分析当前面临的形势和问题
提出未来一年的工作目标和任务
10：30-11：00　财务工作报告
上一年度财务收支情况
本年度财务预算安排
11：00-11：30　工会工作报告
工会工作回顾与总结
未来工会工作思路和计划
11：30-12：00　提案工作报告
提案征集情况说明
重点提案介绍
下午：
13：30-15：00　分组讨论

审议学院工作报告、财务工作报告、工会工作报告和提案工作报告

讨论学院发展的重大问题和教职工关心的热点问题

15：00-15：30　　各小组组长汇报讨论情况

15：30-16：30　　大会交流发言

16：30-17：00　　大会表决

表决通过学院工作报告、财务工作报告、工会工作报告和提案工作报告

三、写作练习

1. ××学院团委召开主题为"向××同学学习 做模范青年团员"的会议，请根据写作要求写出完整的会议日程，内容可略写。

2. ××监狱召开主题为"学先进 找差距 见行动——学习××省女子监狱先进事迹"的会议，请根据写作要求写出会议议程，内容可略写。

参考答案

实训项目八　会议记录

情境导入

××学院刑事司法系拟召开新学期工作会议，总结上学期工作经验及成果，明确本学期工作目标，会议内容需要提交学院办公室形成文件，因此做好会议记录非常重要。系领导张主任找到赵×同学，请他帮忙做会议记录。

任务描述

张主任告诉赵×，会议记录须准确、全面地反映会议的主要内容和讨论结果，以便后续查阅和执行。要求记录会议的基本信息、会议的议程和主要内容，做到格式规范、语言准确。

知识聚焦

一、什么是会议记录

会议记录是对会议的基本情况、讨论内容、决策结果等进行准确记载的书面

材料。从内容上看，它包括会议的主题、时间、地点、参会人员等基本信息；会议的议程和各个议题的讨论详情，如发言人的观点、建议、问题以及讨论中的不同意见和争议点；会议达成的共识和做出的决策；还有确定的下一步行动计划，包括负责人、任务内容和完成时间等。

从作用上看，会议记录是重要的工作文档，一方面可以为未参加会议的人员提供了解会议情况的渠道，另一方面为后续工作的执行和跟进提供明确依据，确保会议决策能够得到有效落实，同时也有助于在必要时对会议内容进行回顾和查证。

二、会议记录的特点

（一）真实性

准确记录会议的实际情况，包括发言内容、讨论过程、决策结果等，不能虚构或篡改。

（二）完整性

全面反映会议的各个方面，如会议的主题、目的、时间、地点、参会人员、议程、发言要点、决议等，不遗漏重要信息。

（三）条理性

一般按照会议的进程进行记录，条理清晰，便于查阅和理解。通常会明确区分不同发言人的内容和不同的讨论议题。

（四）客观性

真实记录会议中的各种观点和意见，不加入记录者的主观评价和情感倾向。只是如实呈现会议的情况，让读者能够自行判断。

三、如何做会议记录

会议记录一般由标题、正文与落款三部分组成。

（一）标题

会议记录的标题，也是会议记录的名称。会议记录标题通常由"机关、部门单位或机构名称+会议事由+文种"构成，如"××学院关于做好春节期间消防安全工作会议记录"；还有一种标题是由"会议名称+文种"构成，如"毕业生座谈会记录"。

（二）正文

正文部分由开头、主体和结尾等组成。

1. 开头。需要写清楚下列内容：

（1）开会时间。要写清年、月、日，重要的会议还应反映出具体的起止时间，如上午8时30分至上午11时30分。

（2）会议地点。要写清楚会议召开的具体地点，如××会议室；必要时还应注明所在地。

（3）出席人。出席人少，需要写清楚出席者的姓名、职务；出席人多，可以只写出席人的上下限，如县、处级以上；重要的会议，为了便于日后考查，可另设签到表，并随同会议记录一并保存。

（4）缺席人。缺席人少时，要具名，并简要注明原因。

（5）列席人。要写明列席人的姓名、职务。

（6）主持人。要写明主持人的姓名、职务。

（7）记录人。要写明记录人的姓名、职务，而且有几人就要写几人。以上内容要求会议记录人员视具体会议有所增减，并在会议正式召开之前就要写好。

2. 主体。主体指的是会议内容，主要由如下几项内容构成：会议议题、领导人的报告、讨论情况、形成的决议和主持人的总结。"会议议题"可以单列，也可以在会议开始时由主持人提出。如果会议中没有"领导人的报告"内容，那就直接反映会议的讨论情况，就是围绕议题发言的过程记录。这一部分要按发言人的先后记在每一发言者的名字之后。发言者姓名要顶格写，内容记录部分一律不要顶格写，以使姓名突出，便于查阅。

会议主体部分的记录方法有两种：一种是详细记录，一种是摘要记录。

（1）详细记录主要用于重要会议。重要会议讨论、研究的问题比较复杂，要求尽可能地记下发言者的原话，即怎么讲，就怎么记，特别重要的发言，不仅要完整无遗地记录发言内容，而且最好要记下发言者的语气姿态。做好重要会议的记录，应注意三点：一是记载会议中的争议问题、分歧意见时，应将争议、分歧的焦点及有关人员发言争论的观点，详细记下；二是记载会议中的关键问题、要害问题时，应将有关人员的发言详细记下；三是记载会议决议时，应详细记载表决情况，对异议、弃权等情况要予以实录，以备考查。对会议中所记录的决议性内容，在会议记录结束前，记录人应念给与会人员听，以便对决议事项推敲得更准确。有些详细记录，必要时会后应重新整理，但原记录不得毁掉，仍要存档；有些会议记录需送会议主持人审阅后才可公布和印发。

（2）摘要记录主要用于一般会议。在没有分歧和争议的情况下，只需摘记关键和重点，如在会上报告了什么事情，讨论了什么问题，作出了什么决议等。

上面两种记录方法，要根据会议的性质和内容来选定。总之，会议记录力求完整、真实、准确，忠于原意，字迹清楚，并防止增减改动会议内容，还要防止用记录人的语言代替或修改发言人的语言。

3. 结尾。结束语作为会议记录的结尾。会议情况记录完毕，应另起一行空两格写"散会"或"休会"字样。

（三）落款

落款由署名加记录日期组成。在会议记录的右下方，一般要写明会议主持人、记录人签名以及记录时间。

四、注意事项

一般说来，会议记录的注意事项可以概括为四条：一快、二要、三省、四代。

一快，即书写运笔要快，记得快。字要写得小一些、轻一点，多写连笔字。要顺着肘、手的自然趋势，斜一点写。

二要，即择要而记。就记录一次会议来说，要围绕会议议题、会议主持人和主要领导同志发言的中心思想，与会者的不同意见或有争议的问题、结论性意见、决定或决议等做记录；就记录一个人的发言来说，要记其发言要点、主要论据和结论，论证过程可以不记；就记一句话来说，要记这句话的中心词，修饰语一般可以不记。要注意上下文的连贯性，一篇好的记录应当独立成篇。

三省，即在记录中正确使用省略法。如使用简称、简化词语和统称。省略词语和句子中的附加成分，比如"但是"，只记"但"，省略较长的成语、俗语、熟悉的词组。句子的后半部分，画一曲线代替。省略引文，记下起止句或起止词即可，会后查补。

四代，即用较为简便的写法代替复杂的写法。一可用姓代替全名；二可用笔画少易写的同音字代替笔画多难写的字；三可用一些数字和国际上通用的符号代替文字；四可用汉语拼音代替生词难字；五可用外语符号代替某些词汇；等等。但在整理和印发会议记录时，均应按规范要求办理。

在当代社会，有许多重要会议是需要用现代技术设备进行录音录像的。会议结束后可以根据录音录像内容，对所记会议记录进行查漏补缺，加以完善，以保证会议内容记录得准确完整。

五、会议记录写作模板

标题		单位+会议内容+文种		
会议组织概况	会议时间	×××年×月×日×时×分		
	会议地点	×××	会议主持人	×××
	出席人	×××	列席人	×××
	缺席人（缺席原因）	×××	记录人	×××

续表

会议内容	会议内容（记录会议议题及发言内容等）： 一、×××××× 发言人1：××××××××× 发言人2：××××××××× …… 二、×××××× 发言人1：××××××××× 发言人2：××××××××× …… 散会
签名	主持人：×××（签名）
	记录人：×××（签名）

任务实施

赵×接到任务后，在掌握会议记录的基本知识与写作方法的基础上，虚心向经验丰富的老师学习。下面是他完成的会议记录，请帮他看看符合要求吗？

××学院刑事司法系新学期工作会议记录

会议时间：××××年9月7日下午14：30
会议地点：钱潮大厦3楼会议室
参会人员：刑事司法系全体教师、辅导员及相关工作人员
列席人：学院办公室相关人员
主持人：陈××
记录人：赵×
会议主题：新起点 新征程——刑事司法系新学期工作会议
会议内容：
一、会议开场
1. 主持人介绍参会人员。说明会议目的和议程。
2. 系领导讲话。回顾上学期刑事司法系的工作成绩与不足；分析当前刑事司法教育面临的形势与挑战；提出本学期的工作重点和发展方向。
二、工作汇报
1. 教学工作汇报。负责人汇报上学期教学工作情况，包括课程安排、教学

质量、考试成绩等，提出本学期教学工作计划，如课程调整、教学方法改进、实践教学安排等。

2. 科研工作汇报。负责人介绍上学期科研项目进展和成果；鼓励教师积极申报科研项目，加强学术交流与合作；提出本学期科研工作目标和具体措施。

3. 学生管理工作汇报。辅导员代表汇报上学期学生管理工作情况，包括学生思想动态、日常管理、奖惩情况等；探讨本学期学生管理工作的重点和难点，如新生入学教育、心理健康教育、就业指导等。

4. 教师代表发言。优秀教师分享教学经验和心得体会，对系里的教学和管理工作提出对策与建议。

5. 自由交流与讨论。参会人员就会议内容进行自由交流和讨论，提出问题和解决方案。

三、会议总结

系领导对会议进行总结，强调本学期工作的重要性和紧迫性。鼓励全体人员齐心协力，共同为刑事司法系的发展贡献力量。

散会

会议主持人：签名
会议记录人：签名
××××年9月7日

例文分析

示例一

赵×同学上次做的会议记录受到了系里的表扬，刑事执行专业××××级1区队要召开一个关于上课不应该带手机的班级讨论会，邀请赵×帮忙做会议记录，赵×做的会议记录如下：

班级会议记录

会议时间：××××年9月13日下午14：30

会议地点：班级教室

参会人员：全班同学及班主任

主持人：班主任李××

记录人：赵×

会议主题：讨论上课禁止携带手机的规定

会议内容：
一、会议开场
班主任强调本次会议的重要性，指出随着手机在学生中的普及，上课带手机的现象日益严重，对学习氛围和教学秩序造成了不良影响，因此召开此次班级会议，讨论上课不允许带手机这一规定。

二、同学发言
1. 赵××同学：我觉得上课不允许带手机这个规定很有必要，因为有时候上课会忍不住玩手机，影响自己的学习。而且手机还会发出声音，干扰老师上课和其他同学学习。
2. 张××同学：但是有时候我们可能需要用手机查资料或者看时间，完全不让带手机会不会不太方便？
3. 李××同学：可以在教室设置一个专门的手机存放处，上课前大家把手机放在那里，下课再拿走。

三、班主任总结
班主任对同学们的发言进行总结，指出上课带手机确实存在很多弊端，会分散学生的注意力，降低学习效率。同时，对于同学提出的合理需求，如看时间和查资料，可以通过佩戴手表和使用学校图书馆等方式解决。关于设置手机存放处的建议，班主任表示会认真考虑，并尽快落实。

四、会议决议
1. 全班同学一致同意上课不允许带手机这一规定。
2. 班主任将尽快在教室设置手机存放处，并制定相应的管理办法。
3. 如有同学违反规定，将按照班级纪律进行处罚。
散会

会议主持人：签名
会议记录人：签名
××××年9月13日

赵×同学完成的这份会议记录的优点有：在结构方面，一是标题明确，标题由"会议名称+文种"构成，简单明了，符合会议记录的要求；二是会议基本信息完整，记录了会议的时间、地点、参与人员等，为后续回顾和查询提供了便利。在内容方面，一是会议目的清晰，围绕"上课不允许带手机"这一规定展开讨论，明确了会议的核心议题；二是讨论过程详实，记录了同学们对这一规定的看法、疑问以及建议等，充分反映了班级成员的参与度；三是决策明确，会议达成了具体的决策，以及如何执行这一规定、违反规定的处罚措施等，记录得较为清楚。在语言表达方面，一是简洁明了，采用简洁的语言，准确地记录了会议中的发言和决策，避免了冗长和复杂的表述；二是客观中立，不带有个人感情色彩，如实记录会议中的各种观点和意见。

当然这份会议记录也存在不足之处，需要完善。一是缺乏对规定背景的介绍，如果能在会议记录中简要说明为什么要制定"上课不允许带手机"的规定，会让读者更好地理解会议的目的；二是可以增加后续行动的具体步骤，例如，谁负责监督规定执行、如何向新同学传达这一规定等，使会议决策更具可操作性；三是语言表达可以更加规范，注意语法和标点的正确使用，提高会议记录的专业性。

示例二

下面是一份关于××司法局年度工作总结的会议记录，请仔细阅读并根据文种的具体要求思考下面的问题。

××司法局年度工作总结会议记录

会议时间：××××年10月17日上午9：00

会议地点：×××

参会人员：司法局全体工作人员

主持人：××局长

记录人：×××

会议内容：

一、局长发言

局长对过去一年司法局的工作进行了全面总结。过去的一年，在全体工作人员的共同努力下，司法局在法治宣传、法律服务、社区矫正、人民调解等方面取得了显著成绩。

（一）法治宣传方面

积极开展各类法治宣传活动，深入社区、学校、企业等场所，通过举办讲座、发放宣传资料等形式，提高了公众的法律意识。

创新宣传方式，利用新媒体平台，如微信公众号、微博等，扩大了法治宣传的覆盖面。

（二）法律服务方面

加强法律援助工作，为弱势群体提供了优质的法律服务。

优化公证服务，提高了公证效率和质量。

（三）社区矫正方面

严格执行社区矫正制度，加强对社区矫正对象的监督管理和教育帮扶，确保了社区矫正工作的安全稳定。

（四）人民调解方面

充分发挥人民调解在维护社会稳定中的重要作用，积极化解各类矛盾纠纷。

加强人民调解员队伍建设，提高了人民调解员的业务水平。

二、各科室负责人汇报工作

（一）法制宣传科

汇报了一年来开展的法治宣传活动情况，包括活动次数、参与人数、宣传效果等。

提出了下一年度法治宣传工作的计划和重点。

（二）法律援助中心

介绍了法律援助工作的开展情况，包括受理案件数量、援助对象、援助效果等。

强调了加强法律援助宣传和提高服务质量的重要性。

（三）公证处

汇报了公证业务的办理情况，包括公证类型、公证数量、服务满意度等。

提出了进一步优化公证服务流程和提高公证效率的措施。

（四）社区矫正科

介绍了社区矫正工作的执行情况，包括矫正对象人数、监管措施、教育帮扶情况等。

强调了加强社区矫正信息化建设和提高矫正工作质量的必要性。

（五）人民调解委员会

汇报了人民调解工作的成效，包括调解案件数量、成功率、社会影响等。

提出了加强人民调解组织建设和提高调解员素质的建议。

三、表彰先进

会议对过去一年在工作中表现突出的个人和科室进行了表彰，颁发了荣誉证书和奖品。局长鼓励全体工作人员向先进学习，再接再厉，为司法局的发展作出更大的贡献。

四、讨论与交流

全体工作人员就工作中存在的问题和困难进行了讨论和交流，提出了许多建设性的意见和建议。局长认真听取了大家的发言，并表示将对这些问题和建议进行认真研究，采取有效措施加以解决。

五、局长总结发言

局长对会议进行了总结，强调了司法局在推进法治建设中的重要作用，要求全体工作人员为法治社会作出更大的贡献。同时，局长对下一年度的工作进行了部署，明确了工作重点和目标任务，要求各科室认真贯彻落实，确保各项工作顺利完成。

会议在热烈的掌声中圆满结束。

主持人：签名

记录人：签名

××××年10月17日

思考：

1. 请你指出本会议记录的主体部分。

2. 这份会议记录是否符合文种写作的要求？谈谈你的看法。

拓展学习

知识卡片

会议记录和会议纪要的区别

会议纪要与会议记录都是会议文书。但二者又有许多不同之处。

1. 性质不同。会议记录是会议情况的记录，只是原始材料，不是正式公文，一般不公开，无需传达或传阅，只作资料存档。会议纪要则是正式的公文文种，通常要在一定范围内传达或传阅，要求贯彻执行。

2. 对象不同。会议记录一般是有会必录，凡属正式会议都要做记录，作为内部资料，用于存档备查以及进一步研究问题和检查总结工作的依据。会议纪要主要记述重要会议情况，只有当需要向上级汇报或向下级传达会议精神时，才有必要将会议记录整理成会议纪要。

3. 作用不同。会议记录不具备指导工作的作用，一般不向上级报送，也不向下级分发，只作为资料和凭证保存。会议纪要经过上级机关审批，就可以作为正式文件印发，有的还直接在报刊上发表，让有关单位贯彻执行，因此它对工作有指导作用。

4. 写法不同。会议记录作为客观纪实材料，无选择性、提要性，要求原原本本地记录原文原意，且必须随着会议进程进行，越详细越好。会议纪要则有选择性、提要性，不一定要包容会议的所有内容，而且必须在会议结束后，在会议记录的基础上加工整理而成，它集中反映了会议的精神实质，具有高度的概括性和鲜明的政策性。

品味研读

中国共产党第二十届中央委员会
第三次全体会议公报（节选）

> 训练营地

一、填空题

1. 会议记录一般包括_____、_____和_____三部分。
2. 正文由_____、_____和_____等组成。

二、请谈谈这份会议记录存在的问题

时间：××××年11月6日

参加人员：×区队全体学生

班会主题：遵守学校各项常规

活动目标：教育学生遵守课堂纪律，遵守课间活动的秩序，做一个文明有礼的小学生。结合学校以及班级的实际，提出各项要求。

活动过程：

1. 谈话引入。
2. 看图，说一说，议一议。
   (1) 哪些行为是不遵守纪律的行为？
   (2) 我们应该怎样遵守学校规定？
   (3) 犯了错误应该怎么办？
3. 结合本班实际，表扬能遵守课堂纪律的同学，教育不够自觉守纪律的学生。

三、写作练习

1. 请根据所在班级会议开展情况，写一份会议记录。
2. 某社团开学之初召开了本学期的活动安排会议，如果你是记录人，请根据要求写出完整的会议记录，内容可略写。

参考答案

实训项目九　计划

> 情境导入

刑事侦查专业学生李×考入司法警官院校后，他面临着全新的学习生活环境。为了让自己学有所成，大学校园生活过得充实，使自己不会在毕业后感到后悔，李×决定要充分利用大学时间，获取更多知识，提高能力，把握好人生这一关键的阶段。那他需要怎么做才能有助于他完成这个目标，不辜负美好青春呢？

任务描述

李×同学带着自己的思考求助于学姐，学姐肯定了他的这个想法，并表扬了他。学姐告诉李×，凡事"预则立，不预则废"，如果想要达到目标，不荒废校园时光，那就需要先给自己的大学阶段制订一个"实在可靠"的计划，合理安排自己的校园生活。从学习、生活到人际关系的处理，都需要思考，并付之以实际行动，否则计划就是一纸空文。学姐还告诉李×，这个大学学习计划要先确定自己的目标，然后是完成目标的措施和方法等，当然最好有具体的步骤，以便在现实中操作。李×听完学姐的话之后，又上网搜集了计划写作方面的资料，就开始着手制订自己的学习计划。

知识聚焦

一、什么是计划

计划是根据党和国家的有关方针、政策以及上级的指示要求，依据本部门和个人的实际情况，对未来一定时期内的工作、生产、科研和学习等拟定目标、内容、步骤、措施和完成期限的一种事务性文书。

计划是个统称，像规划、纲要、设想、打算、要点、方案、安排等都是根据计划目标远近、时间长短、内容详略等差异而确定的名称。

计划名称汇总表

文种名称	内 容	标 题
规划	一种时间跨度长（3年及3年以上），范围广，内容较为概括的计划。	《××市城市建设总体规划》
纲要	各级领导机关根据战略方针，为实现总体目标对某个地区或某一事项作出长远部署。不同的是纲要比规划更为原则和概括，一般只对工作方向、目标提出纲领式要求和指导性措施。	《××市×××年经济发展纲要》

续表

文种名称	内　容	标　题
设想	一种粗线条的、初步的、预备性的非正式计划。相对来讲，其适用时限较长。	《××市拓展就业安置门路的设想》
打算	一种粗线条的、想法不太成熟的非正式计划。相较于设想而言，它的内容范围不大且考虑近期要做的事。	《××学校争创文明校园的打算》
要点	将计划的主要内容择要摘编，使之简明突出，它适用于时间相对较短的计划。	《××公安分局×××× 年工作要点》
方案	从目的、要求、方式、方法、进度等方面部署具体周密，有很强可操作性的计划。方案一般适合专项性工作，其实施往往须经上级批准。	《××市住房分配制度改革实施方案》
安排	短期内要做的，且范围不大，内容单一，布置具体工作事项的一类计划。	《××系第×周工作安排》

二、计划的特点

（一）预见性

这是计划最明显的特点之一。计划不是对已经形成的事实和状况的描述，而是在行动之前对行动的任务、目标、方法、措施所作出的预见性确认。但这种预想不是盲目的、空想的，而是以上级部门的规定和指示为指导，以本单位实际条件为基础，以过去的成绩和问题为依据，对今后发展趋势进行科学预测后作出的。可以说，预见是否准确，决定了计划写作的成败。

（二）针对性

计划一是根据党和国家的方针政策、上级部门的工作安排和指示精神而定，二是针对本单位的工作任务、主客观条件和相应能力而定。总之，从实际出发制订出来的计划，才是有意义、有价值的计划。

（三）可行性

可行性和预见性、针对性是紧密联系在一起的。预见准确、针对性强的计划，在现实中才真正可行。如果目标定得过高，措施无力实施，这个计划就是空中楼阁；反过来说，目标定得过低，措施方法没有创见性，虽然很容易实现，但不能取得有价值的成就，那也算不上有可行性。

（四）约束性

计划一经通过、批准或认定，在其所指向的范围内就具有了约束作用。在这一范围内，无论是集体还是个人，都必须按计划的内容开展工作和活动，不得违背和拖延。

三、计划的类型

计划的种类很多，常见的有以下几种：

1. 按内容与性质分，有生产计划、工作计划、学习计划、科研计划、教学计划、文体活动计划、作战计划等。

2. 按内容覆盖面分，有综合计划和专题（项）计划。

3. 按时间分，有长期计划、中期计划和短期计划。更具体地来说，有年度计划、季度计划、月计划、周计划等。

4. 按制订者分，有国家计划、省（市）计划、单位计划、部门计划。个人也可以制订计划。

5. 按形式分，有文章式计划、表格式计划、条文式计划、条文表格结合式计划。

四、如何写计划

（一）写作模式

计划可采用表格式、条文式、文章式三种写作模式。

表格式计划在生产计划、活动安排中运用较多，一般将目标（任务）、措施、进度等内容填入表格即可，一目了然，十分清楚。

条文式计划是将计划的任务、目标或者具体事项等简洁明了、分条列项地罗列出来，不做具体阐述。

文章式计划就是用文字依次叙述，将计划的目的、任务、目标、时限、措施、步骤、要求等形成文字后并加以具体阐述说明。大多采用序号或小标题分条列项地进行标注，层次鲜明。

（二）计划的内容

计划内容一般包括三要素：

1. 背景和前提。解决"为什么做"的问题。写法有两种，一是写出制订计划的指导思想；二是分析前期情况，找出问题。

2. 任务和目标。解决"做什么"的问题。这部分内容要有数量（完成任务的多少）、质量（完成任务的标准）和速度（完成任务的时间）。任务和目标是计划的核心，失去这部分内容，计划则失去意义。

3. 措施和步骤。解决"怎么做"的问题。措施是指为完成任务采用的方法；步骤是指为完成任务的具体安排。凡是实施性计划（包括个人计划），这部分写作是计划的重心部分，措施一定要具体可行。

(三) 计划的结构

计划一般包括标题、正文和落款三部分。

1. 标题。计划标题一般由计划的制订单位名称、适用时间、内容性质及计划名称四个部分组成。

计划标题格式分类表

种类	格式	举例
完全式标题	单位+时限+内容+文种	××学校××××年教学工作计划
非完全式标题	时限+内容+文种	×××年省直单位培训计划
	单位+内容+文种	招生办第二学期工作计划
	内容+文种	××公司××产品营销计划
	事由+文种	关于开展校园绿色环保回收物品活动的计划

如按计划文本的成熟程度，有可能出现第五部分，即在标题尾部加括号，注明草案初稿、征求稿、送审稿等。如《××市××××年创文明城市实施方案(讨论稿)》。

2. 正文。

(1) 开头。开头即计划的导言、序言部分，作用就是简要概括基本情况，说明制订计划的依据和理由，或分析前段时间的实际情况、工作经验和存在问题，宏观地提出今后总的工作任务和目标。

(2) 主体。用什么办法，用什么措施确保完成任务、实现目标，就是有关计划可操作性的关键一环。有办法，有措施，就是对完成计划需动员哪些力量、创造哪些条件、排除哪些困难、采取哪些手段、通过哪些途径等心中有数。这既需要熟悉实际工作，又需要有预见性，而关键在于有实事求是的精神。唯有这般制订的措施、办法才是具体的、切实可行的。工作有先后、主次、缓急之分，进程又有一定的阶段性。为此，在计划中，针对具体情况，应事先规划好操作的步骤，各项工作的完成时限及责任人，这样才能职责明确，操作有序，执行无误。

其实不同的计划，主体部分的写法各不相同。例如，涉及范围较广、时间较长的"规划"，是粗线条的，一般要包括两部分内容。第一部分主要说明制订规划的依据和指导思想，还可叙述有关的历史、发展进程和经验教训，简要说明总任务、总要求等。第二部分是规划的核心，主要写规划的事项、完成的时间，最后提出完成规划的建议、措施。规划的篇幅都比较长，目标和各项措施可以自成章节，章节以下再分条目表述。适用时间短、涉及范围小、内容较具体的"安排"，写法就较灵活自由。前言一段，提出总的原则、总的要求，这部分很简略，不必面面俱到，有时一两句话即可概括。安排的核心部分，明确主要任务、要求、进行的时间等，最后简略地提出希望。对于需要解释的内容，可在正文后面加"说明"。如有数字、图表，可列为附件。也有的计划采用表格形式，但上述内容依旧必不可少。

（3）结尾。结尾应写注意事项、需说明的问题，或是提出希望和号召。

3. 落款。落款包括制订计划的单位和日期。一般写在正文结尾处右下方，也有写在标题下方的，如果被批转，则在批转文件中说明。

五、注意事项

1. 要切实可行。把预测性和可行性很好地结合起来。计划的目标不能定得太高或太低，要坚持实事求是、切实可行。

2. 要明确具体。计划的目标、任务、措施、步骤程序等都要写得明确具体，切忌含糊不清、模棱两可。

3. 要突出重点。计划的目标和任务、措施方法可能有多个，计划的制订须突出重点目标，突出主要任务，保证以点带面，忌眉毛胡子一把抓。

4. 要防患于未然。计划是在工作实施前制订的，是对工作的目标、措施、方法、步骤及可能出现的情况作出的预想，制订计划要预先想到实行中可能出现的问题并拟定必要的防范措施或补救办法。

5. 要简明扼要。只需说明为什么做、做什么、怎样做、做到什么程度、由谁负责做就可以了。

任务实施

李×听说现在AI（人工智能）可以帮助制作计划，于是他通过××AI写作平台制作了一份大学期间的计划书。请你帮他看看这份计划书的内容及格式是否符合要求？

警官学院学习计划

针对警官学院的学习计划，以下是一个详细的规划方案，旨在帮助学生更好地适应警校生活，提升专业素养，并为未来的职业生涯打下坚实基础。

一、明确学习目标与方向

短期目标：

迅速适应警校生活，形成良好的作息习惯和纪律意识。

扎实掌握基础课程，如法律基础、公安业务等，确保考试成绩优异。

积极参与警体训练，提升身体素质和警务技能。

中期目标：
通过英语四级、计算机二级等必要的考试，提升综合素质。
深入学习专业课程，如侦查学、治安学、刑事科学技术等，形成系统的知识体系。
参与社会实践或实习，积累实际工作经验，提升解决实际问题的能力。
长期目标：
顺利通过司法考试，为未来的公安工作打下坚实的法律基础。
规划职业生涯，明确自己在公安领域的定位和发展方向。
不断提升自我，为成为一名优秀的公安干警而努力奋斗。

二、课程学习与时间安排

基础课程：
合理安排时间，确保每天有足够的时间用于基础课程的学习和复习。
积极参与课堂讨论，与老师和同学交流学习心得，加深对知识点的理解。
专业课程：
针对专业课程的特点，制订详细的学习计划，包括预习、听课、复习等环节。
注重理论与实践相结合，通过案例分析、模拟演练等方式加深对专业知识的理解和应用。
警体训练：
严格遵守训练计划，认真完成每一项训练任务。
加强体能训练，提升耐力、速度、力量等身体素质。
学习并掌握擒拿、格斗、射击等警务技能，提高实战能力。

三、综合素质提升

英语与计算机能力：
积极参加英语角、计算机兴趣小组等活动，提升英语和计算机水平。
利用课余时间自学或参加培训班，争取通过英语四级、计算机二级等考试。
社会实践与实习：
积极参加学校组织的社会实践活动或实习项目，了解公安工作的实际情况。
在实践中学习并积累经验，提升解决实际问题的能力。
心理素质与团队协作：
加强心理素质训练，提升抗压能力和应对突发事件的能力。
积极参与团队活动，培养团队协作精神和沟通能力。

四、职业规划与准备

了解公安工作：
通过阅读相关书籍、观看纪录片等方式了解公安工作的性质、任务和要求。

与在公安系统工作的前辈交流，了解公安工作的实际情况和职业发展路径。

司法考试准备：

提前了解司法考试的考试内容和要求，制定详细的备考计划。

积极参加司法考试培训班或自学相关课程，提升应试能力。

职业定位与发展：

根据自身兴趣和能力特点明确职业定位和发展方向。

关注公安系统的招聘信息和人才政策，为未来的就业做好充分准备。

综上所述，警官学院的学习计划应注重全面发展和综合素质提升。通过明确学习目标、合理安排时间、积极参与实践活动等方式不断提升自我能力和竞争力，为未来参加公安工作打下坚实基础。

××××年×月×日

李×在老师的指导下，发现他的这份计划存在以下问题：一是没有明确方向；二是内容过于单一；三是具体安排不清晰。最主要的是，老师让李×思考自己所写的计划对于他的意义是什么，要帮助自己完成什么，如何帮助自己完成目标。在老师的启发下，李×才意识到：这份学习计划书，不仅是对大学学习生活的安排，更是对自我成长、能力提升及职业准备的一次深刻思考。随后，李×经过反复修改，又提交了一份计划。请你来看看李×写得怎么样？

大学学习计划

在踏入警校的那一刻起，我深知自己肩负的不仅是个人梦想的实现，更是维护社会正义与安宁的神圣使命。为了自己学有所成，能够充分利用大学时间，获取更多知识，提高能力，把握好人生这一关键阶段，我特结合自身实际情况，制订以下计划：

一、明确目标，树立理想信念

首先我明确自己的学习目标是：成为一名专业知识扎实、实战技能过硬、具备高度责任感与使命感的优秀人民警察。这就要求我不仅要在法学、侦查学、警务战术等核心课程上取得优异成绩，更要培养良好的道德品质、心理素质、团队合作精神及应急处理能力。我将以"忠诚、为民、公正、廉洁"的警察核心价值观为指引，坚定信念，不忘初心。

二、踏实学习，提升专业素养

（一）加强理论学习

1. 法学基础学习。深入学习宪法、刑法、刑事诉讼法等法律法规，构建坚实的法学理论体系，提升法律素养和法律思维能力。课后参加专业的法律讲座、网络平台名家授课学习，多听多问，多看案例，扎扎实实打好法学基础。

2. 专业课程学习。对侦查学、刑事科学技术、犯罪心理学等专业课程进行精细化学习，报名参加相关学习班，掌握先进的侦查技术与方法，提升自己的专业水平。

（二）强化实战训练

1. 体能训练常态化。坚持每日体能锻炼，提升耐力、爆发力、协调性，为执行高强度任务打下坚实基础。

2. 警务技能不放松。积极参与射击、擒拿格斗、车辆驾驶等警务技能训练。毕业时考取相关证书，如拳击教练证、驾驶证等。

3. 模拟演练要跟上。通过参与模拟案件侦查、危机处理、人群控制等实战演练来锻炼自己的现场应急反应能力，以便在今后实际面临各种危险时能熟练应对，守护群众安全。

三、拓展学习，提升综合素质

1. 坚持课外阅读，增加知识储备。书籍是最好的精神食粮，阅读是最直接、最有效地获取知识和精神食粮的方式。我需要积极拓展知识面，扩大阅读量，学习社会学、心理学等相关领域知识，增加知识储备，提升思想境界。每月阅读2本课外书籍，如《人性的弱点》《被讨厌的勇气》《我与地坛》《终身成长》等，不断积累，方能突破。

2. 加强实践锻炼，增强能力素质。一是多参加班级、系部、学院活动，锻炼能力，提升综合素质。二是通过学生会、社团活动等平台，提高人际沟通、社会活动等能力。三是参与社会实践活动，利用假期时间走进社区，参与社会调查、法律援助、社区服务等实践活动，增进对社会的了解，培养服务意识和奉献精神。四是组织班级团队建设活动，如爬山、踢球等，提升组织协调能力和领导力。五是定期参加心理健康教育和压力管理培训，提高自我情绪调节和抗压能力，保持积极向上的心态。

四、坚持反思，争取持续进步

1. 定期评估。每学期末对自己的学习成果、技能掌握情况进行全面评估，找出不足并改进调整。

2. 交流分享。与师长、同学保持密切交流，分享学习心得，汲取他人长处，共同提高。

3. 持续学习。认识到学习是终生的事业，即使毕业后也要保持对新知识、新技术的学习热情，不断提升自我。

李×

××××年×月×日

> 例文分析

示例一

李×是××大学师范学院学生会秘书处的干事。新学期伊始，学生会需要各部门提交部门本学期工作计划，秘书处领导安排李×完成此项工作。李×认为这份计划应将想要完成的工作项目写清楚，突出重点，实施步骤要明确具体，以保证学生会秘书处工作能有序顺利地开展。所以李×在结合部门职能及学生会工作重点的基础上认真梳理了部门工作，最终完成了这份计划。

××大学师范学院学生会秘书处
××××年度第二学期工作计划

新学期伊始，秘书处将继续秉承"拓宽信息渠道，沟通学校与同学"的工作原则，做好本职工作，开展特色活动，协助各部门的工作，丰富同学的业余生活，具体工作计划如下：

一、常规工作

充分发挥桥梁和纽带的作用，协调各个部门办好各类大型活动。恪尽职守，做好本职工作。

1. 及时收发学生会各部的月计划和总结，分发学生会各部门活动的文件。

2. 及时收集、整理和制作学生会工作简报，为主席团及各部门提供正确、及时的学生会信息，完善学生会的运行系统。

3. 认真整理各项档案资料，为学生会的档案建立和完善打下基础。

4. 认真记录部长例会及其他重大会议的会议记录，便于学生会各项工作的总结和思考。

5. 及时传达主席团与各部门以及部门与部门之间的信息，加强学生会各部门，以及学生会和广大同学之间的联系。

6. 认真接待领导及外部来宾的来访，认真准备接待材料，提升学生会的整体形象和工作成绩。

7. 及时向校党委和校团委的各个职能部门领导汇报工作，使他们充分地了解学生会的各项工作。

二、重点工作

新学期，秘书处将围绕"五四运动"105周年、中华人民共和国成立75周年等主题，开展一系列校园活动，丰富同学们的校园生活。

（一）进行各系学生会考核工作

这是本学期秘书处工作的一项重要任务，也是秘书处长久以来负责的一项工作。对于本次考核工作，我们要做到细致认真、公平公开，以促进和激励各系学生会工作。

（二）开展"中华传统美文诵读大赛"活动

在"五四活动"105周年和中华人民共和国成立75周年之际，开展"中华美文诵读大赛"，歌颂在党的领导下，我们的生活发生翻天覆地的变化，在锻炼同学们朗诵能力的同时进行爱国主义教育。

（三）开展"毕业歌会"活动

又是一年毕业时，在这里，我们以歌声的形式送走那些在这个校园里生活了4年的师哥师姐们，用歌声送上我们的祝福。秘书处会积极配合学生会的其他部门，共同办好这次活动，给大四的同学留下一段美好的回忆。

我们秘书处将不负众望，继续努力，做到最好。

××大学师范学院学生会秘书处

××××年×月×日

思考：

1. 这份计划标题是由标题要素的哪几个部分组成？
2. 学院学生会秘书处计划的目的、目标的具体内容是什么？

示例二

一人健康是立身之本，人民健康是立国之基。××省人民政府想要全面提升人民健康素质，落实全民健身国家战略。为了构建有可持续性的全民公共服务体系，保障公民参加体育健身活动的合法权益，从总体目标到主要任务实施，制订出了一份全民健身实施计划。

××省全民健身实施计划（2016-2020年）[1]

为实施全民健身国家战略，建成更加完善的全民健身公共体育服务体系，提高全省人民的身体素质和健康水平，根据《全民健身条例》（国务院令第560号）和《全民健身计划（2016-2020年）》（国发〔2016〕37号）精神，结合我省实际，制定本实施计划。

一、总体要求

（一）指导思想

以全面深化改革为根本动力，以增强人民体质、提高健康水平为根本目标，以社会化、市场化、产业化为方向，以满足人民群众日益增长的多元化体育健身

---

[1]《广东省人民政府关于印发广东省全民健身实施计划（2016~2020年）的通知》，载广东省人民政府网，http://www.gd.gov.cn/zwgk/wjk/zcfgk/content/post_2711513.html，最后访问时间：2024年9月7日，有删改。

需求为出发点和落脚点，统筹推进基本公共体育服务均等化，统筹建设全民健身公共服务体系和产业链、生态圈，提升全民健身现代治理能力，不断提高全省人民身体素质、健康水平和生活质量，为我省实现"三个定位、两个率先"目标贡献力量。

（二）发展目标

第一阶段（2016-2018 年）：全民健身的教育、经济和社会等功能充分发挥，人民群众体育健身意识普遍增强，参加体育锻炼的人数明显增加，体育健身成为更多人的基本生活方式。全省人均体育场地面积达到 2.2 平方米以上。公共体育场地设施开放率达到 90% 以上，具备开放条件公办学校体育场地设施向社会开放比例达到 60% 以上。获得社会体育指导员技术等级证书的人数达到每万人 26 名以上。在民政部门登记注册的体育社会组织数量达到每万人 0.38 个以上。经常参加体育锻炼的人数达到 4000 万人以上，国民体质测定标准达到合格水平以上的城乡居民比例达到 91% 以上。

第二阶段（2019-2020 年）：基本形成覆盖全人群、全生命周期、全健身过程的现代化全民健身公共体育服务体系，人民群众体质健康水平继续保持全国前列，政府主导、部门协同、全社会共同参与的全民健身事业发展格局更加明晰。全省人均体育场地面积达到 2.5 平方米以上。市、县（区）均建有体育场、全民健身中心和全民健身广场（公园），城乡普遍建成 15 分钟健身圈，新建居住区和社区体育设施覆盖率达到 100%，公共体育场地设施开放率达到 92% 以上，具备开放条件公办学校体育场地设施向社会开放比例达到 65% 以上。获得社会体育指导员技术等级证书的人数达到每万人 30 名以上；获得社会体育指导员国家职业资格证书的人数达到 2 万人以上，上岗率和服务水平明显提高。在民政部门登记注册的体育社会组织数量达到每万人 0.5 个以上。每周参加 1 次及以上体育锻炼的人数达到 5000 万人以上，经常参加体育锻炼的人数达到 4200 万人以上，国民体质测定标准达到合格水平以上的城乡居民比例达到 93% 以上。体育消费总规模达到 2500 亿元。

二、主要任务

（一）大力弘扬体育文化。（略）

（二）广泛开展全民健身活动。（略）

（三）激发和释放体育社会组织活力。（略）

（四）加强公共体育场地设施建设。（略）

（五）提升全民健身科学化服务水平。（略）

（六）推动基本公共体育服务均等化和重点项目发展。（略）

（七）扎实推动青少年体育发展。（略）

（八）大力发展健身休闲业。（略）

三、保障措施

（一）落实经费投入。（略）

（二）完善政策法规。（略）

（三）建立评价体系。（略）

（四）加强队伍建设。（略）

（五）强化科技创新。（略）

（六）深化改革创新。（略）

四、组织实施

（一）加强组织领导。（略）

（二）加强监督检查。（略）

××省人民政府
××××年×月×日

思考：

1. 该计划采用了哪一种写作模式？采用这种模式的计划，优势在哪里？

2. 计划的目标、任务、措施、步骤程序是否清晰具体？简略分析一下。

示例三

　　××司法警官职业学院共青团委员会决定举办学习党的二十大的主题教育活动，希望通过开展各大主题活动宣讲学习党的二十大精神。领导安排你来完成此项工作。你经过深入细致的调查研究和深度思考后，首先撰写了活动方案，然后下发活动通知，落实到负责部门，要求各系团总支配合落实活动精神，完成"学习二十大 永远跟党走 奋进新征程"主题教育系列活动。

关于开展"学习二十大 永远跟党走 奋进新征程"主题教育系列活动方案[1]

各系团总支：

　　为落实立德树人根本任务，为党育人，为国育才，深入贯彻落实习近平总书记的重要指示精神，紧紧围绕宣传学习党的二十大工作主线，紧紧围绕"忠诚铸魂 铁骑担当"专项活动，引导广大青年学生高举中国特色社会主义伟大旗帜，全面贯彻习近平新时代中国特色社会主义思想，弘扬伟大建党精神，自信自强、守正创新，踔厉奋发、勇毅前行。经院团委研究决定，在全院青年学生中开展

---

〔1〕《关于开展"学习二十大 永远跟党走 奋进新征程"主题教育系列活动方案的通知》，载四川司法警官职业学院院团委网，http：//ytw.sjpopc.edu.cn/info/1011/1821.htm，最后访问时间：2024年8月30日，略有删改。

"学习二十大 永远跟党走 奋进新征程"主题教育系列活动,具体方案如下:

一、活动主题

学习二十大 永远跟党走 奋进新征程

二、活动时间

××××年10月-××××年12月。

三、活动安排

(一)在多媒体平台开设专题栏目

1. 结合"青年大学习",拓宽学习路径。认真学习领会党的二十大精神,完善院团委、系团总支、团支部"三级督学、促学机制",全面推进"青年大学习"网上主题团课,每周一定期签到答题,完成延伸阅读学习。

2. 依托新媒体平台,设专题开栏目。利用"××警院正青春"新媒体平台推出"学习二十大 永远跟党走 奋进新征程"特别专题,开设"重要解读""青年心得""学金句划重点"等栏目,结合时事,收取有关党的二十大最新、最权威的官方新闻进行转载发布,进一步拓宽学习渠道,增强学习的吸引力和感染力,通过学习教育,加强党性锤炼、砥砺政治品格、践履知行合一,在实现伟大梦想中增长才干、建立新功。

3. 以校园广播为载体,倾听"青年之声"。邀请教师代表、优秀学生代表做客广播站,从他们的视角谈一谈学习党的二十大的心得感悟,谈一谈党的十九大以来的新变化,谈一谈党代表专访中的心得体会,以饱满的热情和昂扬的斗志,践行党的二十大精神。

具体时间:××××年10月-12月

组织部门:团委组织部、院学生会宣传部

(二)聚焦两代会,彰显青春本色

召开学院第十次团代会、第九次学代会。集中学习党的二十大精神,依法依章程选举产生我院共青团第十届委员会委员和学生联合会第九届委员会委员,汇聚追求卓越的青春力量,建设坚强有力的团学组织,打造团结进取的青春队伍,全力服务青年学生成长、成才、成功,扎实推进团学工作,谱写青春华章。

具体时间:××××年11月

组织部门:院团委

(三)开展"先进青年带头学"系列团课活动

团委和四系团总支老师带领各支部先进青年带头学习党的二十大精神,紧紧围绕活动主题,结合"青马工程"和团学干部培训,组织开展主题团课,用党的科学理论武装青年,用党的初心使命感召青年,做青年朋友的知心人、青年工作的热心人、青年群众的引路人,确保及时将党的二十大精神传达到每一名团员青年。

具体时间：××××年11月-12月

组织部门：院团委、四系团总支

（四）主题团日活动展演

1. 各支部开展"青年大讨论"系列主题团日活动，组织团员青年围绕"十三五"规划的卓越成就和近5年身边人、身边事的发展变化谈心得、谈体会、谈感想。

2. 各系推选出1至2个模范团支部进行主题团日活动现场展演，组织团员青年现场观摩。

具体时间：10-11月各支部每月1次，12月中旬展演

组织部门：四系团总支、团委组织部

（五）手绘党的二十大，竞绽青春绚丽之花

各团支部围绕活动主题，打造支部黑板报活动阵地，通过开展黑板报评比活动，评选出一批优秀黑板报作品进行表彰奖励，带领团员青年增强文化自信，激发全民族文化创新创造力，增强实现中华民族伟大复兴的精神力量。

具体时间：××××年11月

组织部门：团委组织部

（六）青春诵读会

通过组织开展"读习语、诵经典"诵读活动和"青年强则国强"朗诵比赛，引领广大青年学子承扬五四精神、勇担时代责任、投身强国伟业，号召警院学子"听党话、感党恩、跟党走"。

1. "读习语、诵经典"诵读活动

以习近平总书记重要讲话精神和红色经典作品以及英模典型事例为诵读内容，各系自行组织开展，形式不限，并选送优秀作品以视频和图文形式报送至院团委，优秀作品将通过"××警院正青春"平台展播。

2. "青年强则国强"朗诵比赛

重点围绕习近平总书记一系列重要论述，特别是对青年工作的重要论述开展朗诵比赛。可采用单独、综合、多重组合等表现手法，适当配合音乐或视频烘托氛围，独立或群体朗诵，各系团总支自行举办初赛，并推选2组优秀选手参与院团委举办的决赛。

具体时间：××××年11月

组织部门：院学生会宣传部

（七）青年助力，为梦赋能

1. 志愿暖冬，爱心捐物

围绕党的二十大精神，弘扬中华民族的优良传统美德，进一步号召广大学子献出自己的爱心，将闲置不用的物品进行捐赠，用人文的温情和善爱拉近人与人之间距离，增进人与人之间的信任，用实际行动传递文明、传递爱，做弘扬雷锋精神的新时代警院青年和新时代文明实践的践行者。

具体时间：××××年11月-12月

组织部门：团委社团部、青年志愿者协会

2. 凝聚青年力量，助力志愿服务

根据团中央"关于大学生社区实践计划"工作部署和团省委《关于进一步推动"大学生社区实践计划"提质扩面的通知》，依托"社区青春行动""青春志愿 爱在社区"等工作基础，各系团总支按照院团委对接并分配的5个社区，结合"三下乡""返家乡"等社会实践项目，组织学生志愿者以团支部为单位到社区开展常态化志愿服务。

具体时间：××××年11月-12月

组织部门：四系团总支

3. 全员注册志愿者，星级认定

进一步推动我院志愿服务规范化、制度化、常态化建设，不断完善青年志愿者激励机制，根据共青团××省委相关要求，学院团员青年需在"志愿××"平台全员注册志愿者，院团委根据志愿服务时间、服务质量和其他相关条件，集中开展青年志愿者星级认定工作。

具体时间：××××年11月-12月

组织部门：院学生会学习部、青年志愿者协会

（八）翰墨生花，光影传情

开展摄影书画作品展，集中展示警院师生对党的热爱和永远跟党走的坚定信念，感悟党的百年伟大奋斗历程，从党的光辉历史中汲取砥砺奋进的精神力量，将红色基因代代相传，以最真挚的热情展望未来，让鲜艳的党旗在心中高高飘扬，以实际行动践行党的二十大！

具体时间：××××年11月

组织部门：团委社团部、青春光影社、翰墨书画社

（九）书写时代风采，描绘盛世画卷

依托××自强书画院司法警官职业学院分院，邀请××自强书画院书法老师，在××艺术中心开展专题讲座活动。以党的二十大精神为主题，带领青年学子创作一批讴歌新时代、奋进新征程书画作品，提高我院青年学子艺术修养，进一步坚定道路自信、理论自信、制度自信、文化自信，营造良好宣传学习氛围。

具体时间：××××年11月-12月

组织部门：团委社团部、翰墨书画社

（十）"砥砺奋进守初心，青春献礼二十大"主题篮球赛

新时代展现新活力，新时代展现新气象，新时代奋进新征程，为展现我院学生的青春活力和良好风纪，发扬我院同学团结、友爱、交流、竞争的精神，增强各中队学生之间的交流，全面提高学生的综合素质，以中队为单位举行篮球比赛。

具体时间：××××年11月-12月

组织部门：院学生会警体部

（十一）"奏响时代强音"音乐会

邀请××爱乐乐团，以音乐传递信仰的声音，宣传党的二十大精神、讴歌新时代。通过红色经典到活力舞曲的碰撞，给予警院青年了解、感受音乐的机会，弘扬中华美育精神，推进文化自信自强，让美好的情感滋润人们的心田，激发警院青年炽热的中国心。

具体时间：××××年11月-12月

组织部门：团委社团部、吉他社、街舞社

（十二）践行火热青春，分享所见所闻

邀请退伍复学优秀学生代表，以及由四系团总支推选出的暑期社会实践先进个人代表向团员青年分享收获，在"××警院正青春"网络平台上进行宣传推送，让青年在全面建设社会主义现代化国家的火热实践中绽放绚丽之花。（10月26日公布暑期社会实践先进个人评选结果）

具体时间：××××年10月

组织部门：团委组织部、团委网宣部

四、活动要求

（一）主题鲜明，形式多样

各项活动需紧扣"学习二十大 永远跟党走 奋进新征程"的活动主题，围绕学生成长、成才精心设计，认真落实，力求精品。

（二）高度重视，积极参与

各系总支要广泛发动青年积极参与，实现团员、青年全覆盖，突出主题教育系列活动的实效性。

（三）加强宣传，做好保障

充分发挥校园宣传阵地和新媒体的作用，积极营造氛围，扩大社会影响。

共青团××司法警官职业学院委员会
××××年×月×日

思考：请结合所学知识，谈谈你对这份方案的理解和感受。

实训领域二　通用事务类应用文　115

拓展学习

知识卡片一

计划写作模板

标题	单位名称+时限+内容+文种名称（时限+内容+文种名称）
正文	根据××××，为了××××××，结合实际特制订××计划如下： 一、目标（交代工作的指导思想、工作原则、总体目标或要求、背景、缘由等） ×××××××××× 二、措施（方法）和步骤（分条逐项列出工作任务、工作步骤等） （一）×××××××× （二）×××××××× （三）×××××××× …… 三、要求 ××××××××××
落款	××××（制订计划单位） ××××年 ×月 ×日（成文日期）

知识卡片二

活动方案写作模板

标题	××××关于×××××××的活动方案
正文	为了××××，根据××××，特制订本方案（特制订以下活动方案）。 一、活动时间 ××××××× 二、活动地点 ××××××× 三、参加人员 ×××××××××× 四、活动内容 ××××××× 五、具体实施 （一）××××××××××

续表

落款	（二）×××××××××× …… 六、活动要求 （一）×××××××××× （二）×××××××××× ……
落款	××××（单位名称） ××××年 ×月×日（日期）

品味研读

保险销售员的故事

穿越迷雾的航程

训练营地

一、填空题

1. ＿＿＿＿＿是对未来一定时期的工作所做的预想性安排。

2. ＿＿＿＿＿、＿＿＿＿＿和＿＿＿＿＿是计划三要素。

3. 常见的规划、＿＿＿＿＿、设想、打算、＿＿＿＿＿、纲要、思路、要点等，都是人们对今后工作或活动作出的部署与安排，因而，也都属于计划这个范畴。

4. ＿＿＿＿＿属计划中的一种，它是更为具体、短期和单一的计划。

5. 为了保证计划的科学性，在制定计划时要考虑的主要因素有＿＿＿＿＿、＿＿＿＿＿、可操作性。

二、判断题（对的打"√"、错的打"×"）

1. 计划的内容一般包括目标任务、措施、步骤。（　　）

2. 计划是对过去一定时期的工作所做的预想性安排。（　　）

3. 计划对工作既有指导作用，又有总结推动作用。（　　）

4. 常见的规划、安排、设想、打算、方案、纲要、思路、要点等，都是人们对今后工作或活动作出的部署与安排，因而，也都属于计划这个范畴。（　　）

5. 方案的写作，一定要开门见山，直接叙述，切忌转弯抹角。（　　）

6. 俗话说"长计划，短安排"，可见，安排的时间要求比较短，有的为

"日"安排,有的为"周"安排,有的为"月"安排,有的为不长的"一段时间"安排。安排的时限往往适用于近期工作。(　　)

7. 计划正文一般需要包括称谓、主体、结语三方面的基本信息。(　　)

8. 把计划进一步明细化,即如何完成计划的具体方法和步骤,安排具体行为的文书是方案。(　　)

9. 工作要点的特点是具有总结性、研讨性和参考性。(　　)

10. ××项目方案是税务机关(部门)就一项具体活动项目而制订的计划。(　　)

三、思考写作题

1. 计划在我们的日常生活和工作中到底发挥着怎样的作用?
2. 任选下列一个内容,制订一份具备可操作性的个人计划。
(1) 课外阅读计划。
(2) 锻炼身体计划。
(3) 在半年内进一步提高电脑操作技能的计划。
(4) 利用假期进行社会调查的计划。

要求:符合计划的撰写格式。标题、正文、署名和日期三个部分要完整;正文要写得明确具体,做什么、怎么做、做到什么程度、采取什么切实措施等,要分条分项逐一排列。

3. 请根据班级管理实际情况,拟写一份班级工作计划。要求内容具体明确、切实可行;格式正确规范;表达简洁、流畅;完成后提交到××教学平台。

参考答案

实训项目十　总结

情境导入

李×是××学院法律文秘专业的大三学生,热爱写作,因文笔颇佳,在系里小有名气。不过,本学期选修课《申论》即将结课,老师要求同学们提交一份该门课程的学习总结,这倒让李×一筹莫展,她如何才能写好这个课程总结呢?

> **任务描述**

李×为此去求教她的写作课老师。老师告诉她，如果想写好这个总结，李×需把自己对《申论》课程的学习过程进行全面细致的回顾，总结学到了哪些知识、获得了什么经验体会，以及存在的不足等。

> **知识聚焦**

一、什么是总结

总结是单位或个人对过去某一阶段工作、生产、学习等情况进行系统的回顾，通过分析研究，做出客观评价，从中得出经验教训，找出规律性认识，为今后的工作提供指导和借鉴而形成的书面材料。

二、总结的特点

（一）实践性

总结是对以往实践的回顾，是本单位、本部门或本人实践活动的产物。所以，总结不是法定作者的主观见解或借来的论点和论据，总结中的观点应该是实践中得来的认识，总结的对象是自身实践活动过程的反映。因此，总结的写作必须使用第一人称，这也是总结的最大特点。

（二）理论性

写总结的过程是由感性认识上升到理性认识的必然过程，通过具体的工作实践，进行分析、总结、概括出规律性的认识以指导下一步的实践。因此，不管是成功的经验还是失败的教训，都必须从事物发展变化的过程入手，去发现其本质特点，找出各种材料间的因果关系和必然联系，总结出具有典型意义的规律性的经验教训。

（三）证明性

总结写作是对工作过程的客观评价，肯定成绩，找出问题，摸索出事物发展的规律。所以，总结必然要提出概括性观点，那么这些观点的提出就必然需要材料的支撑，如以事例、数据来佐证所提出观点的可信度，即观点与材料相统一，总结的观点来自于实践过程，然后又能以实践积累的具体事实证明已提出观点的正确性。

三、总结的种类

1. 按内容分，有工作总结、学习总结、思想总结、活动总结等。
2. 按时间分，有年度总结、季度总结、月份总结、阶段总结等。
3. 按范围分，有个人总结、部门总结、单位总结、地区总结等。

4. 按性质分，有综合总结、专题总结等。

总结的分类方法很多，但在写作中比较常用的不外乎"个人总结""专题总结"和"综合总结"三类。

四、如何写总结

总结写作一般包括标题、正文和落款三部分。

（一）标题

总结的标题有多种，常见的有以下两种：

1. 公文式标题。由"单位名称+时间+主要内容+文种"组成，根据具体情况也可以省略单位名称和时间。如《××学院××××年工作总结》《关于组织首届大学生艺术节的总结》等。

2. 文章式标题。

（1）单标题。用简练、概括的语言揭示总结的主要内容或基本观点，标题中不出现"总结"字样。如《推行目标成本管理 提高企业经济效益》。

（2）双标题。正、副标题配合使用，正标题揭示观点或概括内容，副标题标示单位、时间、事由、文种。如《薄利多销 保质保量——××市××公司先进经验总结》。

（二）正文

总结的正文一般由前言、主体和结尾三部分组成。

1. 前言。前言又称导语。一般是扼要地概述基本情况，包括交代时限、地点、背景、任务、取得的主要成绩或效果等。目的是为后面主体的展开作铺垫。此部分用语要精炼、全面、概括，可有前因后果、来龙去脉的交代，也可有成败得失或经验教训的叙述，或者有纲要内容和基本数据的说明等。

2. 主体。主要包括：

（1）做法、成绩和经验。此部分重点是肯定成绩，总结经验。对做法进行简单的叙述，对取得的成绩和经验进行细致的分析，把感性认识上升到理性认识，找出规律，以便指导今后的工作。

（2）问题与教训。总结要一分为二地看待工作，既要总结成绩，也要找出问题、吸取教训，以期达到改进工作的目的，此部分要写明工作中遇到的问题及不足之处，分析其产生的原因以及今后应该如何避免。

（3）今后的打算。这部分要针对之前存在的问题提出切实可行的改进办法，但此处不宜写过多，应该只是打算或者方向，注意不是计划。

3. 结尾。可自然收尾或概述全文，提炼主旨。

（三）落款

在正文右下方署上单位名称，单位名称下方标明日期。如果单位名称已署在标题下方，此处可省略。

五、注意事项

（一）要熟悉工作过程，充分占有材料

占有充足的材料是写好总结的前提，总结的完成者常常是工作的亲历者，要熟悉工作的全过程，在工作过程中，注意将情况、事例、数据及点滴感悟体会记录下来，以便在写总结时对工作全过程进行回顾，如果是代他人进行写作，则要进行深入的调查，收集材料，如计划、简报、会议记录、台账报表和阶段小结等。

（二）结构要合理

常用的总结结构有：

1. 纵式结构，即把工作的全部过程，按时间顺序写，分别对每个发展阶段的情况进行分析和总结。

2. 横式结构，即把工作经验上升到理论高度，概括出几个并列的观点，根据其内部的逻辑关系来安排内容和层次。

3. 分部结构，即按"情况、成绩、经验、问题、建议"或者"主旨、做法、效果、体会"的顺序，分成几大部分写，每部分可用序号列出，也可用小标题。

（三）表述上要叙议结合

总结要以叙述为主，叙议结合。在交代工作过程、列举典型事例时，以叙述为主；分析经验教训和今后工作方向时主要使用议论。写作总结只有以叙代议，叙中有议，叙议结合，叙议得当，才能做到水乳交融。

任务实施

随后，李×把自己写的《申论》学习总结交给老师，请你先帮她看看这份总结的内容及结构是否符合要求，并思考如何修改。

学习总结

××××下半年，在任课老师的悉心指导和同学们的共同帮助下，本人圆满完成了学习任务，全面提高了理论知识水平与分析问题的能力，为今后参加公务员考试奠定了良好的基础，现将具体情况总结如下：

一、掌握基本原理，为《申论》学习奠定基础

所谓基本原理，指的是解答基本题型的基本知识和方法技巧，即概括要点、原因、对策、对策有效性分析、论证表述的基本结构和写作模式，以及阅读理解的诀窍。这些是申论的基础，只有掌握这些基础知识，才能解答好申论试题。在学习和掌握写作结构和写作模式时，要注意与例题结合，以便通过例题，深入理解和消化结构和模式。

二、重视练题，提高《申论》学习的应战能力

所谓"练题"，指的是动手做题，进行实战演练，这可以明显提高现场答题能力，对考试来说，是非常关键的。"练题"的内容，包括两个方面：首先是真题，即已经考过的试题。演练这类试题的意义，不在于这类试题可能会重新再考，而在于它具有典型性和示范性，它的基本题型、特点、方法技巧等，会在以后的考试中再现，对考生有相当大的启发作用。其次是模拟题。这类题的各种版本的水平不见得尽如人意，但均从不同程度上反映当前的社会热点问题，可帮助考生对社会热点和答题技巧有所把握。无论是演练"真题"还是演练模拟题，均不应孤立地就题练题，最好是在解答各道题时，自觉地以写作结构、写作模式和写作技巧为指导，通过演练，真正悟透和掌握运用原理的方法。

三、阅读"热点"资料，提高分析问题的能力

这里所说的"热点"资料，指的是重大社会现实"热点"问题的有关资料。这类资料很多，其中最紧要、最具参考价值的：一是当年的《政府工作报告》，因"报告"中点出了重要现实问题的诸方面，可以视作社会现实问题的总纲，用它统领各现实问题；二是《半月谈》《瞭望·新闻周刊》等，因其登载关于社会现实问题的文章，对现实问题有较深入的分析，可供我们学习借鉴。

四、制订复习步骤，加强《申论》的学习效果

可根据个人的情况来制订复习步骤。若从有利于应试的角度出发，可分为以下三个步骤：一是消化原理，即掌握解题模式；二是演练真题，尤其是演练近两年来考试的真题；三是演练模拟题，准备应试。

今后我要多看领导的访谈，学习他们是怎样站在公务员的角度来处理问题和解决问题的。要学习《政府工作报告》、党和国家重要的指示和精神，用政策、法律、制度等来解决社会实际问题，而非用情绪应对问题。

×××
××××年××月××日

老师帮助李×理清了这份个人学习总结的写作特点：要抓住主要问题，突出经验、教训与收获、体会；要注意防止罗列事项，记流水账，要总结出对未来有指导意义的规律性内容。

于是在老师的指导下，李×发现她的这份总结存在以下问题：一是标题需要明确总结内容；二是不符合个人总结结构特点，只谈成绩，没说问题等。李×经过反复修改，重新提交了一份总结，请同学们分析：

××××年下半年个人《申论》学习总结

××××年下半年，在任课老师的悉心指导和同学们的共同帮助下，本人圆

满完成了学习任务,全面提高了理论知识水平与分析问题的能力,为今后公务员考试奠定了良好的基础,现将具体情况总结如下:

一、具体的做法

(一) 掌握基本原理,为《申论》学习奠定基础

所谓基本原理,指的是解答基本题型的基本知识和方法技巧,即概括要点、原因、对策、对策有效性分析、论证表述的基本结构和写作模式,以及阅读理解的诀窍。这些是申论的基础,只有掌握这些基础知识,才能解答好申论试题。在学习和掌握写作结构和写作模式时,要注意与例题结合,以便通过例题,深入理解和消化结构和模式。

(二) 重视练题,提高《申论》学习的应战能力

所谓"练题",指的是动手做题,进行实战演练,这可以明显提高现场答题能力,对考试来说,是非常关键的。"练题"的内容,包括两个方面:首先是真题,即已经考过的试题。演练这类试题的意义,不在于这类试题可能会重新再考,而在于它具有典型性和示范性,它的基本题型、特点、方法技巧等,会在以后的考试中再现,对考生有相当大的启发作用。其次是模拟题。这类题的各种版本的水平不见得尽如人意,但均从不同程度上反映当前的社会热点问题,可帮助考生对社会热点和答题技巧有所把握。无论是演练"真题"还是演练模拟题,均不应孤立地就题练题,最好是在解答各道题时,自觉地以写作结构、写作模式和写作技巧为指导,通过演练,真正悟透和掌握运用原理的方法。

(三) 阅读"热点"资料,提高分析问题的能力

这里所说的"热点"资料,指的是重大社会现实"热点"问题的有关资料。这类资料很多,其中最紧要、最具参考价值的:一是当年的《政府工作报告》,因"报告"中点出了重要现实问题的诸方面,可以视作社会现实问题的总纲,用它统领各现实问题;二是《半月谈》《瞭望·新闻周刊》等,因其登载关于社会现实问题的文章,对现实问题有较深入的分析,可供我们学习借鉴。

(四) 制订复习步骤,加强《申论》的学习效果

可根据个人的情况来制订复习步骤。若从有利于应试的角度出发,可分为以下三个步骤:一是消化原理,即掌握解题模式;二是演练真题,尤其是演练近两年来考试的真题;三是演练模拟题,准备应试。

二、存在的问题

(一) 角色定位有误

在《申论》的学习过程中,往往把自己放在一个普通学生或老百姓的位置上看问题,忽视了要站在准公务员的角度,代表国家来发现问题、分析问题和提出解决问题的办法。

(二) 有失客观公正

在《申论》的学习过程中，有时看到有些地方一些错误的做法，还会带有一定的情绪，这样就会有失客观公正。

三、今后的努力方向

1. 要多看领导的访谈，学习他们是怎样站在公务员的角度来处理问题和解决问题的。

2. 要加强理论政策的学习，要学习《政府工作报告》、党和国家重要的指示和精神，用政策、法律、制度等来解决社会实际问题，而非用情绪应对问题。

李×

××××年×月×日

例文分析

示例一

李×同学在×区人民法院实习即将结束，秋季开学返校后，需要向系里提供一份实习总结，李×在着手写作前请教了老师，明确了个人总结的写作特点：要抓住主要问题，突出经验、教训与收获、体会；要注意防止罗列事项，记流水账，要总结出对未来有指导意义的规律性内容。于是李×结合自己的实习过程中的经历、收获与感悟，反复修改，完成了实习总结。

实习总结

我于××××年7月1日至8月24日在区人民法院实习，担任法官助理职务。在实习期间遵守工作纪律，认真完成法院领导交办的各项工作任务，得到了领导和同事们的一致认可。通过实习，提升了法律认识和法治思维，对法律制度有了更全面的认知，对司法审判过程有了深入的体会。

一、树立了正确的法律人观念，提高自身法律人思想觉悟

通过实习我认识到，作为法院工作人员，为提高案件审判质效，要做到统筹公正与效率、实体公正与程序公正，兼顾政治效果、法律效果和社会效果。实习中，我参与了听审，我将自己以一种独立于当事人、审判人员及其他诉讼参加人以外的身份，用一般的理性看待并分析问题的合理性。深刻感受到司法审判过程，是将法与理想相结合，将法与情相融合，最终达到社会效益与法律效益的最大化。本次听审的案件主要是合同纠纷案件、民间借贷纠纷与所有权确认纠纷案件，这让我对经济社会有了新的更深的认识，在听审过程的所见、所闻与所想对我都有很大的影响，让我更现实、更理性地去看待社会现象。更深刻地体会到

"我们办的不是案子，是别人的人生"这句话的含义。

二、理论联系实际，不断充实专业知识，拓展法律视野

法学是一门社会科学，实践是学习法律必不可少的途径。法律工作者要以自己的专业知识来诠释法律，维护法律的威严、公平与正义。实习中，我积极与工作人员接触和沟通，虚心求教，努力提高运用法律分析问题和解决问题的能力，充实专业知识。学习有耐心，善于去分析、去倾听、去兼听，这样才能保证对案件形成最准确的认识。

以送达开庭传票及判决书、调解书等法律文书为例，在书本中，我学到了怎样送达，但在实习中我学到了面对当事人拒领的情况时该如何处理。对于当事人来说，诉权是一种权利，但是在诉讼过程中的义务也是不可避免的，此时要做到既考虑到当事人的情绪问题，又要完成法律赋予我们的责任。以司法为民为宗旨，努力让人民群众在每一个司法案件中感受到公平正义。

三、熟悉法院工作流程，积累工作实务经验，为就业打下基础

通过实习，我对诉讼程序有了更加深刻的理解和掌握。我们可以很直观地学习和体会诉讼程序完整而详细的过程，这对于我以后从事法律实务工作，或是理论研究工作都是宝贵的经历和积累。在实习期间，我主要负责整理卷宗、查询资料、撰写法律文书、协助工作人员做好开庭前后的准备工作等事项。在此过程中，我学会了运用法院内部网络，建立案件电子档案，进行网络化信息处理；知晓了整理卷宗，扫描案卷的各项要求；了解到了掌握速录技术对于制作调解、庭审、谈话笔录的重要性。工作面广量大、琐碎而繁杂，涵盖了立案、审判直至执行等各个层面，随着对法院各项工作了解得越发深入，越深刻体会到这项工作的严谨性和重要性。法院的各项日常工作都是遵循程序的重要体现，分工负责，互相协调，互相配合，才能确保各项工作有条不紊。

四、实习过程中发现的问题和不足

（一）沟通能力欠缺

一个案件所涉及的不单单是法律，而且涉及政治、文化、宗教、社会，等等。对一个案件作出裁判，不但需要考虑法律的规定，更多的还要考虑裁判结果的社会影响。在案件作出裁判之前，法官需要与当事人进行大量的交流、沟通，了解案件情况和当事人的想法、估量裁判结果可能引发的后果及相应的对策。今后我将注重提高自身的沟通交流能力，学习沟通方法和技巧，以便适应相关工作需求。

（二）学习的自主性、主动性欠缺

学习效果与学习动机有很大的关系，只有掌握了学习的自主性、主动性，才能不断地提高学习效果，才能在工作中不断提高、不断进步。之前在学校总是被动地接受知识，缺少学习的主动性和目的性，今后我将改进原有的学习方法，主动获取知识，锻炼自身运用分析归纳、创造性思维去解决问题的能力。

"纸上得来终觉浅，绝知此事要躬行"，通过本次实习，我对法律专业有了更为全面而深刻的认识，对未来从事法律行业有了更深入的思考。在今后的学习和生活中我将更加注重积累专业知识，提高综合素质，牢记法律人肩负的责任，运用所学为社会主义法治建设贡献自身力量。

李×
××××年××月××日

评析：这是一篇内容较丰富的实习总结。前言部分简单扼要地对所要总结的实习工作做了整体概述。主体部分用三个段落从三个层面对实习工作的感受进行理性梳理，接着又从两个方面对实习过程中发现的问题进行了客观分析，全文内容翔实，条理清晰，不失为一篇好的实习总结。

示例二

李×非常珍惜这次实习机会，她认真对待每一项工作任务，因此经常受到实习部门负责人的夸奖，并有机会一同去参加一次调研活动，在调研方提供的材料中，文秘专业的李×同学对其中一份总结产生了兴趣，并认真进行了研读：

<h3 align="center">普法依法治理工作专题总结[1]</h3>

××××年，我局普法依法治理工作在市委、市政府的高度重视下，按照普法规划的要求，紧紧围绕我市经济社会发展的目标和任务，深入开展法制宣传教育，大力推进依法治理，现将我局工作总结如下：

一、工作开展情况

（一）领导重视，精心部署。为搞好"八五"普法工作，我局高度重视，认真贯彻"八五"普法五年规划内容，成立了由局主要领导任组长，分管领导任副组长，相关部门负责人为成员的法制宣传教育"八五"规划领导小组，下设领导小组办公室，明确了工作职责，完善了工作制度，负责普法教育工作的日常工作。

（二）制定方案，明确职责。结合我局实际，制定了"谁执法谁普法"实施方案和责任清单，明确了指导思想、工作要求、主要对象、内容及措施、各部门职责，并将各部门工作开展情况纳入年度目标责任考核。

（三）统筹安排，有序推进。为了保证普法宣传教育工作落到实处，取得成效，制定了工作目标和任务，做到工作有计划、有步骤地实施。具体开展了以下几项工作：

1. 高度重视积极推进。一是强化组织学习。根据市、县的统一部署和要求，

---

[1]《普法依法治理工作专题总结》，载浦北县人民政府网，https://www.gxpb.gov.cn/zfxxgk/zfbmgkpt/xzfgzbm/pbxcgzfj/fdzdgknr_22/bmwj11/t17552405.shtml，最后访问时间：2024年9月3日，略有删改。

我局加强领导，严密组织，积极开展城市管理法治工作，局班子带头学习，带领执法人员进行执法核查，形成全员执法、人人执法的良好局面，做到与个体商户联动学习，确保城市管理法治工作贯彻、部署落到实处。二是强化队伍建设。加强法规队伍和执法人员队伍建设，确保城市管理执法工作规范化建设有序开展。

2. 认真贯彻落实"两个责任"。一是严格依法行政。认真学习贯彻和执行法律法规，积极履行法治宣传教育、执法检查、普法依法治理主体责任和监督责任，全面完成法制工作任务。二是及早部署普法工作。根据工作安排，组织开展普法会议，将法律法规和业务知识培训，并将宪法法制教育、执法检查、执法监督与查处违规违建案件等工作一同布置、一同监督。

3. 加强法制宣传教育。建立完善领导干部和公职人员学法用法制度，突出抓好领导干部、执法人员的学法用法。一是学法宣传《中华人民共和国宪法》《中华人民共和国民法典》《中华人民共和国安全生产法》等法律法规，将学习宣传贯彻习近平新时代中国特色社会主义思想特别是习近平法治思想纳入党委理论学习中心组学习内容，每年召开一次以上法治思想专题会，大力学习弘扬习近平法治思想；二是充分利用"安全生产月""12.4"国家宪法日集中宣传活动要求，组织人员在广场范围内开展法制宣传活动。

4. 组织开展工作人员学法用法考试。依托"××普法云平台"开展法治学习活动。××××年全局在职在编干部学法用法考试通过率达100%，因今年考试时间未截止，我局无法统计今年学法用法考试通过率。

二、存在的问题

1. 法制宣传教育单一。虽然标语、传单式的法制宣传教育有一定的宣传效果，但是存在受众面狭窄、没有针对性、缺乏系统性，难以取得好的成效。

2. 普法队伍力量薄弱。由于普法工作者没有经过系统的法律培训，本身法律素质的缺失滞缓了普法进程。

三、下一步工作计划

1. 拓宽法制宣传教育的渠道。创新宣传方式，采取各种行之有效的方法开展法制宣传活动，提高普法实际效果。

2. 加大普法工作者的法制宣传教育培训力度。定期或不定期对普法工作者进行系统的法律知识培训，提高普法工作者的法律素质。

3. 建立以案释法工作机制。选取部分公开的典型案例，编印成册发给群众，方便群众学习和了解法律，在潜移默化中逐渐增强法治观念和遵纪守法的意识。

××城市管理行政执法局

××××年××月××日

评析：这是一篇专题总结，也叫单项工作总结，是对某一时间段内的工作或某一个问题进行的专门总结。它使用广泛，针对性强，偏重总结经验，介绍做法，内容集中，写作上具体深刻。

示例三

实习期间，李×同学在整理文件时看到了××市司法局的总结，感觉写得不错，深受启发，办公室副主任看到李×虚心好学，悟性好，便给她耐心讲解怎么写好综合性总结："综合性总结一般是一个单位、部门对一定时期内各方面情况的总结，要求反映工作全貌，内容广泛，篇幅较长，既要肯定成绩，也要找到差距，既要有经验做法，也要有教训体会，既要突出重点，又要全面涉及。"听了办公室副主任的讲解后，李×对综合性总结的写法有了更清楚的认识。下面我们就和李×一起分析这份总结：

××市司法局××××年度工作总结[1]

××××年，全市司法行政系统坚持以习近平新时代中国特色社会主义思想为指导，深入学习贯彻习近平法治思想，认真落实中央、自治区党委、市委政法工作会议精神，全国和全区司法行政工作会议精神，在市委、市政府的正确领导下和自治区司法厅的有力指导下，坚持走在前、作表率，围绕中心服务大局，认真履职尽责，统筹推进法治国家、法治政府、法治社会一体建设，全面依法治市和司法行政各项工作落地落实。

一、××××年度工作完成情况

（一）坚持政治统领，确保司法行政工作正确方向

1. 强化政治建设。认真开展集中治理党内政治生活庸俗化交易化问题工作，成立集中治理"两化"问题工作专班，建立"周调度"制度，推动"两化"治理工作向纵深发展。加强意识形态阵地管理，常态开展对外宣传平台、法律服务行业意识形态风险排查，及时召开意识形态工作分析研判会，确保主动权牢牢把握在自己手中。

2. 强化理论武装。坚持"第一议题"学习制度，深入学习贯彻习近平新时代中国特色社会主义思想、习近平法治思想和党的二十大精神。10月下旬以来，统筹网上网下资源，线上线下一体推进，形成党组带支部、支部带党员、党员带群众的学习格局，持续学习，以理论上的清醒确保政治上的坚定。

3. 强化党建工作。组织全体党员干部在包联社区开展各类志愿服务活动

---

[1]《呼和浩特市司法局2022年度工作总结》，载呼和浩特市司法局官网，http://sfj.huhhot.gov.cn/zwgk_107/zfgzbg/202302/t20230224_1484898.html，最后访问时间：2024年9月3日，内容有删改。

1000余人（次）、文明实践活动200余人（次）、主题党日100余次，组织铸牢中华民族共同体意识宣讲活动40余次。

（二）坚持系统思维，统筹推进全面依法治市工作

1. 充分履行依法治市统筹协调职能。组织召开市委全面依法治市委员会办公室主任办公会议第四次、第五次会议。研究制定"十四五"期间法治×××建设规划、××××年度全面依法治市工作要点和法治政府建设工作计划。组织开展×××年全市法治建设督察，对9个县区、6个市直部门进行实地督察。

2. 全面推进法治政府建设。完成19件行政规范性文件前置合法性审查、4件行政规范性文件备案审查。完成9件地方性法规立法计划，3件政府规章立法计划。办理行政复议案件130件，办理行政诉讼案件55件。共受理各类民商事纠纷仲裁案件596件，争议标的约13亿元，审理结案339件。

3. 严格规范公正文明执法。代市政府起草《××市贯彻落实〈××自治区行政执法责任制规定〉的意见》，经市政府常务会审议通过并实施。印发《××市司法局关于抓紧编制综合执法事项清单的通知》，编制完成××市综合执法事项清单。印发《关于举办××市行政执法人员资格认证培训的通知》，组织开展全市行政执法人员培训和资格认证考试。

4. 持续优化法治化营商环境。贯彻落实《优化营商环境条例》及自治区12项措施，开展了为期三个月优化法治化营商环境大讨论活动，全方位开展优化法治化营商环境政策宣传解读，讲好首府优化法治化营商环境故事。紧盯市场主体关注的重难点问题，紧抓行政机关负责人出庭应诉率，全市行政机关负责人出庭率实现100%。认真办理"×企通"平台投诉案件，共收到企业举报投诉案件42件，已办结35件。推出便民利企法律服务清单128条。优化"法治体检"项目清单，组织开展民营企业"法治体检"活动132场次，全系统优化法治化营商环境工作持续向基层延伸。

（三）坚持抓安全保稳定，扎实推进市域社会治理工作

1. 加强特殊群体管控。制定《关于进一步加强刑满释放人员安置帮教工作的实施意见》。出台《社区矫正工作衔接管理制度》《社区矫正工作重大事项报告制度》等规定，推行个性化矫治，精准化管理。

2. 加强人民调解工作。以"防风险、保安全、护稳定"为主线，扎实有效做好矛盾纠纷调处化解工作。开展一级司法所创建活动，推动形成"两所联动"工作格局。目前××个当地派出所已与司法所结对共建。全市各人民调解组织共办理人民调解案件××××件，调解成功××××件，涉及金额××万余元。

3. 加强监管场所管控。开展戒毒场所安全隐患排查行动，建立安全隐患清单，明确责任人和整改时限，严防重大安全事故发生。

（四）坚持以人民为中心，深化公共法律服务体系建设

1. 推进实体平台建设。全市建成市级公共法律服务中心1个、旗县区公共法律服务中心9个，乡镇（街道）公共法律服务工作站80个，村（居）公共法律服务工作室929个。全市各级实体平台共接待包括法律咨询、公证服务、法律援助、人民调解、仲裁等各类事项17 158人次。

2. 优化法律服务供给。深入开展"千名律师下乡村"活动，实现村（居）法律顾问全覆盖。全市143家律师事务所办理各类案件52 766件。印发《"最多跑一次"公证事项清单》，12家公证机构先后办理65项"最多跑一次"公证事项28 339件。广泛开展"1+1"中国法律援助志愿者行动，鼓励支持律师、法律援助志愿者等向法律服务资源相对短缺地区流动，解决偏远地区人民群众对法律援助的需求。截至目前，全市各级法律援助机构共受理法律援助案件1637件，援助受援人近1700人。坚持高标准严要求，圆满完成2022年度××市考区国家统一法律职业资格考试，7800余人报名参考，实现零事故。

3. 加强法律服务行业管理。搭建"××市公证综合管理系统监管平台"，监督公证机构和公证员合理收费，推动公证行业有序竞争。召开第七次××市律师代表大会，总结第六届××市律协理事会工作，选举产生第七届××市律协理事会、监事会。组织开展司法鉴定机构及司法鉴定人全面评查工作，对12家司法鉴定机构和131名司法鉴定人的情况进行了全盘摸底。

4. 持续推进普法宣传。通过直播的形式举办全市"八五"普法骨干培训班，约2万人参加学习。联合××广播电视台制作《说法论典》节目，在视频号HTV融媒体传播中心播出85期，浏览量43.3万人次，先后被"新华社""学习强国"等国家级媒体转发，浏览量突破2200万人次。组织开展民法典进乡村、进社区活动26场次，发放民法典宣传册5600余份。开办线上"普法直播间"，重点围绕市委、市政府中心工作及民生热点法律问题，邀请法学专家、知名律师等专业人员走进直播间，向广大市民普及法律知识。目前，共开展活动12期，累计55万人在线观看学习。

二、存在的问题和不足

1. 统筹摆布不够。对标"走在前、作表率"的要求，机关和基层加强统筹谋划不够，市区和旗县存在建设不平衡的问题，解决基层的重难点问题的招法不多，创新举措不多，特别是编制、人员和办公设施等"老大难"问题没有明显改善，需要持续加大协调力度。

2. 体系化机制化建设不够完善。立法、执法、普法、守法各自为战的情况比较突出，融合协调不够。一些旗县法律人才、专业人才资源缺乏，基层服务和基层治理的特色优势没有充分体现出来。全市律师、公证、司法鉴定、人民调解

组织机构和人员体量大，但品牌化、规模化发展不够有力，还缺少有区域性影响力的品牌。比如律师资源主要集中在市四区，旗县律所注册数平均仅为2家。

3. 工作作风仍需大力加强。个别地区单位重视程度还不够，主要领导亲自抓、上手抓不够，特别是发挥牵头作用、强化攻坚克难决心上有差距。有些单位缺乏争先创优意识，品牌亮点工作比较少，目前旗县区能面向全区推广的经验做法更少。加强宣传的力度普遍不够，好的办法不多，引导群众广泛参与有较大差距。

三、下一步工作打算

一是坚持把政治建设摆在首位；二是创建全国法治建设示范市；三是深化法治化营商环境建设；四是建设现代化法律服务体系。

思考：

1. 请问这篇总结的主体包括几部分？
2. 你认为这篇总结的结构特点是什么？
3. 一篇好的总结必须做到观点与材料有机统一，请同学们以此文为例，分析其观点是怎样统率材料、其材料又是如何支持观点的。

拓展学习

知识卡片一

总结写作模板

标题	××（单位或者部门）××（时限）工作（内容）总结（文种）
开头	××时间段，在××条件下（或根据××要求），做了××具体工作，取得了××成绩，现将具体情况总结如下：
主体	一、具体做法（或取得的经验，或教训）要分条列项地提炼概括 1. ××××（提炼出来的主题句） ×××××××××××××××××××××××× ×××××× 2. ××××（提炼出来的主题句） ×××××××××××××××××××××××× ×××××× …… 二、存在的问题 1. ××××（提炼出来的主题句） 2. ××××（提炼出来的主题句） ……

续表

标题	××（单位或者部门）××（时限）工作（内容）总结（文种）
	三、今后的努力方向 1. ××××（提炼出来的主题句） 2. ××××（提炼出来的主题句） ……
落款	××××（单位或者部门名称） ××××年×月×日

知识卡片二

个人总结和述职报告的区别

个人总结和述职报告的写作有很多相同点，如都应体现回顾性，内容都要真实，实事求是，论述都要全面等，但二者间还有以下不同点：

1. 行文目的不同。个人总结的写作目的是对工作的回顾检视，总结出经验教训，从而找出客观规律，为以后的工作提供指导借鉴。而述职报告则是通过陈述自己在岗位上履职尽责情况，为组织人事部门等提供考察依据。

2. 内容范畴不同。个人工作总结是对一项工作或一段时间里的工作给予的归纳，它要回答的是做了哪些工作、有哪些成绩、取得了哪些经验、存在哪些不足、要吸取什么教训、今后有何打算等问题。述职报告主要围绕有什么职责、履行职责的情况如何、是如何履行职责的、称职与否等问题，重点写自己在德、能、勤、绩、廉这五个方面的表现。

3. 结束语不同。个人总结在指出存在问题和下一步的工作打算、努力方向后往往直接结束全文。述职报告结尾一般常用"以上报告，请批评指正""专此报告，请审阅"等。

品味研读

大学生"村官"述职报告

> 训练营地

一、填空题

1. 总结是单位或个人对过去某一阶段工作、生产、学习等情况进行＿＿＿＿，通过分析研究，做出客观评价，从中得出＿＿＿＿＿，找出＿＿＿＿＿，为今后的工作提供指导和借鉴而形成的书面材料。

2. 总结的标题有多种形式，常见的有＿＿＿＿和＿＿＿＿两种。

3. 总结的分类方法很多，但从写作上比较常用的不外乎"＿＿＿＿"、"＿＿＿＿"和"＿＿＿＿"三类。

二、请分析这份总结存在的问题并加以修改完善

个人总结

又一学期接近尾声，我们即将完成这一阶段的学习任务，我认为我在本学期的收获很多，在学习各学科时也比较认真，下面我对本学习阶段总结如下：

一、生活方面

初来校园，心情无比地激动，因为警察这个职业是我从小的梦想，可是刚开始的军训生活的确有点不习惯，可是，既然自己选择了这份职业我就做好了应有的准备。就这样，我学会了叠军被，我觉得自己特别有成就感，虽说每天都会比别人早起半个小时，可是当自己真正完成了这项任务的时候，那几个小时的睡眠又算什么呢？

二、学习方面

在学习上，我们这半年开了好几门法学课，如刑法、宪法、法理等。为了丰富自己的学识需求，我从来没有放弃认真去听每一节课，而且我们的任课老师真的都很棒，学识兼备，让我学到了很多知识，也传授给了我们更多的经验，让我不仅在现在的学习生涯中丰富了学识，也在以后的工作中更加懂得去怎样奉献。我会时刻牢记"忠于祖国，忠于人民，忠于法律"的政治本色，并在以后的学习中更上一层楼。

以上就是我对这个学期的生活学习总结，经过这一学期的培养，我已具备了各项生活、学习能力，并已经融入了这个大集体。在今后的生活学习中，我将不断追求上进，增强自身的各项素养，并在以后的工作中不断向祖国奉献出自己的每一份力量。

××级司法执行1班 孙一

××××年××月××日

三、写作练习

1. 前事不忘，后事之师。不管做任何事情，做完后都有必要进行一番回顾、

反思，总结经验和成绩，汲取经验和教训，借以指导下一阶段的工作。从另一角度讲，人总是在不断地总结中成长与进步的，因此，学会总结，善于总结，将会受益终身。

请对自己前一阶段的学习进行认真的回顾，从中总结出成功的经验和失败的教训，写一篇学习和生活的阶段性总结。

要求：①题目自拟；②不能停留在学习生活过程的一般回顾或一般优缺点的自我鉴定上，要加以分析、概括，突出收获和体会；③正文按"基本情况、成绩和问题（或做法、体会）、今后的努力方向"的框架结构写作；④字数不少于800字。

2. 请同学们结合总结的写作方法评析下面一则总结的优缺点。

学思践悟，砥砺前行

参考答案

实训项目十一　情况汇报

情境导入

按照《关于在全党开展党纪学习教育的通知》的要求，××学院开展了党纪学习教育。近日，教育厅督导组来学院检查党纪学习情况，学院要对开展学习教育活动情况进行汇报。学院接到通知后，高度重视，最后安排学院党纪学习教育领导小组办公室成员小杨根据开展学习教育活动情况，拟写一份情况汇报。你认为小杨在撰写情况汇报时需要涉及哪些方面的内容？结构上有什么要求呢？

任务描述

这是一则典型的情况汇报，主要向上级（督导组）汇报本单位党纪学习教育开展的情况。一般要概述学院党纪学习教育开展的基本情况，如何开展的，做了哪些工作，还存在哪些问题，以及下一步的打算。

知识聚焦

一、什么是情况汇报

情况汇报是下级向上级陈述工作情况时所使用的一种事务类文书。

一般在以下情况时需要写情况汇报：

1. 作为下级机关，有责任做到"下情上报"，保证上级机关耳聪目明，对下面的情况始终了如指掌，这就是情况汇报的意义。它是下情上报、上下级相互沟通的一种重要途径。

2. 如果本单位出现了正常工作秩序之外的情况，譬如发生了事故，出现了意想不到的问题等，对工作产生了一定程度的影响，应该及时将有关情况向上级原原本本地进行汇报。即使对工作没有太大影响，一些有倾向性的新动态、新风气，以及最近出现的新事物等，必要时也要向上级汇报。

3. 情况汇报在职场活动中使用频率高，应用范围广，不仅有上级机关要求的书面汇报，也有本单位、本部门之间要求的书面或口头汇报。因此，下级部门或个人都可以使用情况汇报这种形式向上级机关或领导反映情况，汇报工作。

二、如何写情况汇报

情况汇报一般包括标题、称谓、正文和落款四部分。

(一) 标题

标题有两种形式。一种是可以直接用文种做标题，如"情况汇报"；另一种是采用公文标题写法，由单位（部门）、内容和文种组成，如《××关于开展争先创优活动的情况汇报》，也可以省略部门，如《关于落实绩效考核制度的情况汇报》。

(二) 称谓

称谓可以是上级机关或领导。向单位汇报，则写单位的全称或规范化简称；如果向领导汇报，则写领导姓氏和职务，如"王厅长"。如果是在大会上汇报，则要根据与会者的身份来称呼，例如面对领导和老师时，可以写成"各位领导、各位老师"。除了大会汇报外，一般情况汇报的称谓只有一个。

(三) 正文

情况汇报的写法，基本上和总结的写法是一致的，其正文的基本结构一般也是由基本情况概述、做法成效、经验启示、存在的问题与不足、今后打算等内容构成。具体来说，有以下几种写法：

1. 如果是本单位、本部门的工作达到一定阶段时，需要向上级汇报情况，就要写明工作进度，成绩与不足，困难与问题，及下一步打算等，以便能及时得到上级的指导与支持。

2. 如果是就某一项专门工作而写的专题情况汇报，在写法上除了写过程、结果外，重点应放在取得成绩和总结经验上，有分析、有归纳，类似于工作总结的写法。

3. 若是向上级机关反映本单位发生的或与本单位有关的新情况，新问题的情况汇报，写法较自由，以陈述情况为主，侧重于写清楚事情的原委、性质和自己的看法，也可提出处理这一问题的意见，供有关领导参考。

正文是情况汇报的核心，一定要突出重点，详略得当。这里需要说明的是：如果上级要求讲经验、讲做法、谈体会，那么工作做法或经验，或成绩，或办法措施就是重点。如果上级要求找问题、查不足，那么存在的问题或教训等就成为写作的重点，不能仅仅是摆事实，还要进行深入的分析、归纳和概括。如果上级要求谈整改措施，那么今后的努力方向或下一步的打算或整改措施就成为写作的重点。总之，要根据要求确定主题、选择材料、安排结构。

（四）落款

落款包括署名和日期。

三、注意事项

1. 情况汇报必须按照上级单位或领导的要求搜集、选择材料，确定主题，这是写作情况汇报的最基本的原则。
2. 对所反映的情况要调查核实，以免失实。
3. 汇报要简明扼要，突出重点。
4. 要叙议结合，叙议得当。
5. 要善于理性分析，深入挖掘，认真提炼概括，写出思想深度。

任务实施

随后，小杨在办公室副主任李老师的指导下，从党纪学习教育开展的措施、内容、存在问题和下一步打算这些方面着手写作，经过反复修改，顺利完成了情况汇报的写作任务。

××学院关于开展党纪学习教育的情况汇报

教育厅督导组：

按照《关于在全党开展党纪学习教育的通知》要求，学院党委高度重视，及时动员部署，结合实际制定印发了《中共××学院委员会关于在全院党员中开展党纪学习教育的实施方案》和学习计划，成立党纪学习教育专班，积极行动，精心安排，在"严、细、实"上下功夫、出实招、求突破，以高度的责任感、使命感深入开展各项学习工作，真抓实学，善始善终，以学纪、知纪、明纪促进遵纪、守纪、执纪，推动党纪学习教育走深走实。现对开展情况汇报如下：

一、加强组织领导，成立工作专班，压实工作责任

学院党委于×××年×月成立党纪学习教育领导小组、办公室及其专班，由党委书记××任领导小组组长，领导小组办公室设在政治部，专班组长由学院

政治部副主任××同志担任，专班下设4名组员，负责党纪学习教育各项工作。为党纪学习教育工作顺利开展提供了坚实的组织保障。（具体内容略）

二、锚定党纪学习教育目标，用好既定抓手，夯实思想根基

按照学院既定工作方案和任务落实推进表，重点从以下三个方面狠下功夫：

（一）把《中国共产党纪律处分条例》作为基础教材，认真组织学习和研讨

1. 抓好个人自学。（具体内容略）

2. 举办读书班。（具体内容略）

3. 组织党委理论学习中心组集中学习。（具体内容略）

4. 抓实党支部学习。（具体内容略）

5. 讲授纪律专题党课。（具体内容略）

6. 用好网络课程资源。（具体内容略）

7. 适时召开党建工作推进会。（具体内容略）

8. 诚邀专家到校开展专题辅导。（具体内容略）

（二）用好身边违纪违法案例"活教材"，注入职业操守"清醒剂"

1. 学院组织开展警示教育5次。（具体内容略）

2. 各党支部以读书班、主题党日活动、典型案例通报等形式开展警示教育51场次，结合××集中整治工作，注重用身边事教育身边人，认真组织开展学习交流计202人次，结合自身工作，人人谈认识、讲危害、作剖析，使人人深受教育警醒、增强免疫能力。

（三）以党纪学习教育为契机，实现党纪学习教育与业务工作的深度融合

1. 将党纪学习教育与学习国家法律、行业规章制度、校规校纪统筹谋划安排。学院党委把党纪学习教育与全省××专项整治工作和清廉学校建设，一起部署、统筹规划、同题共答。实现了加强党纪学习教育与职业操守的深度融合，掌握并领悟了党纪、国法、行业规定、职业操守这套"组合拳"的深刻内涵。（具体内容略）

2. 立足学院实际，抓好"三风"建设。根据××专项整治工作要求，结合教育教学工作实际，学院围绕校风、教风、学风"三风"建设问题开展自查自纠、个人事项报告和检视查摆问题，人人谈认识、讲危害、做剖析，营造了风清气正的校园环境。

三、建章立制固根本，扎实制度"笼子"行稳致远

学院党委为巩固党纪学习教育成效，坚持"当下改"与"长久立"相结合，堵塞制度性漏洞，建章立制，营造良好政治生态。（具体内容略）

四、存在问题和下一步工作打算

（一）存在问题

1. 思想认识不足。少数党员干部对党纪学习教育工作的重要性认识还不够深刻，没有真正将其与业务工作紧密结合起来，缺乏主动性和自觉性。

2. 学习内容不系统。少数党员干部党纪学习教育缺乏系统性和连贯性。有些党支部在开展理论学习教育时，只是简单地传达文件精神或机械地学习条文，没有深入挖掘其内涵和实质，导致党员干部对理解不够全面、精准。

3. 与实际工作结合不紧密。专项工作与实际工作存在"两张皮"现象，少数支部没有很好地将党纪学习教育、××专项整治、清廉学校建设等专项工作与部门业务工作紧密结合起来，不能完全把党纪、国法、行业规矩、工作纪律融会贯通并实际贯穿执行于各项工作中。

（二）下一步工作打算

1. 进一步提高思想认识。（具体内容略）
2. 进一步加强党纪学习教育与实际工作的结合。（具体内容略）
3. 加强各专项工作之间的相互协调，有机结合。（具体内容略）

××学院
××××年×月×日

例文分析

示例一

××××年6月4日凌晨2时40分，××分公司××百货大楼发生火灾事故。总公司要求××分公司尽快进行情况汇报。作为××分公司负责人，必须第一时间了解情况，查找原因，采取措施，全面整改，杜绝隐患，这些都是需要汇报的内容，以下是××分公司写的情况汇报。

××分公司关于××百货大楼发生火灾事故的情况汇报

总公司：

××××年6月4日凌晨2时40分，分公司××百货大楼发生火灾事故，该大楼二楼商品被全部烧毁，造成直接经济损失350万元，没有造成人员伤亡。现将主要情况汇报如下：

事故发生后，领导马上拨打火警，市消防队接到火警电话后迅速出动了8辆消防车，全力抢救扑火。至清晨6点，火灾才被完全扑灭。

经调查分析，造成这次事故是分公司××百货大楼二楼某个裁缝经二楼经理同意从总闸自接线路，夜间下班时疏忽没断电所致。

此次事故对公司安全名誉造成了极坏的影响，性质是非常严重的。从根本原因看，是本百货大楼用电和安全制度不健全，在用电安全中管理不严，职工纪律松懈，工作程序不严等问题没有得到及时解决。

为进一步核查是否还存在类似用电隐患，本公司经理、副经理多次到现场调查，并对事故进行了认真处理。总经理于6月4日早上8时召集各楼经理、副经理召开紧急例会，通报了这次事故，提出了用电安全第一、节约用电的建议，发现有违规用电情况要及时上报。

我们对这次事故的主要责任者已按照公司规定对其进行严肃、正确处理；对与事故有关的二楼经理公开严厉批评，给予行政记过处分。日后，我们会加强管理，从根本上杜绝类似事故发生。

××分公司
××××年×月×日

思考：

1. 这份情况汇报将火灾事故的原因说清楚了吗？处理结果合理吗？为什么？

2. 在这份火灾事故情况汇报中需要写明为了杜绝类似事故发生，今后需要采取的措施吗？为什么？

示例二

当前，就业创业工作是国家重点开展的工作之一。××市政府为了落实国家政策，更好地开展就业创业工作，了解本市目前工作开展情况，安排部署下一步工作，特召开就业创业工作会议。××区经过前期调研，总结做法，发现问题，提出建议，最后形成了本区就业创业工作情况的汇报材料，并在这次会议上向××市政府进行了汇报。

××区关于开展就业创业工作的情况汇报[1]

××市政府：

近年来，××区一直把推动就业创业作为推动经济发展的着力点，不断创新工作思路、转变工作方式、提升工作内涵，就业创业工作取得了新成效。

一、基本情况

我区总人口61.73万人，农业人口13.03万人，城镇人口48.7万人。××

---

〔1〕《创新创业汇报发言稿》，载第一范文网，https：//www.diyifanwen.com/yanjianggao/fayangao/13247720.html，最后访问时间：2024年9月1日，略有删改。

××年截至8月底，累计开展创业培训12期，开设23个班，培训学员690人，实现创业300余人。

二、主要做法

1. 创新工作思路，狠抓政策落实。以创业促就业为目的，制定了《关于鼓励支持农民工和农民企业家返乡创业的实施意见》《关于大力促进高校毕业生创业的实施意见》等一系列就业创业扶持政策。××××年为创业的46名高校毕业生、4名返乡农民工发放小额担保贷款452万元，为8名返乡农民工发放创业补贴6.3万元，为73名大学生发放创业补贴1.38万元。

2. 创新服务模式，化解失业矛盾。充分利用公共就业平台挖掘本地企业空缺岗位，人力资源市场将定期收集用工信息，通过组织现场招聘会及公共招聘网等网络媒介对外发布，促进就业。截至目前，今年共举办"就业服务进社区""春风送岗位"大型现场招聘会2场，提供就业岗位1000多个；开发保洁、保绿、保安等公益性岗位，兜底安置就业困难人员及贫困人口205人；通过开展就业援助月活动，主动为就业困难人员"送饭碗"，帮扶其就业。

3. 创新培训模式，促进各类人群再就业。量身定制再就业人员培训，开展"攀长钢人力资源改革"再就业美容师培训班三期、电工培训班四期，培训480人；组织×××年退役士兵电子商务、中餐厨师、电工、焊工等培训，培训100余人。为××酒店等重点项目，采取校企结合订单式培训，对200余名参训学员定制开展了客房、餐饮服务员培训，培训合格人员全部由企业吸纳就业。

4. 创新孵化平台，示范引领创业。筹措资金重点打造了以××农业公园返乡农民工创业园为中心，××"黑宝彩谷"农牧示范基地、××园果香农旅示范基地等八个示范基地，积极搭建科技孵化园、创客空间、电子商务创业中心等孵化平台，有组织地引导带动返乡农民工、高校毕业生、失地农民等有创业意愿的各类劳动者实施创业。××××年，全区全年实现高校毕业生成功创业162人，撬动创业资金投入9621万元，创业带动就业1150人；实现新增返乡农民工创业285人，带动就业8371人，实现产值1.496亿元；支持建卡贫困户创业37人。

三、存在问题和今后打算

1. 我区现有农村富余劳动力基数大、素质低，培训门槛高、转移就业困难。

2. 培训经费不足，拨付资金无计划。拨付的资金没有及时到位，造成工作上进展缓慢。

四、下一步工作措施

1. 强化组织，加强领导。坚决贯彻落实上级部门关于就业创业工作相关文件，健全就业创业工作组织机构，进一步落实农村劳动力转移培训工作责任制，健全和完善培训机制，细化考核目标任务，加强对培训工作的指导，进一步做好培训转移的服务工作。

2. 加强培训，加大宣传。通过新闻媒体，广泛宣传报道农民工培训中涌现的先进典型，树立政府职能部门的良好外部形象，形成广泛开展农村劳动力转移培训的良好氛围，建立健全培训机构，以优惠的政策鼓励和引导各培训机构实现资源重组、优化，实行多层次、全方位的培训。

××区
××××年×月×日

思考：
1. 这份情况汇报将就业创业开展的情况说清楚了吗？
2. 这份情况汇报是如何将就业创业工作开展的亮点体现出来的？请详细说明。

示例三

为落实国家发展职业教育的方针政策，××省教育厅召开了全省职业教育教学管理干部及骨干教师综合能力提升培训班。××职业学院教务处处长李××参加了这次培训班。培训期间，各学校要对本校在职业教育方面开展的工作进行汇报交流。以下是李××代表××职业学院在交流会上关于实施和开展高本贯通工作的情况汇报。

××职业学院关于实施和开展高本贯通工作的情况汇报

各位领导、各位老师：

××××年，××职业学院获批高本贯通试点院校，这是学院办学历史上具有里程碑意义的新起点。下面，由我代表学院对××××年实施和开展高本贯通相关工作情况进行简要汇报：

一、工作开展背景

××××年4月11日，××省教育厅印发《关于开展××××年"3+2"高本贯通培养改革试点项目申报遴选工作的通知》，对"3+2"高本贯通工作进行部署安排、提出工作目标、明确工作要求，正式启动"高本3+2项目"申报遴选工作。××省范围内各本科院校和高职院校经过认真准备，于××××年4月底向省教育厅提交了申报材料。据了解，此次，××省高职院校申报高本贯通项目专业共有50个，经评审共有30个项目遴选入围。××××年5月27日，××省教育厅正式印发了《关于启动实施×××年职业教育贯通培养改革试点工作的通知》，学院成功获批××××年××省"3+2"高本贯通培养改革试点项目院校。于××××年开始正式招生，招生计划为50人，招生对象为参加×

×省普通高考考生，在本科批次录取后、高职专科录取批次前增设"高本贯通批"，学制为5年，前3年专科学段由高职院校在本科院校指导监督下组织实施，后两年本科学段由本科院校组织实施，符合培养标准的，由本科院校颁发双证，即毕业证与学士学位证。

二、两校贯通培养合作概况

1. 4月11日，××省教育厅印发《关于开展×××年"3+2"高本贯通培养改革试点项目申报遴选工作的通知》。

2. 两校组成工作专班；召开3次工作推进会（两校主要领导或分管教学领导出席会议）；上报试点合作材料。

3. 细化项目实施方案、细化人才培养方案、细化转段升学方案、细化合作培养协议。

4. 6月26日，××职业学院与××大学举行"3+2"高本贯通培养试点合作协议签约仪式。

三、两校贯通培养合作特点

此次合作专业为××职业学院"法律事务专业"与××大学"法学专业"。此次合作，我认为有4个显著特点：

1. 行业主管部门高度重视。××职业学院作为由行业举办的行业院校，此次"3+2"高本贯通工作得到了××省司法厅、××管理局等行业主管部门及相关业务主管部门的大力支持和帮助。×××年6月26日，××职业学院与××大学举行了"3+2"高本贯通培养试点合作协议签约仪式。××省××厅党委书记、厅长××，××管理局党委副书记、政委××均出席了会议、见证了签约、明确了要求、并提出了希望，标志着两校贯通合作正式启动。

2. 两校党委高度重视。在收到省教育厅的部署文件后，××大学及学院党委高度重视，均及时召开了专题会议专门研究部署项目申报事宜。在学院方面，学院党委书记××同志亲力亲为、加班加点、带头撰写申报材料、沟通对接工作，成立了教务处、应用法律系相关部门负责人及教学教务骨干为成员的工作专班，深入行业主管部门、基层实战单位及相关本科院校法学院开展行业及人才培养需求调研与专业建设调研，并与××大学教务处、法学院等部门多次沟通、共商合作培养目标定位、人才培养方案编制、教育教学组织实施等系列工作，并于4月30日向省教育厅提交了申报材料。在获批高本贯通试点院校后，学院专班又多次与××大学教务处、法学院沟通协调，细化人才培养方案、合作培养模式、转段升学方案等，形成了详实具体、操作性强、符合法学教育特征的合作实施方案、人才培养方案和转段升学方案等。此外，经学院院长办公会审定，学院印发了《高本贯通法律事务专业学生教育教学及管理工作方案》，明确教育教学模式、教学方法、教学工作量核算、教学保障等具体工作任务,并多次召开专题推进会,为高标准、高质量做好高本贯通专科阶段培养系列工作奠定了坚实的基础。

3. 填补××省法学本科职业教育空白。30个入围遴选的项目,"法律事务—法学"试点合作是唯一一个法律法学专业类别的合作项目。①从××××年8月××省招生考试院披露的录取数据来看,学院高本贯通招生高考录取平均分数线集中在本科线上20(理)-30(文)分(××省教育厅规定高本贯通录取分数线为本科线下30分):生源较好。②学院法律事务专业作为办学历史悠久、××行业特色鲜明的重点专业,以该专业与××大学法学专业联合开展的"3+2"贯通培养项目,填补了××省法学本科职业教育的空白,是我国法学教育领域培养公共法律服务高层次技术技能型法治专门人才的新探索、新实践。

4. 定位明确、人才培养目标清晰。立足于行业实践和人才需求,本次合作以本科专业类教学质量国家标准、职业教育国家教学标准为基本遵循,旨在培养具备较强的公共法律服务、法律咨询代书、法务办理、基层纠纷处理等能力,并能够从事人民调解、公证与仲裁等公共法律服务、法律咨询、律师代理与辩护等工作的高层次技术技能型人才,人才培养目标十分清晰。

四、相关经验和做法

(一)四个方面的经验

1. 立足现实(地域现实、院校现实)。(具体内容略)

2. 挖掘特色、明确定位(深度挖掘我院作为××类院校法律事务专业的特色及××大学法学专业的特色)。(具体内容略)

3. 争取各方支持(行业主管部门、教育行政部门、本科院校、实践单位)。(具体内容略)

4. 高度重视、抓住机遇(一把手工程)。(具体内容略)

(二)两点思考和工作思路

1. 高本贯通工作对学院办学治校来说是机遇,但无疑,也将面临许多挑战。学院将以此为契机,面向行业、根植行业,进一步深化整合两校优质资源,发挥各自优势,完善规章制度、完善教学模式、革新教学理念,不断构建法治人才共育、培养过程共管、教学师资共享、教育基地共建、教育文化共融的合作机制,并紧密围绕人才培养定位,培养法学理论功底扎实、法治专业技能突出、法学就业岗位适配度高、社会就业竞争力强的高素质、技能型的公共法律服务的法治专门人才,着力为××省司法行政事业发展谱写新篇章。

2. 明年在申报试点专业时,就如何积极争取主管厅局与省教育厅协调沟通,在××专业与××学校进行贯通培养试点合作项目申报，为行业系统开展本科学历××专业人才培养等事项，需要认真调研和论证可行性。

以上汇报发言，不妥之处敬请批评指正。诚挚邀请各位领导、各位专家和兄弟院校的同仁到学院交流做客、指导工作。

李××
××××年×月×日

思考：

1. 李××为什么会选择实施和开展高本贯通这项工作作为交流的内容？

2. 这份情况汇报将实施和开展高本贯通这项工作说清楚了吗？汇报内容体现这项工作的意义了吗？请详细说明。

拓展学习

知识卡片

情况汇报写作模板

标题	××（单位）关于××（内容）的情况汇报（文种）
称谓	××（单位）：/×领导：/各位领导、各位同仁：
开头	在××状况或要求下，主要针对××问题做了××工作，效果如何……现将具体情况汇报如下：
主体	一、概述基本情况 二、主要做法或经验教训或存在的问题（根据实际情况选择内容） （一）×××××××（主题句） 具体阐述做了什么，怎么做的等 （二）×××××××（主题句） 具体阐述做了什么，怎么做的等 （三）×××××××（主题句） 具体阐述做了什么，怎么做的等 …… 三、今后的打算或努力的方向或整改的措施等 （一）××××××× （二）××××××× ……
落款	××××（单位名称） ××××年×月×日

品味研读

"穿警服的副书记"向人民群众做汇报

训练营地

一、填空题

1. 情况汇报一般包括_____、_____、_____和_____四部分。
2. 落款包括_____和_____。

二、判断题（正确的打"√"，错误的打"×"）

1. 除了大会汇报外，一般情况汇报的称谓只有一个。（   ）
2. 下级向上级陈述工作情况时所使用的一种事务文书是情况说明。（   ）
3. 情况汇报必须按照上级单位或领导的要求搜集、选择材料，确定主题，这是写作情况汇报的最基本的原则。（   ）

三、写作能力提升题

1. 请结合班级实际情况拟写一份班级工作情况汇报，并在班内模拟召开班级工作情况汇报会。

2. 张×是××大学法律系法律事务专业三年级学生，本学期她策划了系里的几次活动，辅导员让她写一份关于活动策划的情况汇报，反映策划工作的情况、经验教训、存在的问题和工作改进措施。请你代其起草一份情况汇报。

参考答案

实训项目十二　简报

情境导入

××警官学院进行了为期 50 天的新生入学教育训练，训练结束后，组织新生班级进行汇报演练。学校需要对汇报演练活动进行宣传报道。李×是学校学生新媒体工作室的一名成员，学校宣传处陈老师安排他来写这篇报道，宣传新生入学教育训练汇报演练的情况。你认为李×需要从哪些方面进行宣传报道？这篇应用文的结构应该怎么安排呢？

任务描述

李×知道自己要完成的任务就是写一份简报。因为简报很重要的一个功能就是及时迅速宣传本单位的大事、要事、新事，以便大家交流信息。他一边查找资料，一边思考新生入学教育训练及汇报演练的目的、意义。他知道这份简报的主要内容需要包括新生入学教育训练汇报演练的时间、地点、目的、过程、内容、意义等，并且要快速完成简报的写作，提交给陈老师修改，修改完立刻就要将简报发送出去。

知识聚焦

一、什么是简报

简报是党政机关、企事业单位、人民团体编发的反映情况、沟通信息、交流经验、指导工作的一种简短、灵便的事务文书。简报也称"情况反映""情况交流""简讯""动态""内部参考"等。简报可以下情上达，汇报工作，反映情况；也可以上情下达，互通信息，交流经验等。

简报有以下用途：

1. 指导工作。上级机关可以及时掌握情况，有利于制定政策。
2. 交流经验。平行机关可以互通信息，交流经验，加强协作。
3. 反映问题。下级机关可以向上级汇报工作，反映情况，并争取领导的支持与帮助，从而更好地开展工作。
4. 沟通信息。反映、汇集本机关单位出现的新动态、新问题、新情况，迅速及时地反映本单位新近发生的大事、要事、新事。

二、简报的特点

（一）真实性

简报所反映的内容必须真实可靠，事件的背景、过程、结果、人物、时间、地点等要准确无误，不能失实。

（二）时效性

简报具有强烈的时效性，要"新"和"快"才能体现简报为单位领导提供决策建议的价值。

（三）简明性

简报的写作必须注意做到简短、明快，不仅是指文字少、篇幅短，更主要的是用文字概括事实的精髓和意义。

三、简报的类型

1. 简报按内容可分为专题简报、会议简报、综合简报。

（1）专题简报是为了配合某项重要工作或针对某项中心任务而专门编发的。它要求更及时、更敏锐地反映工作中的新情况、新经验、新问题，以充分发挥它对工作的指导作用。

（2）会议简报是会议期间为反映会议情况而编发的。主要是报道会议的筹备过程、进展情况、主要发言以及会外花絮等，借以沟通会议情况，并可供领导机关参考和为与会者提供传达的文字根据。

（3）综合简报是为了推动日常工作而编写的。主要是反映工作的进展情况、经验和问题等。

2. 按时间分，有定期的简报、不定期的简报。

3. 按载体分，有文件式简报、杂志式简报、报纸式简报和新媒体简报。

4. 按发简报的目的来划分，可分为情况简报和经验简报两种。

四、如何写简报

简报由报头、报核和报尾三部分构成。

（一）报头

报头一般包括简报的名称、期数、编发单位和编发日期，若有保密等级，还需注明密级和编号。报头与正文之间用红线隔开。

1. 名称。在简报中间用大字、套红凸显简报名称，如"××简报""××简讯""××学院简报"等。

2. 期数。在简报名称的正下方，居中写"第×期"，表示期数。如"第6期"。

3. 编发单位。位于期号的左下方，应写全称。如"××学院宣传处"。

4. 编发日期。位于期号的右下方，以领导签发日期为准，使用阿拉伯数字。如"××××年3月16日"。

5. 密级。秘密等级印在报头左上角顶格，包括"绝密""机密""秘密"等，也有的写"内部文件""内部传阅"或"内部资料，注意保存"等字样。如无密级，则可省略。

6. 编号。位于报头右上方。保密性简报才有编号，一般简报不用编号。

（二）报核

报核是简报的主体，即正文部分。一般一份简报只宜编发一份材料，有时也可编发几份相类、相关的材料。正文一般分为标题、导语、主体、结尾四个基本部分。正文的撰写方式较为灵活，主要交代清楚工作、任务、活动的基本信息、内容、过程和意义等。

1. 标题。简报的标题通常采用新闻式标题。标题要简单、贴切、醒目，要能准确概括活动内容并突出重点。可以采用单行标题，也可增加副标题。简报无论采用哪种标题形式，都应该尽可能地概括出正文的主旨，让人见题知意。

（1）概述式。如《××学院隆重举行×届毕业生毕业典礼》。

（2）设问式。如《文学社团为何迅速崛起》。

（3）对仗式。如《教育挽救促使思想转化 安置就业减少犯罪因素》。

（4）双行式。如《聚焦"练"和"战"推进实践教学改革——××学院召开实践教学改革研究专题汇报会》。

2. 导语。按内容划分，不同类型的简报导语有不同要求，具体如下：

（1）专题简报的导语需要点明工作、任务、活动的目的、背景、主题，举办完成的时间、地点，参加的人物等内容。用语须凝练，力求用简短的语言准确表达。具体有以下三种：

第一，概述式导语是以简明的语言，概括介绍任务、活动的主要内容。

第二，描述式导语是以生动的笔触，选取简报内容中最能吸引读者的一个方面进行描述，吸引读者关注。

第三，提问式导语，是围绕简报反映的内容，以提问或反问的形式入题，吸引读者注意。

（2）会议简报的导语需要点明会议召开的目的、主题，召开的时间、地点、参会人员等基本情况。

（3）综合简报的导语要用简短的文字，准确概括报道的内容，通常声明意义或者成绩，表明态度，有的会对下级提出要求或提供办法。重要的简报常加上"编者按"，主要用于说明编发目的，提示稿件内容，表明编者态度等。

3. 主体。主体是简报的中心部分。按内容划分，不同类型的简报主体也有不同要求，具体如下：

（1）专题简报的主体部分要具体写出某项工作、任务、活动的流程、内容、特点及亮点等。结构上，可按照时间顺序安排写作材料，也可按照事件的内在逻辑关系安排材料。一般会配有图片资料辅助说明。

（2）会议简报的主体需要写清会议交流的重要内容、进展情况，反映与会人员的意见和建议，写清主要发言人的发言内容等。一般会配有图片资料辅助说明。

（3）综合简报的主体是反映工作的进展情况、经验和问题。其主体既要有表面上的情况概述，给人以总的印象；又要运用典型事例，给人以活生生的感性认识；或是反映具体情况，或是介绍取得的成绩、经验及具体做法，或是指出存在的问题，或者这几项兼而有之，视具体情况安排主体内容和结构，没有固定的要求。

4. 结尾。专题简报根据某项工作、任务、活动实际情况选择结尾内容，一般结尾应点出目的、意义、效果及成绩等；会议简报的结尾一般会点出会议的召开效果、解决的问题，或者参会的重要领导的讲话精神等；综合简报因内容而定，可以不写结尾，主体部分说完就自然结束，或者可以对全文作一小结，也可以指明发展趋势或发出号召。

（三）报尾

报尾与正文之间用间隔线隔开。左侧写清报送、分送、抄送单位。报送对象为上级单位或领导，分送对象为平级或不相隶属单位，抄送对象为下级单位。右侧下行写清印发份数，且"印发份数"与"抄送"之间也须用间隔线隔开。

五、注意事项

1. 真实准确，简明扼要，突出主题。
2. 实事求是，掌握充足、准确的材料。
3. 编发要快，简报贵在"新"和"快"，特别是活动简报有强烈的时间要求，如果活动过去了很久，那就失去了编发简报的意义。
4. 图文融合，布局合理，通过图片图像传递信息，提高沟通效率。

任务实施

在陈老师的指导和帮助下，李×理清思路，提前搜集资料，并全程参与，细心观察，用心捕捉新生的精神面貌，拍摄图片，记录精彩瞬间；在撰写简报的过程中，从汇报演练的过程、目的、内容、意义方面进行报道，顺利完成了撰写简报任务，达到了预期的宣传效果。

××警官学院举行×××级新生入学教育训练汇报演练[1]

10月28日,××警官学院×××级新生入学教育训练汇报演练在××公安民警综合训练基地隆重举行,1100余名新生以昂扬向上的风貌、严整威武的警容、雄壮豪迈的步伐、激扬嘹亮的口号,展示他们50多天的警训成果。学院党委书记××出席活动并讲话,党委副书记、院长××主持汇报演练。省军区战备建设局、省公安厅14家直属单位、省第二监狱、××大学附属中学、××理工大附中、××师范大学实验中学、××街道办事处、××区教体局的有关负责人,新闻媒体记者,学生家长和警官学院师生代表共计2100余人现场观看演练,33.6万余人通过"××警方"抖音号收看了现场直播。

上午10时,国歌奏响,胸中热血激荡,警姿挺拔,少年意气风发。××××级新生们列队完毕,踏着整齐的步伐向观众席走来,严正的警容、威武的气势让人过目难忘,黝黑的脸庞上洋溢着自信和坚定,展示了预备警官们的良好精神风貌。

护旗手入场

随着第一方队同学高擎党旗、国旗、警旗和警徽走过观众席,分列式正式开始,由1400余名新生和老生代表组成的17个地面方队、1个由无人机组成的空中方队依次通过观众席接受检阅。队伍里同学们眼神坚定,目光炯炯,仿佛燃烧的火焰,照亮了前进的道路;动作整齐划一,步伐铿锵有力,彰显了对党的绝对忠诚和对公安事业的无限热爱。

---

[1]《高燃!云南警官学院举行2023级新生入学教育训练汇报演练》,载云南警官学院网,https://www.ynpc.edu.cn/cnPc/jyxw/7583.html,最后访问时间:2024年9月6日,略有删改。

警棍操展示

接下来，无人机、防暴棍操、交通手势、刺杀操、旗语等一系列精彩纷呈的表演让人目不暇接，博得了台上观众的阵阵掌声。"台上一分钟，台下十年功"，矫健的身影、强健的体魄，掌声的背后是对同学们50多天刻苦训练的肯定，是同学们辛勤汗水的结晶，也是冲破难关后的完美蜕变。

汇报场全景

50多天来，来自全国的1100余名新生接受了内容丰富、形式多样的入学第一课，同学们战胜了自己、磨练了意志；克服了困难、增强了本领；书写了热血与忠诚，塑造了坚毅与勇敢。他们表示，坚定理想信念、铸牢忠诚警魂，刻苦学习训练、练就高超本领，锤炼道德情操、涵养过硬作风，在人生道路上行稳致远，成为全面发展的社会主义建设者和接班人，为实现报国为民理想，推进强国建设和民族复兴伟业贡献青春力量。

今年以来，省公安厅党委高度重视学院教学改革和队伍建设，要求以改革创新精神推动学院高质量发展，把一批综合素质好、敢于担当负责、富有年轻活力的同志充实到教职工队伍。坚持以学生为中心，实施教育教学质量提升、教学与管理融合等一揽子计划，不断优化课程设计、科学安排更多学习时间、建成学生宿舍楼小型多功能图书馆，为学生到实战部门实习锻炼、到××大学交流学习创造了条件……干部教师的精神面貌焕然一新，学生的学习状态焕然一新，学院的机制运转焕然一新。

实训领域二　通用事务类应用文　151

> 例文分析

示例一

××司法警官职业学院承办××××年全省司法行政系统首次授予人民警察警衔培训，警官培训处工作人员陈××，要为这次培训开训动员写一篇简报，请分析下面陈××写的宣传简报，谈谈你的观点和看法。

以练促战　砺警铸魂

——××××年××司法行政系统首授警衔培训开训[1]

按照司法部"凡晋必训"要求和××司法行政系统年度警衔培训工作安排，7月22日上午，××省司法厅举行××××年全省司法行政系统首次授予人民警察警衔培训开训动员。省监狱管理局、省戒毒管理局、××司法警官职业学院、警务实战教官团队参加动员。动员后，即按照日程安排组织开训。

首授开训动员全景

组织首授警衔培训，是省司法厅深入贯彻习近平法治思想、落实总体国家安全观、践行重要训词精神，多渠道提升警察素质能力，推进队伍革命化、正规化、专业化、职业化建设的重要举措，与司法部"监狱戒毒系统人民警察实战大练兵"工作部署要求一脉相承，是全面落实"铸警魂、励精兵、强作风、担使命"要求的具体实践。

参训学员队列训练

[1]《以练促战　砺警铸魂！2024年云南司法行政系统首授警衔培训开训》，载云南司法警官职业学院网，https://www.yncpu.net/DisplayArticle? infoID = ovBQy0cdJ3TejaPRBEMbinSRtapFVtVgbNj1llBQrP249HiE%2fAIXpNEX1UbgMExN，最后访问时间：2024年8月30日，略有删改。

开训首日，参训学员闻令而动、精神抖擞，围绕思想政治理论、纪律作风建设、执法规范体系等内容，全面投入到首授培训各科目的训练中。学员们纷纷表示，将在培训中全身心投入、全过程聚力，刻苦学习钻研、肯于摸爬滚打，以练促战、砺警铸魂，扣好从警道路上的"第一粒扣子"，以个人能力素质的提升，为××司法行政工作高质量发展贡献力量。

参训学员警姿训练

示例二

××学院司法警务专业的何××同学在学校创新创业中心（双创中心）实习。一天，上级领导来学校双创中心调研，辅导员李老师让何××就领导调研的情况写一份工作简报。何××写的简报如下，请分析下面这则工作简报，谈谈你的观点和看法。

工作简报

（第×期）

××大学创新创业中心编　　　　　　　　　　　　××××年7月15日

××市长来校调研双创工作

×月×日上午，××市市长××、副市长××在××大学校长××、副校长××等陪同下来××大学创新创业中心调研"双创"工作开展情况。

调研中，××校长介绍了××大学近一段时期以来开展"双创"工作的有关情况。他讲道，去年以来，为推动"双创"工作在××落地生根，学校成立了创新创业教育中心，建成了大学生创意创新创业实践校级平台，建立了近××平方米具有创客文化符号的创客交流中心、创业项目孵化区，与××家高新技术公司签订了创新创业协同育人战略合作协议，投入了××万元专项基金支持学生各类创新创业项目。

随后，××市长一行参观了××大学创新创业中心的××区、××孵化室，他详细了解学生的创新发明情况，并与"创客"们进行了深入的交流，详细询问了同学们参与项目的进展以及投入生产情况，鼓励同学们要大胆创新，积极地将自己的研究成果转化到实际应用中去，解决生产生活中存在的问题。他要求，相关部门要提供机会帮助学生实地检验项目成效，并鼓励学生积极发挥聪明才智，准确把握市场需求，提高成果转化能力。

据了解，××××年，学校先后入选了××市第一批众创空间，获批××省"实践育人创新创业实践基地"。××××年年初，学校被列为××市首批5所试点高校之一开展创新改革试验。去年以来，学校成立了大学生创新创业教育的有关组织机构，印发了《××大学关于深入开展大学生创新创业教育的实施意见》，通过加强组织领导、健全保障机制、完善培养标准、创新培养模式、加强师资队伍培训、提升教师创新创业教育水平等措施，进一步促推"双创"工作取得更大发展。

××大学相关部门负责人参加调研。

报送：××校领导、××市大学生创新创业中心
抄送：××大学××部门

（共印：××份）

思考：该简报的内容、格式符合要求吗？请大家讨论。

示例三

××××年12月4日是第十个国家宪法日，××警官学院结合工作实际，开展了一系列宪法宣传活动。张×是学院宣传处工作人员，领导安排他撰写此次活动简报。请阅读以下张×写的简报，谈谈你的观点和看法。

弘扬宪法精神 推动法治进程[1]

大力弘扬宪法精神，建设社会主义法治文化。第十个国家宪法日、全国第六个宪法宣传周到来之际，××警官学院开展了一系列内容丰富、形式多样的宪法宣传活动，积极营造"学习宪法、尊崇宪法"的浓厚氛围，深入推进法治校园建设。

---

[1]《"宪法日"宣传，警院这样做!》，载云南司法警官职业学院网，https：//www.ynpc.edu.cn/cnPc/xydt/9057.html，最后访问时间：2024年9月1日，略有删改。

宪法日主题活动

12月4日,国家宪法日当天,法学院的师生们首当其冲,依托专业特长优势,精心策划开展宪法日主题宣传活动,进一步提升宪法宣传教育的影响力、感染力。

宪法学习教育

各党支部围绕主题开展宪法学习宣传教育活动,认真学习习近平法治思想、习近平总书记在第十个国家宪法日之际作出的重要指示。大家纷纷表示,要以习近平总书记重要指示为根本遵循,学习贯彻习近平法治思想,全面贯彻落实党的二十大精神,强化宪法意识,弘扬宪法精神,坚持以人民为中心,聚焦建设法治公安目标,坚持不懈开展执法规范化建设,不断提升公安工作法治化水平和执法公信力,努力让人民群众在每一起案件办理、每一件事情处理中都能够感受到公平正义。

宪法普及教育

各部门通过组织宪法主题辩论赛、情景剧、影片赏析等活动,广泛开展宪法学习教育，利用多种形式展示亮点、特色，营造宪法学习宣传教育的良好氛围。

宪法观影活动

此次"宪法宣传周"系列活动，是××警官学院×××年普法工作的重要内容，下一步，学院还将充分发挥课堂主渠道作用，科学设计宪法法治教育内容，着力加强体验式实践式教学，培育青年学警的宪法意识、国家意识、规则意识，切实提升宪法教育的针对性和实效性。

示例四

××市刊发了一则普法强基补短板专项行动取得阶段性成效的综合简报，请谈谈你的观点和看法。

××市普法强基补短板专项行动取得阶段性成效[1]

今年以来，××市推进"欠薪源头治理+普法""和谐医患+普法""规范城市管理+普法"等普法强基补短板专项行动，整治重点领域行业执法乱象。专项行动开展以来，全市共排查六大行业领域突出矛盾纠纷618起，化解600起，化解率97.09%。

××市以普法强基补短板专项行动为牵引，进一步放大专项行动效能，推动执法规范、矛盾风险排查化解等重点工作的持续深化。截至11月8日，全市刑事案件立案数同比下降5.17%，专项行动取得阶段性成效。

高位统筹 举全市之力推动落实

××市委、市政府高度重视，把开展普法强基补短板专项行动作为一项重要的政治任务，举全市之力推动落实。

××市建立健全市、县、乡、村四级抓普法的综合推进机制，突出人员实体化、工作实战化、措施实效化，以扎实有效的举措推进专项行动。

实体化构建专班。××市成立市、县、乡三级党政分管领导任双指挥长的专

---

[1] 摘自https://baijiahao.baidu.com/s?id=1786027606727985267&wfr=spider&for=pc，最后访问时间：2024年12月1日，略有删改。

项行动指挥部，整合资源力量组成专班开展工作。在各级指挥部设置"1办12组"，定人、定岗、定责，构建起全市上下贯通、左右协同的专项行动工作组织架构。全市组建近××支××万余人的专项普法工作队及房地产、金融、城市管理、教育、卫健等行业领域专项普法工作队。同时，三级专项普法工作队每月深入基层一线开展不少于8天的专项普法工作。

实战化推动落实。市专项行动指挥部建立指挥调度、定期研判、挂联指导、通报问效等机制，每两周举行一次调度会，对专项行动工作实行"周推进、月研判、季总结"，运用任务单、指令单、督办单、提示函"三单一函"及时下达任务、跟进提示、督促督办，推动专项行动落实落细。截至目前，市级共召开调度会××次，下发工作情况通报××次，下发"三单一函"××次。

实效化检验成果。在全省率先出台普法强基补短板专项行动工作考评细则，坚持全程问效，实行"两周一通报、每月一排名"，加强结果运用，推动专项行动工作提质增效。

精准施策 普法工作队"照单普法"

普法强基补短板专项行动开展以来，××市在"精"上下功夫，做到工作对象精准、方法精准、措施精准。

××市突出问题导向，有序推进重点群体、重点地区、重点行业领域普法全覆盖，通过全面排查梳理，建立重点普法对象动态管理数据库，并聚焦预防化解矛盾纠纷、未成年人违法犯罪等重点工作，分层分级形成"问题清单、任务清单"，交由各级专项普法工作队"对症下药、照单普法"。截至目前，全市各级形成问题清单××余份，派发任务清单××余份，推动各级专项普法工作队队员每天对1至2名重点普法对象开展"一对一"普法。

××市以群众需求为导向，提升普法准度。一方面，以系列主题宣传活动为载体，推进宪法、民法典、国家安全法等宣讲活动进农村、进社区、进机关、进企业、进校园；另一方面，推进重点人员精准普法。例如：针对全市排查出的初中文化以下、法律意识淡薄的农村青壮年等6类重点普法对象"面对面"开展普法；深入企业、工地为农民工、流动人口开展涉劳资纠纷、治安管理等普法宣传；深入居民小区为老年人开展预防电信诈骗和集资诈骗巡回法治宣讲；深入农村地区开展敬畏生命、敬畏法律的"进村入户"式普法。

截至目前，××市已开展专项普法宣传活动××余场次、以案释法活动××余场次、发布典型案例××余例。

长治长效 让法治观念深入人心

专项行动不是"一阵风"，更重要的是打基础、补短板、强弱项、建机制，真正解决突出问题，形成长效机制。

在化解矛盾纠纷方面，××市在全市乡镇（街道）综治中心推行"2+3（1）+N"实体化运行机制试点工作，将辖区内的婚恋纠纷、家庭纠纷、邻里纠纷等风险隐患一律纳入"七个闭环"管理；在校地联动方面，××市创新机制，建立联防联控联调、定期通报调度、"一校一策"闭环管理、普法进校园等机制，合力推进市内高校校园及周边治安问题综合治理。

结合普法强基补短板专项行动，××市进一步完善基层普法机制，建立并推行国家机关履行普法责任"三单一书""谁执法谁普法"责任单位年度履职报告评议等制度，健全完善普法责任制度体系。将社区民警辅警、社区工作人员、物业人员、十户长、楼栋长、"双报到双服务双报告"党员等纳入网格，专项普法工作队队员统一编入网格下沉到"责任田"，培养锻炼了一批"会做""善做"群众工作的队伍。

此外，××市重点培育了一批"法律明白人"骨干队伍，依托县、乡、村三级公共法律服务实体平台，让"法律明白人"成为政策法规的宣传员、了解社情民意的网格信息员、矛盾纠纷排查化解的调解员，打通基层依法治理"最后一公里"。

目前，××市已实现"一村一警、一村一治保员、一村一调解员、一村一法律服务员"全覆盖。这支群众身边"不走的"普法队伍，将在今后的普法工作中激活普法末梢、夯实普法基础，引导群众办事依法、遇事找法、解决问题用法、化解矛盾靠法，让法治观念深入人心。

拓展学习

知识卡片一

专题简报写作模板

报头	密级（可省略） 编号（可省略） ××简报 （第×期） 编发部门　　　　　　　　　　　　　　　　编发日期
报核	标题 导语：××××（活动的目的、主题、举办的时间、地点、参加的人员等） 主体：××××（活动的背景、过程、具体内容、形式、特点等） 结尾：××××（活动的意义）

续表

报尾	报送：××××（上级单位、领导） 分送：××××（平级、不相隶属单位） 抄送：××××（下级单位）	
	印发时间	印发××份

知识卡片二

写好简报的几点技巧[1]

一、明确编写宗旨

"小信息、大文章""小信息、大作用"。信息简报虽"小"，但却有着"窥一斑而知全豹""落一叶而知三秋"的功效。它主要是用以反映新情况、新动态，提出新问题、新做法，交流新经验、新成效等，为各级领导提供决策和推动工作服务的，在实际工作中往往起着辅助领导决策、协助领导管理、促进部门交流、指导基层实践、推动全局发展等方面的作用。因此其编写工作要紧紧围绕大（大事）、要（要事）、新（新情况、新问题、新做法、新成效）、急（突发性公共事件）、难（难事）、疑（苗头性、倾向性）、内（不宜公开报道，但需引起领导重视及关注的问题）等来进行，在思想内容上要保持前瞻性、预见性、典型性、代表性、针对性和指导性，在加工编写上要开门见山、直奔主题，不穿鞋、不戴帽；"一事一议"，直陈其事，不绕弯子、不兜圈子；语句凝炼，文从字顺，不疲软、不含糊。要做到"去同"（去除人云亦云部分）、"存异"（保留与众不同的内容，突出事实特色特点）、"不空洞"（不空发议论），坚持"五快"（快采、快编、快签、快印、快发）、"五不"（不迟报、不瞒报、不误报、不乱报、不漏报）制度。同时，还要遵循"去伪存真、去粗存精""多中选好、好中选优、优中选特、特中选精"等宗旨和原则。

二、熟悉采编渠道

一般来讲，基层单位信息简报的收集采编工作有以下几种常用渠道或办法。一是定期收集。在本地、本行业和系统有关单位设立固定的信息网络（主要是建立相对固定的电脑传输网络和定向信息员信息报送制度及联席会议制度等，实行定期、定向、定性的互动交流）。二是预约采编。即围绕一个时期上级党委政府

---

[1] 艾英主编：《应用写作》，中国政法大学出版社2018年版，第160-163页。

的决策重点及本地贯彻实施的意见,提前给基层信息员出题目、拟观点、定要求,让他们有的放矢地编写上报。三是热点跟踪。围绕一个时期、一个阶段改革、发展、稳定的工作重心以及重点、热点、焦点、难点问题,密切关注相关领域的新动态、新进展,及时予以捕捉、跟进、了解、采编。四是重点"求索"。对综合性强、工作性质比较重要、"敏感"的部门或单位,采取经常走访、联系和沟通、询问的办法,从中索取更多的信息点、信息源、信息"面"。五是观察捕捉。随时留心观察经济社会生活中的动态动向,悉心体会身边的社情民意,及时从中获取有利用价值的各类动态、动向性信息。六是综合处理。即通过对相关会议、文件材料、领导讲话等的分析、判断、提炼,从信息简报工作的角度予以加工整理,形成富有特色的信息。这也是最为常用的一种便捷方法。

但无论采取何种渠道和办法,采编简报最重要的是要有"三心"。一是要"有心"。就是要自觉培养和提高信息意识和工作理念,在日常工作中牢牢把握领导的信息需求,切实做到"五勤"(即眼勤、耳勤、脑勤、手勤、腿勤),练就一双善于发现、挖掘有价值信息的"火眼金睛"。二是要"用心"。"有心"是根本,"用心"是关键。"用心"就是不停留于被动、表面的信息收集与编发,而是要本着积极、主动的态度,养成及时、准确、持续、广泛收集和编写信息简报的工作习惯,提高深入挖掘、分析、甄别和系统运用信息简报素材的工作能力。"用心"离不开"细心"。"细心"贵在责任,贵在具体。只有养成"心细如发"、缜密思考、周全办事的良好习惯和作风,才能在编写工作中应付自如、应对得体,减少失误率,实现"无差错"。三是要"耐心"。对信息需求的判断、对信息价值的评估、对材料的取舍、对编写角度的选择等,都有赖于实践经验的积累,这种积累往往有个从"量变"到"质变"的过程,需要极大的耐心,因为有时候可能是"高投入、低产出"的。这就特别需要我们发挥办公室的"三平"(平凡之中的伟大追求、平静之中的满腔热血、平常之中的强烈责任感)精神,兢兢业业、扎扎实实做好本职工作。

三、注重编写方法

一是平中寻"亮"。就是对于语言平淡、层次不高但又有其可取可利用之处的"基层来稿",要通过仔细阅读、分析和判断,找出其中的亮点,施以"去粗存精"式的内容调整、文字加工和润色,使其合乎规范,又具新意。二是浅者掘深。对内容浅显但尚具可用、可读性的"问题性"信息,可采取"热点跟踪、难点透视、实地调查"等方式予以进一步挖掘,增加分量,提高档次。三是狭者拓宽。对观点新颖、事例典型,但范围较狭窄的信息点,要站在全局的高度,通过分析、综合、提炼,从中找出带有规律性、普遍性和代表性的东西,以拓宽其内涵和外延。四是陈者换新。对于那些看似普通平凡但仍有借鉴意义的信息源,可采取另辟蹊径如换位思考、逆向思维、"旧瓶装新酒"等办法，从全新的角度加工出富有新意的信息，方能收到"横看成岭侧成峰"之效。五是零者备储。对于一些内容单一、零碎、貌似残缺不全，暂时好像用不上的信息，要"多长个心眼"，及时予以"备储"，以便需要时"化零为整"。六是深度加工。对多视点、内容宽、含量重又具普遍性和指导意义的信息，还可通过"顺藤摸瓜"、解剖"麻雀"等进一步调查研究的办法，由表及里、由点及面地进行拓展、延伸，使其上升为有分量的材料，以指导和推动实际工作。

四、注意编写事项

坚持"六原则"。一是真实性原则。真实准确是信息简报的生命，而失真、"存伪"则是其"大敌"、大忌。作为为领导提供决策依据的信息简报，编写工作一旦失去真实性，不仅信息本身会失去价值，而且会造成管理、决策上的失误，并产生不良甚至严重的后果。因此在加工编写工作中一定要把"去伪存真"、保持信息简报内容的真实性、准确性作为首要原则、铁的纪律。二是时效性原则。政务信息具有强烈的时间性要求。一条有价值的信息，如果不及时收集、整理、编发和传递，就会变成昨日"黄花"、旧时"新闻"，失去其价值和意义。所以我们做信息简报的加工编写工作，一定要养成闻风而动、积极主动、快速果断、敏捷行事的习惯；否则，就无法把握稍纵即逝的"战机"，难以胜任本职岗位工作。三是层次性原则。信息虽然具有共享性，但编发传递却必须讲究层次性。实践工作中，因领导者职级层次的不同，对信息掌握的层次也不同。比如，对县级领导有用的信息，对市级领导可能就未必适用；在本地适用的信息，到异地就未必适用；等等。必须根据不同层次的领导（包括部门）来收集、编发和传递不同层次的信息，才能保持信息工作的实用有效性，使信息服务工作发挥最大的效益。四是适度性原则。信息的突出作用，在于帮助各级领导排除各种不确定性。因此，为领导收集、编写、发送信息，必须适度，做到"适销对路"。一要适量。也就是因时因地因事"制宜"，适度适量，除非特殊情况，在数量（期数）上不能过多过滥。二要适用。就是要有明确的目的性和针对性，合乎适宜，不盲目而为。三要适中。要分清轻、重、缓、急，在篇幅上要做到长短结合，宜详（长）则详（长），宜短则短，保持灵活、生动性；编发上，要做到快慢结合，该快的快，该慢的慢（一般都要快，也有个别特殊情况，需要慢），力求"恰到好处"。五是创新性原则。创新是信息简报编写工作的灵魂，也是做好办公室一切工作的动力。信息简报加工编写，实际上也是一种创新性实践活动。这就要求我们在解放思想、实事求是的前提下，积极更新观念，不断以新的思维方式，从新的角度研究和分析问题。要根据形势任务的要求，结合工作需要，捕捉难以听到、不易看到和意想不到的新情况、新苗头，找出解决问题的新视角、新思路、新方法，加工编写出有新意、有创意、有价值、有分量、有生命力的信息简报，才能更好地发挥参谋、助手、"喉舌"、"耳目"的作用。

知识卡片三

简报的创新形式简介

简报作为一种常用的信息传播工具，通常用于传达重要信息、展示工作进展或总结经验教训。在简报中加入图片，尤其是那些直观的图表、示意图或者现场照片，可以极大地丰富简报的内容，使其更加生动和具体。图片不仅能够迅速吸引读者的注意力，还能帮助读者更好地理解和记忆简报中的信息。此外，图片的结合还能让简报的布局更加美观，提升简报的整体视觉效果，使其更加符合现代读者的阅读习惯和审美需求。因此，图文并茂的简报现在被广泛运用。

随着数字媒体的发展，简报的形式和内容也在不断演变，以适应新的传播需求。当前，简报的表现形式已经相当多样化和数字化，以适应不同场景和受众的需求。在社交媒体平台上，如微博、微信公众号等，也可以制作和发布简报。这些平台提供了丰富的编辑工具和模板，使得用户能够轻松制作出符合平台风格的简报内容，并通过分享、转发等方式扩大传播范围。随着视频内容的普及，视频简报也成为了一种重要的表现形式。通过视频，可以更加生动、直观地展示工作内容，同时结合旁白、字幕和动画效果，提升观众的理解度和关注度。未来信息传递中，简报的表现形式将会越来越新颖，越来越便捷。

训练营地

一、填空题

1. 简报一般包括_____、_____和_____三部分。
2. 报尾应写明_____、_____、_____和_____。
3. 简报按内容可分为_____、_____和_____三种类型。

二、判断题（正确的打"√"，错误的打"×"）

1. 简报的写作必须注意做到简短、明快，不仅是指文字少、篇幅短，更主要的是用文字概括事实的精髓和意义。（　　）
2. 简报的主要目的是在短时间内传达重要信息。（　　）
3. 简报的标题应直接反映其主要内容，便于读者快速理解。（　　）
4. 简报中的信息应经过核实，确保其准确性和可靠性。（　　）
5. 简报的长度越长越好，因为越长传达的信息就越全面。（　　）
6. 每一篇简报都要写到"编者按"。（　　）

三、多项选择题

1. 简报的用途是（　　）。
A. 指导工作　　B. 交流经验　　C. 反映问题　　D. 沟通信息
2. 简报的写法和要求是（　　）。
A. 真实准确　　B. 实事求是　　C. 编发要快　　D. 简明扼要

四、写作能力提升题

1. 请根据下文内容设计出简报的报头、报核（注明标题）、报尾。

××市××局办公室拟编发一份简报。标题为"改革管理体制　转变经营作风"，编发时间为2024年8月12日，期数为14期，抄送各县（市）××局，本局各科室、各直属单位，共印35份。

2. 请根据下面的文字材料，拟写一个单标题。

年初，根据省注协的布置，××市注册会计师协会对48家会计师事务所报送的472名注册会计师任职资格检查材料进行了初审。目前，根据省注协5月份公布的注册会计师任职资格检查名单显示，我市有462名注册会计师通过×××年度任职资格检查，有10名注册会计师暂缓通过任职资格检查。

3. 请根据下列信息，拟写一个双行式标题。

×××年4月22日是第29个世界读书日，当天下午2时整，××业务部主要领导和全体员工在公司会议室举行"创建学习型组织　争做知识型员工"读书活动启动仪式。

4. 请根据下面的文字材料，拟写一份活动简报。

7月24日晚，××县"八五"普法专场文艺晚会在龙泉苑广场上演。演出由××县委宣传部、县司法局、县文化旅游广电局主办，××县依法治县领导小组成员单位、县文化馆承办，全县各单位各部门参与此次活动。晚会的节目有情景剧《城市的马路》、舞蹈剧《使命》、快板《六盘山下交警赞歌》、小品《法外情》、歌伴舞《你胸前的奖章告诉你》等节目。

5. 请根据下面的文字材料，拟写一份会议简报。

会议名称：××××年度西部计划志愿者工作培训会议

会议时间：××××年8月1日

会议地点：××市××大楼×××会议厅

主办单位：××市团委

参会人员：团委书记××、团委副书记××、项目办工作人员、大学生西部计划志愿者40人

主持人：团委副书记××

会议内容：

一、学习党的二十大精神内容
二、传达学习《××市大学生志愿服务西部计划志愿者管理办法》
三、在岗志愿者及新招募志愿者代表发言
四、同新招募志愿者签订《服务协议》及相关承诺、责任书
五、团委书记××讲话

6. 请就所在的学校、系部或学生社团目前正在进行的活动拟写一份简报。

7. 请谈谈下面这份简报存在的问题：

春节期间坚守岗位简报

春节期间，为给广大市民群众营造良好的节日氛围，××区园林中心坚守岗位，扎实做好各项绿化维护工作。

节日期间，园林中心进行 24 小时值班值守，及时处理各种突发性事件。工作人员每日对辖区内的主次干道和公园进行枯枝枯叶、塑料纸屑等垃圾进行全方位的清理，对绿植进行修剪除杂，及时处居民区倒树，确保街道社区、游园和绿道的干净、整洁、安全。

参考答案

实训项目十三　调查报告

情境导入

大一新生王×，就读于××高职院校。初入大学，王×对周围的一切都充满了好奇。同时，由于身边缺乏父母的日常监督和约束，他的生活开销逐渐增加，消费习惯也在悄然改变。在与寝室室友的交流中，王×发现他们面临着一个共同的困惑："为何步入大学后，消费观念和习惯会发生如此显著的变化呢？"

任务描述

王×与室友们展开讨论，却始终未能找到答案。于是，他们决定求助于辅导员张老师。张老师听后，感到非常高兴，并赞扬他们："你们展现出了发现问题

和积极思考的能力，这对于大学生来说是非常宝贵的品质！"在对王×及其同学们表示肯定之后，张老师继续说道："这个问题确实很有探讨价值，也是学术界长期关注的问题。如果你们想要深入研究这个问题，可以尝试先完成一个小任务。"同学们听后兴趣盎然，迫不及待地催促道："老师，请快点告诉我们任务内容。是不是要我们去体验消费？我们已经等不及了！"张老师接着解释："你们可以围绕这个问题开展一项调查研究，选择合适的调查对象，收集数据，并撰写一份调查报告。如果报告质量上乘，它不仅可以在我们年级中作为优秀作品展示，甚至有机会被发表。同时，你们可以邀请其他同学加入这项活动，一起努力吧！"同学们听后士气大振，立刻开始投入紧张而充实的工作中……

知识聚焦

一、什么是调查报告

调查报告是反映对某个问题、某个事件或某方面情况调查研究所获得的成果的文章。它可以在报刊上发表，也可以供机关领导作为处理问题、制定政策的依据或参考。它是一种在新闻领域和机关、企事业单位应用文领域中都可采用的常用文体，也就是说，它是新闻和应用文的"两栖"文体。不过，有些在机关之间流通的调查报告，可以没有新闻性，而在报刊等媒体上发表的调查报告，必须具有新闻性。

调查报告是宣传唯物论和辩证法、坚持实事求是思想路线的有力武器，历来被无产阶级革命家所重视。恩格斯写过《英国工人阶级状况》（1845年出版）一书。毛泽东同志也曾写过许多著名的调查报告。

二、调查报告的类型

调查报告的类型一般有以下几种：

1. 介绍典型经验的调查报告。这类报告旨在介绍经验，因此被称为经验介绍型调查报告。即某一地区、某一单位、某一企业，在贯彻执行党和国家的各项方针政策中，在日常的思想政治、科学教育、经济建设等领域，某些人或集体取得了显著成绩，为了揭示他们的具体做法和成功缘由，我们可以对他们进行专项调查，并据此撰写调查报告，此类报告特别注重对调查过程和调查所得数据的叙述和列举。

2. 揭露问题的调查报告。与前述类型相对，此类报告专注于针对特定问题进行深入调查，旨在揭示问题的多种表现形式及根本原因。其核心功能在于揭示和批判，深入探究问题的成因，剖析问题的核心所在，并提出解决问题的思路与策略。

3. 反映新生事物的调查报告。这是针对社会现实中某种新近产生或有了长足发展的事物而制作的调查报告。反映新生事物的调查报告，需要全面地报道某一新生事物的背景、情况和特点，分析它的性质和意义，指出它的发展规律和前景。

4. 关于社会状况的调查报告。此类报告所涉及的社会状况主要包括社会风气、民众意愿、婚姻与恋爱、家庭赡养责任以及日常生活中的衣、食、住、行等方面，旨在探讨一系列社会现象。尽管此类调查报告并不直接聚焦于政治或经济等宏观议题，但它们揭示的民众生活细节与政治经济状况紧密相连。例如，毛泽东同志的《湖南农民运动考察报告》就属于这一类。

5. 考察历史事实的调查报告。此类调查报告以历史事实为基础，探究历史事件的发展，挖掘其历史价值和对现代社会的启示。这类报告要求作者具有深厚的历史功底和敏锐的洞察力，通过详细考证和严谨分析，使历史事实在当代语境下焕发新的生命力。同时，它也提醒我们，在继承和发扬优良传统的同时，要深刻理解历史发展的内在逻辑，为当下和未来的发展提供有益借鉴。在此基础上，调查报告的撰写还应关注时代脉搏，紧密联系实际，以促进社会进步和科学发展。

三、调查报告的结构

调查报告的主体的结构形式多种多样，常见的有如下几种：

（一）横式结构（并列式）

横式结构是指把调查所得到的结论按其性质或角度的不同分成几个并列的部分依次展开，各部分相对独立而又为文章主旨服务，每一部分加一个小标题，分别加以说明论述，或用"一、二、三"等序码分块排列，从各个方面围绕中心内容和总体观点来做具体的叙述说明。如：

华中理工大学大学生文化素质调查报告（提纲）

开头：交代为何做这项调查、调查的地点、时间

主体：

一、调查方式及调查对象的基本情况（调查的方式方法、人数、年级、男女比例等）

二、阅读专业以外书籍和选修人文社会科学课程的一般情况

三、掌握文化知识的一般情况（文学、历史、哲学）

四、掌握艺术知识的现状（乐器、乐谱、剧目）

五、学生科学素质的基本情况（知识、思想、方法）

六、大学生思想道德观念的现状（爱国、合作、责任感）

最后：提出几点建议

（二）纵式结构

纵式结构就是按照事物发生、发展过程的脉络次序来安排结构。这种结构的优点是便于读者阅读，弄清事情的前因后果。一般有以下两种：

1. 按照起因、发展、结局的过程来安排。

2. 按照成绩或事故（变化、特点、效果或影响）、原因（经验、做法、作用）、结论（意见、建议、启示）的次序来安排。

纵式结构一般不用小标题、不用序号，而是上下贯通直述，呈现出由先而后、由远及近或由浅入深的态势，层层递进地表达，以便展开主题。这种方法多适用于一事一议的调查报告。如《关于黑龙江销售假化肥的调查》，文章从农民发现假化肥写起，接着写事件引起有关部门的重视，进而追寻生产假化肥之源头，最后论述这一事件的严重后果和处理结果，告诫农资经销商，开放市场也要遵纪守法。又如：

还我美好河山
——桂林风景区污染和破坏情况的调查

一、桂林风景区遭受污染和破坏的现状

（一）桂林及其所辖四县排放工业和生活污水给漓江造成的污染

（二）桂林市废气、废渣给漓江及其上空造成的污染

（三）桂林的园林风景、文物古迹遭到人为破坏

（四）漓江两岸秀丽的山峰被人为破坏

二、桂林风景区遭受污染和破坏的原因（用事实说明桂林市和桂林地区领导干部负有不可推卸的责任)

三、引用群众的反映（主要是园林、文化、旅游、环保人员），说明对桂林风景区的保护亟待加强

（三）对比式

对比式，即把两个不同对象加以对比来写。它用对比的方式组织和安排材料。这种结构反映事物前后变化较鲜明、时间线索清楚，符合人们认识事物的客观规律。正反典型事例的调查报告多采用这种结构形式。

（四）交叉式（纵横式）

这种结构形式兼有横式和纵式的优点，但较复杂。在叙述和议论事件的发展过程时采用纵式结构；谈经验教训、体会、收获时采用横式结构。既把事件的发展过程清楚地介绍出来，又按层次、分角度进行议论，增加了报告的深度和广度。它适用于内容丰富、涉及面较广的调查报告。

四、如何写调查报告

不同类型的调查报告，具体内容有所不同，但基本写法是相通的。调查报告一般包含标题、前言、主体、结语四个部分，结语后可增加附录部分。

（一）标题

标题一般由事由和文种构成。有单行式标题和双行式标题两类。

1. 单行式标题。

（1）公文式标题（由调查对象或事由+文种构成），如《对内蒙古生态移民面临问题的调查》《关于××事故的调查报告》。

（2）新闻式（文章式）标题，将调查报告的中心内容简明扼要地提示出来，如《药价为何居高不下》《莘莘打工者，维权何其难》。

2. 双行式标题。由主、副标题构成。主标题揭示主题，副标题标明调查对象和内容及文种名称。如《假日有约——大学生双休日生活调查》《可喜的三个百分比——青岛市发展职工技术教育的调查》《为了造福子孙后代——××县封山育林调查报告》。

（二）前言

前言部分主要内容有以下几种：

1. 交代调查的缘由和社会背景。

2. 交代调查的基本情况和过程。包括调查时间、地点、对象、范围、人数、项目和方式等。

3. 交代调查的依据、目的、意义和要解决的问题及基本结论和评价等。

前言的文字一定要提纲挈领，简明扼要，紧扣主题。

例1：《创新是现代企业的永恒主题——新疆屯河集团调查》

新疆屯河集团有限责任公司位于昌吉市的头屯河畔，其前身创建于1983年，是一家生产普通水泥的集体小厂。经过16年的艰苦创业，屯河集团如今已成为拥有22家经济实体、总资产达21亿元、员工5800人、国有控股的跨地区、跨行业、跨所有制经营的大型现代企业集团。新疆屯河集团的经验概括起来就是：抓住机遇，扩大规模，不失时机地进行制度创新、技术创新、市场创新，走持续、快速、健康发展之路。

例2：《大学生心理工资价位：工资底线是多少？》

日前，上海市劳动和社会保障局最新发布了"应届毕业生工资指导价位"。有了这份"身价谱"后，大学生也开始有自己的"小九九"——指导价位和大学生们的心理价位究竟差多少？记者就这个问题展开了调查。

例3：《教师工资拖欠问题亟须解决——关于新疆教师工资拖欠情况的调查》

为了切实掌握全疆教师工资拖欠情况，探讨建立教师工资按时足额发放的保障机制，为政府部门制定相关政策提供依据，自治区教育者组成了3人调查组，于3月19日至4月15日，历时28天，对7个地区42所基层学校教师工资发放情况进行了实地调查。

（三）主体

这是调查报告的最核心的部分。这部分需要详细描述调查研究的具体情况、具体认识、基本观点、做法、经验以及调查结论。作者能根据所调查事物的基本情况和背景，探究、分析事实材料体现出的本质及其特点、规律，并据此提出具体的建议或应采取的一些具体措施。

主体的内容一般包括：

1. 情况介绍。对调查对象做进一步的阐述和分析。一般是以文字说明为主，必要时也可以以图表及数字进行补充说明。

2. 分析、结论。运用科学的分析方法，在充分占有翔实的材料、准确的数据、典型的事例的基础上，全面剖析，综合衡量，以得出正确的调查结论。

3. 对策与措施。对调查中发现的各种矛盾、各种不稳定因素和各种不利条件，提出有针对性的、切实可行的措施和办法，为管理者制定决策提供可靠依据和参考意见。

（四）结语

结语是全文的终结，调查报告的结尾多种多样，以自然收尾为上品，要求简明扼要、意尽即止。通常与前言相照应，起到概括结论，强调主旨，加深印象以及响应开头的作用。结语常用的四种方式：

1. 归纳式。简要归纳，总体评价全文内容，以深化主题，加深人们对全篇的印象。

2. 引申式。简述事情的发展，情况的继续，问题的悬疑；或补充交代前文没有提及的内容。

3. 强调式。进一步指出或强调此项调查的意义或重要性。

4. 希望式。展望前景，提出希望。

也有些调查报告没有明显的结语，而是把规律或结论放在介绍或分析材料之中，如果在正文中写清楚了，也可以不要结尾，主体写完文章就戛然而止，自然收尾。

（五）附录

此部分可添加一些在调查研究中用到的调查问卷等。

任务实施

接到任务后，王×和他的室友们立即着手准备调查工作。在搜集资料的过程中，他们发现，这个调查属于问题类调查，着重探究大学生消费观念和习惯的变化的原因及影响。如果认真完成这一调查，他们不仅能够掌握调查报告的撰写技巧，还能培养分析问题和解决问题的能力，为未来的学术研究打下坚实的基础。因此，这更坚定了他们要做好调查工作的决心。他们首先明确了调查的主题是"高职学生消费习惯与市场需求调查"。随后，他们利用课余时间，通过图书馆查阅资料、网络搜索相关信息，以及咨询经济学、心理学等专业的老师，逐渐构建起调查的理论框架和方法论基础。

1. 设计调查方案。为了确保调查的科学性和有效性，王×小组精心设计了调查方案。他们决定采用问卷调查与深度访谈相结合的方式，以获取更全面、深入的数据。

2. 选定调查对象。在辅导员张老师的建议下，王×小组将调查对象锁定为大学城范围内的大一、大二学生。他们通过随机抽样的方式，确定了约1000名学生作为问卷调查的对象。

3. 实施调查过程。调查工作正式开展后，王×小组分工明确，各司其职。有的负责问卷的发放与回收，有的负责数据的录入与初步分析，还有的负责联系访谈对象并安排访谈时间。

4. 数据分析与报告撰写。经过数据收集和初步处理，王×小组开始了数据分析工作。在数据分析的基础上，王×小组着手撰写调查报告。经过一段时间的紧张工作，王×小组终于完成了调查报告的撰写工作。他们首先向辅导员张老师提交了报告初稿。

张老师进一步指导说："撰写调查报告时，首先要明确调查目的和问题，制定合理的调查方案。其次，通过问卷调查、访谈等方式收集数据，注意确保数据的真实性和有效性。然后，对收集到的数据进行整理分析，提炼出有价值的信息。接下来，按照调查报告的结构，依次撰写前言、主体和结论，逻辑清晰地呈现调查结果。在撰写过程中，注意运用适当的论证方法和实例，以增强报告的说服力。此外，还要注重语言的准确性和文风的严谨性，使报告更具专业性。这样一来，你们的调查报告才能达到预期的效果，为研究这个问题提供有力的依据。"

同学们认真聆听着张老师的指导，心中渐渐有了更清晰的调查思路。随后，他们写出了一份调查报告的提纲。请你帮他们看看这份调查报告的提纲内容是否全面。

高职学生消费习惯与市场需求调查报告

一、调查背景与目的

随着社会经济的快速发展和科技的进步，大学生群体的消费观念与习惯正在发生显著变化。本调查旨在探究影响大学生消费观念与习惯变化的主要原因。

二、调查方法与样本情况

本次调查采用问卷调查和访谈相结合的方式,共发放问卷××份,有效回收××份,回收率为××%。调查对象主要为高职院校在校学生,涵盖了不同年级、不同专业的学生,以确保样本的多样性和代表性。

三、调查结果分析

(一)消费观念与结构

调查结果显示,高职学生消费观念相对理性,注重性价比和实用性。在消费结构上,生活必需品和学习用品占据较大比重,同时娱乐消费和社交消费也占据一定份额。

(二)消费趋势与偏好

随着生活水平的提高和消费观念的转变,高职学生越来越注重品质消费和个性化消费。他们更倾向于选择品牌知名度高、口碑好的产品,同时也愿意为独特的设计和定制服务买单。此外,线上消费已成为高职学生消费的主要方式,尤其是在服装、化妆品、电子产品等领域。

(三)市场需求与机会

结合高职学生的消费习惯和趋势,我们发现市场对具有高性价比、实用性强、设计新颖的产品具有较大需求。同时,线上购物平台的发展也为商家提供了新的销售渠道和机会。

四、结论与建议

通过本次调查,我们深入了解了高职学生的消费习惯和市场需求。针对这些特点,我们提出以下建议:

1. 商家和企业应关注高职学生的消费趋势和需求,研发符合他们口味的产品,提升产品的性价比和实用性。

2. 加强线上销售渠道的建设和完善,提升购物体验和服务质量,以满足高职学生线上购物的需求。

3. 高职院校可加强消费教育,引导高职学生树立正确的消费观念,提高消费水平和质量。

张老师看完后,连连赞叹:"这次的调查报告,通过科学的调查方法和详实的数据分析,全面揭示了高职学生的消费特点和市场需求。报告不仅为高职学生提供了消费指导,还体现了调查者的专业素养和认真态度,具有较高的实用价值和参考意义。"

> 例文分析

示例

2020年3月,中共中央、国务院印发《关于全面加强新时代大中小学劳动教育的意见》。意见指出劳动教育在大中小学教育中的重要性。那么,已经进入大学的大学生们是如何看待劳动教育的问题呢?大学是如何开展劳动教育的呢?下面我们看看这篇有关大学生劳动教育现状调查的范文。

大学生劳动教育现状调查报告
——以××学院为例[1]

一、前言

我国的家庭劳动教育、社会劳动教育源远流长。先民就曾告诫世人,唯有辛勤劳动才能丰衣足食,教育子女要尊重劳动,珍惜劳动果实,并以积极向上的态度投入劳动中去。儒家提出的大同社会所描绘的"壮有所用,幼有所长""力恶其不出于身也,不必为己"等都是对有劳动能力的人应当进行劳动的伦理要求。《颜氏家训》《朱子家训》等都提倡并尊重通过衣食住行等人们日常生活中的真实劳动,发挥家庭在劳动教育中的重要作用。

近年来,我国的劳动教育,不论是家庭劳动教育、社会劳动教育,还是大中小学校劳动教育都出现了很多问题。2020年3月20日,中共中央、国务院印发《关于全面加强新时代大中小学劳动教育的意见》(以下简称《意见》)指出,"近年来一些青少年中出现了不珍惜劳动成果、不想劳动、不会劳动的现象,劳动的独特育人价值在一定程度上被忽视,劳动教育正被淡化、弱化"等问题。针对出现的这些问题,结合学校培养担当民族复兴大任的时代新人的要求,《意见》肯定了加强劳动教育对培养新时代社会主义建设者和接班人具有重大意义,明确提出劳动教育的总体目标、如何设置劳动教育课程以及劳动教育内容等一系列具体的新要求,为各级各类学校开展劳动教育指明了方向。××学院早在2012年就率先在全校学生中开展劳动服务学习工作,积累了非常丰富的实践经验。大学生对劳动教育认知的真实状况如何?有哪些工作需要改进?等等,围绕这些问题,笔者进行了大学生劳动教育问卷调查。

二、研究对象和方法

(一)调查工具和方法

本次调研采取线上问卷调查的方式进行。

---

[1] 摘自罗金凤、刘炳展、金超:《大学生劳动教育现状调查报告——以山东商业职业技术学院为例》,载《天津职业大学学报》2022年第4期,略有删改。

（二）调查问卷设计

本次调查问卷是参阅有关资料并结合实际编制的。问卷共计21题，其中选择题19个，开放简答题2个。

（三）研究对象及具体情况

本次调查对象选取的是××学院在校大学生，问卷调查时间是2021年5月，共发放问卷4769份，回收有效问卷4769份，有效回收率100%。问卷涵盖大学一、二、三年级，不同性别和来自不同地域、家庭的学生，其中大学一、二、三年级的学生分别占比53.01%、41.39%和5.6%；男生占比54.25%，女生占比45.75%；农村学生占比74.69%，城市学生占比25.31%。

三、调查结果及分析

（一）德、智、体、美、劳全面培养是否有必要的问题

调查数据显示，94.67%的调查对象选择了有必要培养大学生德智、体、美、劳，这说明，我国推进的德、智、体、美、劳全面育人理念得到了众多学生的认可和支持。

（二）劳动教育对践行社会主义核心价值观的作用问题

近八成被调查者认为，进行劳动教育对践行社会主义核心价值观有非常积极作用。

（三）劳动教育对大学生就业的影响问题

调查数据显示，认为劳动教育对自己就业有很大影响或有一定影响的被调查者人数之和占八成以上。

（四）辅导员应如何引导学生接受劳动教育的问题

调查数据显示，大学生希望辅导员以多种形式引导学生接受劳动教育，其中"以身作则"占比最高。

（五）提高劳动教育指导的创新形式选择问题

众多被调查者希望以网络传播、线下指导、社会实践三种形式进行劳动教育指导。

（六）思政课教师引导学生接受劳动教育的方式的问题

调查数据显示，大部分被调查者希望思政课教师能够以身作则并多开展课堂劳动实践小活动和校外劳动，引导大学生接受劳动教育。

（七）思政课教师提供劳动教育指导的创新方式问题

调查数据显示，选择新媒体教学的被调查者占比达90.17%，而微博、抖音等媒介占比达到73.73%。

（八）谁是劳动教育思想和行为影响最为关键的人的问题

调查结果显示，辅导员和思政课教师均对学生的劳动教育思想和行为影响重大。

（九）大学生希望获得劳动教育指导的活动类型问题

调查结果显示，志愿服务类和专业服务类劳动更受同学们的喜欢和支持。

（十）大学生对自我劳动现状评价问题

调查结果显示，大部分学生有较高的劳动意识和独立生活的能力。

（十一）大学生对自我劳动素质评价问题

调查结果显示，大学生认为自身劳动素质出现一些偏差，如轻视体力劳动、看不起体力劳动者占比为 69.85%。

（十二）体力劳动有没有必要问题

调查数据显示，只有五成多大学生认为体力劳动很有必要。

（十三）劳动教育在大学生教育中的作用问题

调查结果显示，劳动教育在大学生教育中的作用是多方面的，能够促进大学生的全面发展。

（十四）高校应采取何种方式加强大学生劳动教育问题

调查结果显示，选择增加劳动价值观、劳动精神等教育内容的比重为 88.22%，加大对大学生个人卫生检查的力度的比重为 69.07%。

（十五）如何才能提高大学生劳动实践积极性问题

调查结果显示，选择建立健全社会实践管理体制的占比 83.9%，选择建立相应的激励计划的占比 79.14%。

四、结论与建议

通过数据分析，我们认为以下几方面值得研究并在工作中应该得到加强：

（一）结论

1. 大学生对劳动意义、价值本身的"知情意行"存在不一致性。大学生充分肯定劳动教育对社会主义核心价值观和个人就业等方面的价值和作用，但同时又对自身劳动素质、体力劳动和劳动价值认同感偏低，两方面形成矛盾体，说明大学生对劳动教育的意义、价值本身的认知与情感和自身行为方面还存在不一致的地方。这种矛盾应该引起教育管理者的重视并加以引导。

2. 大学生劳动价值观存在一些偏差，需要加强教育和引导。调查数据显示，大学生对体力劳动价值的认同感有待提高，只有五成多的学生赞同体力劳动教育；大学生劳动价值观存在一些偏差，比如轻视体力劳动，功利化的劳动价值观占比近七成；大学生赞同劳动教育但不太赞成劳动教育纳入成绩考评中，等等。

大学生需要树立职业平等和尊重劳动者观念，纠正劳动功利化思想。调查数据还显示，大学生的劳动习惯和动手能力都比较差，铺张浪费及不珍惜他人劳动成果的现象占比为 66.45%。这些问题都需要在实际工作中加以解决。

3. 辅导员和思想政治课教师是对大学生共同实施劳动教育的关键人物。调查数据显示，近七成的学生选择了辅导员和思想政治课教师两者是对其进行劳动教育最为关键的人物，两者缺一不可。当然还有 12.02% 和 6.94% 的大学生分别选择了辅导员和思政课教师是对其劳动教育思想和行为最为关键的人物。就对大学生实施劳动教育的影响力而言，辅导员比思想政治课教师的影响力更大一些。

4. 大学生更赞同实施劳动教育的方式、方法多样化。大学生更喜欢辅导员和思政课教师采用线上理论学习与线下实践指导相结合的方式对其实施劳动教育指导，也更易接受新媒体的教学方式。这反映出"00后"作为"网络居民"的身份特殊性。

（二）建议

立德树人不仅是高校教育的根本任务，也是教育的初心、责任和使命。高校落实立德树人根本任务，具体工作和任务落实必须依靠两支重要力量——辅导员和思想政治课教师。立德树人课堂教学的第一责任人是思想政治课教师，立德树人直接实践责任者是辅导员，两者通力合作才能发挥更大力量，产生事半功倍的效果。当前高校开展劳动教育应该做好以下几方面工作：

1. 高度重视大学生劳动教育。近年来，国家出台了一系列劳动教育文件，这些文件的出台，对指导大学生劳动教育，培养大学生的劳动观念、责任担当等意识起到巨大推动作用。2021年开始，各高校把劳动教育作为大学生的必修课，体现国家和高校对大学生进行劳动教育的高度重视。但仅仅通过一门课程，是不能完成对大学生劳动教育的使命的，要真正完成大学生对劳动教育从掌握知识到情感价值认同，直至成为一种自觉行为的目标，是一个长期复杂的过程，所以高校必须从多方面入手，结合学校实际和学生实际，才能将工作落到实处。

2. 建立辅导员与思想政治课教师高效的劳动教育协调运行机制。教育部《大中小学劳动教育指导纲要（试行）》要求各高校将劳动教育纳入人才培养全过程，丰富、拓展劳动教育实施途径。高校劳动教育内容要在课堂和学习、生活、文化建设等各个方面落实到位，要想完成这些任务，必须依靠思想政治课教师和辅导员各负其责，认真落实各项工作，才能取得成效。所以高校只有建立辅导员与思想政治课教师高效的劳动教育协调运行机制，才能保障两支力量更好地发挥各自优势，共同发力，使劳动教育效果落到实处。

3. 积极探索新时代加强劳动教育的多种途径。

（1）创新劳动教育设计，建立完善的劳动教育育人课程体系和运行机制。根据学校实际和学生实际，构建完善的劳动教育课程体系，比如线上劳动教育资源课程与线下课堂教育课程的构建，青年志愿者、社会实践等课程的构建，实验实训类劳动教育课程的构建等；建立高效的运行机制，以保障劳动教育顺利实施和教育效果"入脑、入心、入行"。

（2）发挥劳动教育的育人传统和育人功能，探索"知行合一"的劳动教育模式，通过多种形式和途径加强大学生对劳动教育"知情意行"方面的教育。

（3）开展各类劳动教育活动，将劳动教育落实到日常学习和生活之中，使之常态化。调查数据显示，志愿服务类和专业服务类劳动更受大学生的喜欢和支持，高校应对接学生需求，开展学生喜闻乐见的多种劳动教育活动。

（4）将劳动教育纳入专业人才培养方案，对劳动教育进行全面考核，并对劳动教育先进者进行表彰。

思考：

1. 该篇例文的优点是什么？

2. 如果让你以这个题目写一篇调查报告，你还会从哪些角度进行调查分析呢？

拓展学习

品味研读

小报告解决大问题

毛泽东早期怎样做调查研究

训练营地

一、填空题

1. 调查报告一般包括_____、_____、_____和_____四部分。

2. 调查报告的结尾有_____、_____、_____和_____几种方式。

二、病文修改

法律文秘专业学生毕×、时×、成×非常喜欢阅读，经常到校内图书馆或是书店进行阅读。但是他们也看到了在当前的手机时代，一些同学对于阅读不是太感兴趣，于是，他们就想做一份关于"大学生课外阅读情况"调查报告。下面是他们撰写的调查报告的初稿，请大家根据张老师前面讲的内容，进行分析，找出此篇调查报告的问题。

大学生课外阅读情况的调查

阳光下，草坪上，教室里，图书馆……到处可以看见书不离手的大学生，他们脸上洋溢着满足、自信的笑容。

"你进行课外阅读的主要目的是什么？""你最喜欢阅读哪种类型的书籍？"

"你平时看一本书用多长时间?"……前不久,我们对大学生的阅读取向进行了一次访问式调查,目的是了解当代大学生读什么书、读多少书、怎样读书的问题。

通过调查发现,有部分学生的课外阅读主要是为了休闲。他们认为"平时专业课程的阅读量已经很大了,课外阅读当然要选择内容较轻松的课外书籍,以缓解读书的压力"。这样的学生大约占44.9%。还有部分同学的课外阅读是为了拓展知识面。这样的学生所占比例较少,只有8%。

大学生不青睐具有专业知识的书籍是否合理呢?是否能达到社会对一名大学本科毕业生专业知识掌握情况的基本要求呢?不少招聘企业都感慨现在的大学生专业能力很薄弱,学以致用的能力较差。在学校期间不注重专业知识的积累和自身专业技能的训练,不阅读、不关注相关专业课外书籍,是造成这种现象的原因之一。

在回答"你最喜欢阅读哪种类型的书籍"时,大多数学生选择报刊。电子书始终占据大学生阅读排行榜前几位的原因大多是因为"阅读起来方便"和"信息量大"。

在阅读内容上,阅读新闻占61.3%,领先于其他三项,阅读生活信息及资料占24.5%;阅读文学作品占16.4%;阅读评论文章占18.4%。

目前,大学生的阅读结构对大学生形成正确的世界观、人生观非常不利,急需加以正确引导。

三、写作练习

请到本地人才市场及毕业生就业指导部门进行一次调查研究,写一篇关于高等职业院校毕业生就业情况的调查报告。

要求:题目自拟,3000字以内。

参考答案

实训项目十四　发言稿

| 情境导入 |

××警察学院新的学期即将开始,同学们从五湖四海汇聚于此。辅导员李老

师说学校会举行××××级新生欢迎仪式，其中一项议程是新生代表发言。在这之前要选一名新生作为代表并完成一份发言稿，同学们可以毛遂自荐。作为新生一员的王×，认为自己文笔和口才都还不错，于是主动请缨。李老师便要求王×先完成一篇发言稿，看看他会怎样写。

任务描述

接到任务后，王×认为大学不同于中学，同学们来自祖国各地，如何能完成一篇优秀发言稿，给校领导、老师、同学们留下深刻印象呢？王×一时犯了难，急忙向李老师请教。李老师指出，如果要作为新生代表发言，撰写一篇既鼓舞人心又体现个人风采的发言稿非常重要。一篇优秀的新生代表发言稿要做到主题鲜明，比如开篇可以介绍个人成长经历与择校原因，显得亲切自然；主体部分结合警院特色、专业特点等强调学习环境对实现人生理想的重要性，结尾要有号召力、鼓舞性。

知识聚焦

一、什么是发言稿

发言稿是与会者为了在会议或重要活动上发表自己的意见、看法或汇报思想工作情况而事先准备好的文稿。

二、发言稿的特点

1. 客观性。发言稿必须根据会议活动的不同主题与要求，选择合适内容进行撰写。

2. 典型性。发言稿的内容必须具有代表性，能够凸出反映某一领域的工作、思想状况，提出合理建议意见，引发参加者思考。

3. 灵活性。因发言者一般为参加者中的平级或下级机关或部门人员，可从自身的实际出发畅所欲言，故发言稿具有一定的务实性、灵活性。

三、发言稿的类型

1. 会议发言稿。会议发言稿是指在政府、企业或其他组织机构的会议中，被用来传达主题、宣布决策、汇报工作进展情况、进行经验交流等的发言稿。

2. 庆典发言稿。庆典发言稿是指在重大庆典活动中，如开幕式、闭幕式、毕业典礼等，参加者代表的发言稿，旨在对活动表达祝福、感谢和鼓励等。

3. 辩论发言稿。辩论发言稿是指用于辩论赛或讨论会的发言文稿，旨在表达并支持与特定议题相关的观点。

四、如何写发言稿

发言稿一般包括标题、称谓、正文、落款四部分。

（一）标题

简要概括文章主旨。可分为：

1. 会议名称加发言稿组成。如《在优秀教师表彰大会上的发言稿》。
2. 提要型标题。如《把青春献给人民教育事业》。
3. 抒情性标题。如《青春无悔　逐梦警院》。
4. 目的型标题。简单介绍发言目的，吸引听众注意。如《保护环境　实现可持续发展》。

（二）称谓

发言者对听众的称谓应自然、亲切、得体，以拉近与听众的感情距离，唤起听众的注意。称谓在写发言稿时一般放在标题下面。但在发言时可先用称谓，如"尊敬的各位领导、同事们、老师们、同学们"。

（三）正文

正文由开场白、主体、结束语三部分内容构成。

1. 开场白。开场白可以概括表达本人要谈的问题，点明发言主旨，自然引领下文；引起听众的关注，为整个发言定下基调。开场白的形式有提问式、悬念式、揭示主题式、警句式、故事式。

2. 主体。发言稿的核心部分。常见的形式有：

（1）直接写出对某问题的看法、观点或意见，可用分条列项式逐一列出，问题讲完即全文结束。

（2）主体内容为汇报情况、经验的发言，内容比较系统，先叙述情况或介绍经验、再写体会收获，并将这几方面内容连贯写出来，构成一篇完整汇报式发言稿。

3. 结束语。一般表述为"谢谢大家"之类的话语，与发言稿称呼部分相呼应，表达对听众的感谢与尊重之情。

（四）落款

落款一般会标明发言人姓名、工作单位、日期等，但在口头发言时一般不会表达出来。

五、注意事项

1. 简洁明了。发言稿应简明扼要，流畅自然，用精炼的语言表达观点，避免冗长。

2. 理性客观。在发言中要尽量客观地进行阐述，避免过度主观或情绪化表达。

3. 适应听众。根据听众的背景和特点，调整发言的内容和语言风格，使之容易被理解和接受。

4. 注意时间。根据发言的时间限制，合理安排内容的长度和时间分配，避免超出时间限制。

任务实施

随后，王×写了一篇发言稿。请你帮他看看这篇发言稿写得如何？

开学典礼发言稿

尊敬的领导、老师、同学们大家好：

我叫王×，来自××地区。很荣幸能作为新生代表发言。

我的家乡虽然山清水秀，但生活条件相对艰苦。从小我就有一个心愿，那就是通过自己的努力，为家庭争光。思来想去，我觉得成为一名警察更适合我。高考结束填志愿时，我毫不犹豫地填报了警官职业学院。

虽然来学校的时间不长，但学校处处让我感受到警察学院的独特魅力，我对未来大学生活非常期待。

作为一名新生，想要成为一名优秀的人民警察，首先要过军训关。我宣誓，一定严格遵守军训纪律，服从教官的指挥，克服一切困难，磨炼出坚韧不拔的意志。在今后的学习生活中，我将努力学习每一门学科，认真听取每一堂课程。除了课堂上的理论学习，我还会积极参与实验课和实训课中，掌握先进的技术、技能，成为一个不仅有理想、有担当，更有实际操作能力的合格警察。

尊敬的领导、老师，请你们放心，我们将不懈努力，不负期望；亲爱的同学们，让我们一起努力。我相信，今日我因警院而自豪，明日警院会因我而骄傲。

我的发言完毕，谢谢大家。

王×将完成的发言稿交给李老师。李老师指出这份发言稿存在以下问题：一是题目随意，不够庄重；二是内容空洞，也不完整；比如介绍自己成长经历过于简单，不够生动；还有警院的大学生活是丰富多彩的，不局限于学习，还有各种校园文化活动，比如各种社团活动、志愿者活动；三是结尾缺乏感召力、鼓舞性。王×按照老师的意见做了修改，以下是他修改完成的发言稿。

青春无悔 逐梦警院
——在开学典礼上的发言稿

尊敬的领导、老师，亲爱的同学们：

大家好！

站在这个崭新的起点上，我怀着无比激动的心情，作为新生代表发言。我来自××市××县，一个群山环抱的美丽乡村。那里山清水秀，但生活条件相对艰苦。从小我就看着父母为生计辛苦劳作，心里一直有个朴素的愿望，那就是通过自己的努力，为家庭争光，为社会奉献。警察这份职业与我的初心不谋而合。在今年的高考中，我取得了满意的成绩，有了选择未来道路的机会，在众多志愿中，我毫不犹豫地填报了警官职业学院。我深知选择的不仅是一所院校、一个专业，更是一份责任、一种使命。

作为新生，来到一座新的城市，进入一所新的院校，既有期待，也有些忐忑。好在迎接我们的，处处是热情的笑脸和无微不至的关心。从图书馆到操场，从教室到寝室，每一个角落都让我感受到这个校园的独特魅力，感受到警官院校的活力与温馨。我对即将开始的大学生活充满了期待。

我期待磨砺身心的军训。要成为一名合格的警察，所需的远不止是理论知识，更要有卓越的实战能力。军训不仅是对我们身体极限的挑战，更是心灵上的一场洗礼。我宣誓，一定严格遵守军训纪律，服从教官的指挥，克服一切困难，磨炼出坚韧不拔的意志。我会认真对待每一个动作、每一声口号、每一次拉练，我愿意到军训场上，去书写青春无悔的篇章。

我期待科学实用的课程。走出大山，我深知教育资源的宝贵，每分每秒都不容浪费。在这座校园里，我将努力学习每一门学科，认真听取每一堂课程。我将制定详细的学习计划，明确每个阶段的目标，不断鞭策自己前行。除了课堂上的理论学习，我还会积极参与实验课和实训课中，掌握先进的技术、技能，成为一个不仅有理想、有担当，更有实际操作能力的合格警察。

我期待丰富多彩的校园活动。要尽快适应新生活，我们首先要敞开心扉，结交新朋友，融入新集体。在这里，我将积极参加各种社团和校园活动，从中发现自己的兴趣爱好，培养多方面的能力。无论是篮球场上的挥汗如雨，还是辩论赛上的唇枪舌剑，这些活动不仅能锻炼我们的身体和思维，还能让我们在合作与竞争中学会沟通。通过这些活动，我们可以找到志同道合的伙伴，共同度过难忘的大学时光。同时，我也期待通过参与志愿者活动，为校园和社区贡献自己的一份力量，在服务他人的过程中实现自身的成长。

尊敬的领导、老师，请你们放心，我们将不懈努力，不负期望；亲爱的同学们，让我们怀揣梦想，迎接未来。我相信，今日我因警院而自豪，明日警院会因我而骄傲。

我的发言完毕，谢谢大家！

××区队　王×
××××年9月5日

例文分析

示例一

王×毕业后通过公务员招录考试，顺利成为一名监狱人民警察。工作第三年，他因工作能力出色、作风踏实，年底被评为优秀干警，并要求在年终总结表彰大会上作为优秀干警代表发言。以下是王×完成的一篇发言稿。

平凡的监狱人民警察

尊敬的领导、同事们：

　　大家好！

　　我是来自××监区的王×，很荣幸作为优秀干警代表发言。我发言的题目是《平凡的监狱人民警察》。

　　××××年×月，我正式成为一名监狱人民警察，走进××监狱，开始教育改造工作。

　　未从事监狱工作以前，如同大多数人一样，我对监狱充满了好奇。认为监狱是关押罪恶的地方，这里到处是恐惧、黑暗。通过毕业前顶岗实习和从事监狱工作，我的认知被彻底颠覆了。取代恐惧和黑暗的是庄重、沉静的氛围，让每个人都能感到安全，身穿警服的我们高大威严，正气凛然，光荣之感在我内心油然而生。

　　然而，身为狱警，仅仅感受到警服在身的光鲜，那就太肤浅了。我也深刻认识到这一点，狱警所肩负的责任是对服刑人员的教育改造。我以一名新警身份，虚心向老民警请教各项工作经验。劳动生产、思想教育、狱情分析、狱内侦查等等一系列工作摆在我面前，越是深入学习，越是觉得狱内改造工作的不易，也深感这份工作责任重大。服刑人员改造的好坏，直接关系到国家安定、社会和谐，以及人民的幸福。这些挑战让我立志在监狱改造事业中奉献自己的青春。

　　狱警是一群特殊的园丁，对待服刑人员要像对待犯错的学生一样，真诚沟通、耐心教诲，用自己热情来温暖他们冰冷的心灵。在这里，狱警成了细腻的心灵捕手，服刑人员的一举一动、一言一行他们都看在眼里，一情一态透露出的讯息他们也能及时捕捉，从而抓住时机对服刑人员进行教育。谈话室中认真的倾听、真诚的沟通，总能及时为服刑人员解开心结。我们成了服刑人员值得信赖的心灵导师。

我身边的同事们将太多时间投入工作中。身为父亲不能给孩子太多关爱；作为儿子不能在父母生病时陪在身边；作为丈夫不能替妻子分担家庭责任。然而，他们却一直无怨无悔地热爱自己的工作，热爱教育改造事业。正是监狱警察的朴实平凡，铸就了警察伟大的荣誉。

作为一名监狱警察，在庄严的国徽前郑重宣誓的那一刻，注定将热血和汗水洒下。在走进监狱的那一刻，我们必然把这里当成家。当我们付出艰辛和努力后，经过改造的服刑人员将成为重新盛开的花。作为一名平凡的监狱警察我倍感骄傲和自豪。

思考：
1. 写作特定行业发言稿时，要重点突出哪些方面内容？
2. 这篇发言稿还有哪些不足之处？

示例二

李×新入职了××公司，被分配到质检部门。公司对新入职员工开展了为期3个月的培训。在中秋节前，公司举办了庆祝活动，其中一项议程是新入职员工代表发言。李×被推选为新入职员工代表，并要求在活动中发言，以下是李明的发言稿。

新员工代表发言稿[1]

尊敬的各位领导、亲爱的同事们：

大家好！我叫李×，××××年4月入职总公司，目前是在分公司质检部工作。

首先感谢各位领导和同事们对我的认可和信任，让我有机会代表新员工在会上做交流发言。时间过得真快，不知不觉来到公司已经5个多月了，对公司也有了比较深入的认识和了解。我们公司正处在事业发展的上升阶段，正值国家建筑业的腾飞、建筑多元化、跨地域大开发的重要时期，这样一个时期给我们打造了一个良好的锻炼平台，同时也给我们的工作能力提出了更大的挑战。

作为新加入公司的员工，我们深刻地认识到，我们有的只是雄心壮志，缺的是经历与经验。但是集团领导对我们非常重视，对我们保持了足够的耐心和信心，让我们倍受感动。记得刚入公司时，是蒋经理给我们上了一节培训课，他激

---

[1] 佚名：《新员工代表发言稿》，载百度文库，https://wenkubaidu.com/view/ac769275a26925c52cc5bfd7html，最后访问时间：2024年12月1日，适当删改。

情澎湃地给我们讲述了我们集团公司由小到大，由弱到强的艰辛又辉煌的历程，让我们非常受震撼，深感创业的不易与不平凡。中秋佳节之际，公司还特地给每位新员工赠送了大盒的中秋月饼，让我们感到了家的温暖。

常言说得好，"一分耕耘一分收获"。经过3个月的培训，加上2个多月的上岗实践，我们的工作能力有了明显提高，自信心也跟着提升了许多。因此，我对自己的工作展望是：在胜任质检部工作的基础上，不断加强学习，不断总结经验，力争迈向新高度，取得新突破，为公司的发展作出自己应有的贡献。

最后，我想说，我非常愿意和大家一同扎根公司，为我们共同的家奉上自己全部的力量与热情，让我们大家共同携手为公司美好的明天奋斗吧！我相信，在公司领导的正确带领下，在我们全体员工的共同努力下，我们的公司会越来越红火，越来越强大！

谢谢大家！

质检部员工　李×
××××年9月20日

思考：与上一篇特定行业内发言稿相比，这篇公司发言稿重点突出了什么内容？

拓展学习

知识卡片

会议发言技巧

会议是党政机关、企事业单位和社会团体开展工作的一个重要方式，是交流、协调、决策和实现目标的重要手段。在会议中，每个人都有机会进行发言，发表自己的看法和意见。会议发言是艺术和技能的结合，需要仔细准备和聆听，以达到最佳的效果。下面是一些会议发言技巧，可以帮助您成功地发表言论。

一、充分准备

在会议之前，准备自己的发言内容。掌握会议议程和主题，梳理自己的观点和意见。准备一个简洁而有力的陈述，让听众了解您的看法和建议。准备好相关的材料和数据，为自己的论点提供支持。在准备之后，反复练习发言，以确保自己能够清晰、流畅地表达。

二、注意语速和语气

发言时要注意语速和语气。语速过快或过慢都会影响听众的理解和兴趣，适当的语速让听众能够跟上您的思路，并保持充满活力的感觉。同时要注意语气的变化，强调重点和转折，表达自己的情感，让听众对自己的发言印象深刻。

三、注重逻辑性

发言的逻辑和清晰度也非常重要。在发言时，要注意个别观点和建议的联系和连贯性；适当地使用转折关系和连接词来帮助听众跟上思路。同时注意照顾会议的议程和听众的时间，不要让自己的发言过长或离题。

四、尊重他人的意见

会议是一个协作和讨论的场所，除了自己的观点和意见，也需要关注其他人的看法和建议。在发言时，不要忽略或否认他人的意见，而要尊重他人的观点和提出有价值的反馈。这样能够建立良好的互动和合作关系，并为解决问题提供更好的方法。

品味研读

如何克服会议发言的焦虑情绪

训练营地

一、填空题

1. 发言稿一般包括_____、_____、_____和_____四部分。
2. 发言稿的特点包括_____、_____、_____。
3. 发言稿的类型包括_____、_____、_____。

二、单项选择题

1. 下列文稿属于发言稿的是（　　）。
   A. 马丁·路德·金的《我有一个梦想》
   B. 习近平同志的《在联合国维和峰会上的讲话》
   C. ××××级优秀教官代表周同学在军训总结大会上的发言
   D. 检察长在××××年检察院工作会议上的讲话
2. 关于会议发言技巧，下列叙述错误的是（　　）。
   A. 准备要充分　　　　　B. 发言时注重语速和语气
   C. 注重逻辑性　　　　　D. 发言时可忽略现场观众的感受

三、写作练习

张×是××大学法律系法律事务专业学生。毕业前期，她被推选为学校优秀毕业生并作为优秀毕业生代表上台发言，请以张×的名义完成此发言稿。

参考答案

实训项目十五　讲话稿

情境导入

李×作为××警察学院办公室的一员，办公室王主任给他安排一项任务，为院领导撰写一篇"××××级新生动员大会暨开学典礼上的讲话稿"。李×陷入了沉思，他该如何完成这篇讲话稿呢？

任务描述

关于如何写讲话稿，李×暂无头绪，他向王主任请教。王主任说写领导讲话稿首先要明确主题，这篇讲话稿紧扣欢迎新生和军训动员。开头表达对入校新生的欢迎和祝福；主体部分可介绍学院的历史沿革和办学特色、人才培养目标等方面，引出对新生未来学习生活的希望；最后点明军训对于警院新生的意义及军训过程中对同学们的要求；以师生携手努力，共促学院发展的话语结尾。听完李主任的指导，李×明确了思路，回到办公室完成了一篇讲话稿。

知识聚焦

一、什么是讲话稿

讲话稿有广义和狭义之分。广义讲话稿是指人们在特定场合发表的讲话文稿；狭义讲话稿则指领导讲话稿，是各级各类领导在各种场合发表的带有宣传、指示、总结性的讲话文稿。本教材的讲话稿取狭义内涵。

二、讲话稿的特点

（一）内容的指示性

讲话稿的撰写要充分结合听众的实际情况，体现领导者正确的政治导向和高度的理论水平，内容具有指导实践工作的指示作用。

(二）篇幅的有限性

讲话是有时间限制的，因此对讲话稿篇幅有特定要求，不能不顾具体情况长篇大论。

（三）语言的得体性

为了易于听众理解和接受，讲话稿的语言既要准确、简洁，又要通俗、生动、得体。由于讲话具有现场性，因此撰写领导讲话稿时必须考虑和把握现场气氛和场合。

三、讲话稿类型

（一）会议类讲话稿

会议类讲话稿是领导讲话稿中数量最多、占比重最大的一类。我们平时所说的领导讲话稿主要指的是这一类。按会议性质还可以分为工作会议讲话稿、专题会议讲话稿、代表大会讲话稿、纪念会议讲话稿、动员会议讲话稿、座谈研讨会讲话稿、经验交流会讲话稿。

（二）宣传类讲话稿

宣传类讲话稿是对于宣传某项工作、某件事情、某种看法或主张，在非会议场合的讲话稿。

（三）仪式类讲话稿

1. 出于感谢、答谢、慰问、庆贺等目的，如慰问讲话、节日讲话。

2. 因举办重大活动发表的讲话，如开幕词、闭幕词、欢迎词、欢送词、祝贺词等。

四、如何写讲话稿

讲话稿的结构一般有标题、称谓、正文三部分。

（一）标题

1. 公文式标题，由会议名称和文种组成，如《在学习雷锋精神座谈会上的讲话》。

2. 单行标题，直接揭示讲话内容或主旨，如毛泽东同志的《目前形势和我们的任务》。

3. 交代讲话场合的标题，如《习近平在纪念中国人民抗日战争暨世界反法西斯战争胜利70周年大会上的讲话》。

4. 正副标题形式，即双行式标题。将讲话主旨归纳成一句话作正标题，将讲话人姓名、会议名称、文种作为副标题，如《青春 责任 奋斗——××书记在××××年新生开学典礼上的讲话》。

5. 形象化标题。一方面点明了讲话中心内容，另一方面又彰显出友好和热忱，如周恩来总理在为尼克松总统访华举行的欢迎宴会上发表的祝酒词《中美友好往来的大门终于打开了》。

(二) 称谓

称谓用语根据不同会议进行选择。常见的有"各位领导""各位来宾""女士们、先生们""同志们""朋友们"等。

(三) 正文

1. 开头。对过去情况给予概括总结，讲明主要成绩，主要经验。

2. 主体。

(1) 对目前形势和现状进行精要说明，讲明本单位全局状况和工作进展。

(2) 分析存在问题，提出解决方法；阐明今后工作方针，完成今后工作任务的措施、方法要求与期望等。

3. 结尾。

(1) 由分到总，得出结论。即对全篇讲话内容进行推理，上升到政治高度。

(2) 自然收束，提出希望。富有鼓舞性的语言，发出号召，鼓励斗志。

(3) 以祝颂语形式结尾，对单位未来发展及参加仪式来宾给予良好祝愿。

五、注意事项

(一) 针对性要强

讲话稿都有特定场合和固定听众，撰写讲话稿必须充分考虑场合和听众的特点，据此确定讲话主题、材料及语言形式。

(二) 主题要集中鲜明

撰写讲话稿要确立主题，并以主题统领全文。讲话稿主题要明白、直接。

(三) 内容要吸引人

一篇讲话稿质量如何，很大程度上取决于能否吸引听众。增强内容知识性、哲理性和趣味性，增强语言的气势和文采，是征服和打动听众的有效方式。

(四) 语言要通俗生动

讲话稿语言首先要通俗自然，使听众有亲切感，并容易理解和接受。其次，尽量多用生动的语言形式，有利于吸引听众。

▎任务实施▎

根据领导要求，李×完成了一篇讲话稿。

启航新征程　铸魂育警才

尊敬的各位教官、老师们，亲爱的新同学们：

大家上午好！

在这金秋送爽、硕果累累的美好时节，我们欢聚一堂，共同见证并庆祝××

警察学院新学年的开启。今天,我们在这里隆重举行新生动员大会暨开学典礼。首先,请允许我代表学院党委,向刚刚踏入警营、满怀激情与梦想的新同学们表示最热烈的欢迎和最诚挚的祝贺!同时,也向辛勤耕耘在教育一线的全体教职员工以及默默支持的家长们致以崇高的敬意和衷心的感谢!

过去的一年,是××警察学院发展史上极不平凡的一年。我们坚持以习近平新时代中国特色社会主义思想为指导,深入贯彻习近平法治思想,聚焦立德树人根本任务,全面深化教育教学改革,不断提升办学质量和水平。学院在学科建设、师资队伍、科研创新、学生工作等方面均取得了显著成绩,为国家和社会输送了一大批忠诚可靠、业务精湛、作风过硬的高素质司法专门人才。这些成绩的取得,凝聚着全体师生的智慧与汗水,也离不开社会各界的关心与支持。

展望未来,我们使命光荣。当前,我国正处于实现中华民族伟大复兴的关键时期,司法工作面临着前所未有的挑战与机遇。作为新时代的预备役警官,你们肩上承载的不仅是个人梦想的实现,更是国家长治久安、人民幸福安康的神圣使命。希望你们能够珍惜在警院的学习时光,以时不我待的紧迫感和舍我其谁的责任感,努力学习专业知识,刻苦训练实战技能,锤炼过硬作风,为将来投身司法行政事业打下坚实的基础。

我对同学们未来在校学习生活提几点希望与要求。

首先,坚定理想信念,铸牢忠诚警魂。要始终坚持正确的政治方向,深入学习党的理论和路线方针政策,不断增强"四个意识",坚定"四个自信",做到"两个维护",确保在任何时候任何情况下都听党话、跟党走。

其次,强化专业素养,提升实战能力。要珍惜学习机会,刻苦钻研业务,熟练掌握司法行政工作的基本理论和实战技能,努力成为工作中的行家里手。同时,要注重培养创新思维和实践能力,不断提升应对复杂局面、处理突发事件的能力。

再次,锤炼纪律作风,树立良好形象。要严格遵守警校的各项规章制度,自觉接受管理和监督,做到令行禁止、令出必行。要时刻保持人民警察的良好形象,以高尚的品德、严谨的作风、优良的纪律赢得社会的尊重和信任。

最后,加强团结协作,共创美好未来。要珍惜同学情谊,加强沟通交流,相互学习、相互帮助、相互支持,共同营造一个和谐、温馨、积极向上的学习生活环境。要积极参与学院组织的各项活动,展现青春风采,共创美好未来。

军训,是同学们大学生活的第一课,也是锤炼意志、培养团队精神的重要途径。在接下来的日子里,同学们将身着迷彩,接受严格的军事训练。我相信通过军训的洗礼,同学们能够更加深刻地理解"纪律严明、作风优良"的警院精神,为今后的学习和生活奠定坚实的基础。

最后,我衷心祝愿各位新同学在警院的学习生活中,能够健康成长、全面发展、早日成才！祝愿我们的学院蒸蒸日上，再创辉煌！谢谢大家！

李×将完成的讲话稿交给王主任，王主任看后指出，这篇讲话稿好的方面在于结构清晰，符合领导讲话初衷。不足之处在于，首先，没有结合最新的党的方针政策，比如党的二十大报告对于职业教育、司法行政事业发展等相关内容；其次，提出希望话语老套，缺乏创新和文采；最后，最后一段突然提到"军训"，与前文缺乏过渡衔接。王主任让李×再修改。下面是李×按照王主任提出意见修改后的讲话稿。

意气风发少年志　笃行不怠启新程
——在××××级新生军训动员会暨开学典礼上的讲话

尊敬的各位领导、来宾，老师们、同学们：

大家上午好！

金秋送爽，丹桂飘香。在这收获的季节里，在这充满希望与梦想的起点，我们齐聚一堂，隆重举行××警官职业学院××××级新生军训动员大会暨开学典礼。首先，我谨代表学校党委及全校师生，向长期以来关心支持学校发展，今天莅临盛会的各级领导、来宾表示衷心的感谢！向即将带领同学们踏上军训征程的全体教官致以崇高的敬意！同时，也向即将开始新生活、迎接新学期挑战的××××级全体新生致以最热烈的欢迎和最诚挚的祝福！

今天，站在这里，我看到了一张张青春洋溢的脸庞，感受到了同学们对知识的渴望和对未来的憧憬。××警官职业学院，作为一所培养司法行业人才的高等职业院校，始终秉持"厚德、尚法、博学、笃行"的校训，致力于为社会输送具备扎实专业知识、良好职业素养和高尚道德情操的司法警官人才。你们的加入，不仅壮大了我们的队伍，更增添了我们前行的动力和信心。

在过去的发展历程中，学院在上级部门的坚强领导下，在全体师生的共同努力下，取得了显著的成绩。我们坚持立德树人，深化教育教学改革，不断提升教育教学质量。通过优化课程设置、强化实践教学、推进校企合作等多种方式，努力培养适应社会发展需要的高素质技能型人才。同时，我们还积极开展社会服务，参与地方平安建设，为区域经济社会发展作出了积极贡献。在师资队伍建设方面，我们注重引进和培养优秀人才，打造了一支结构合理、素质优良的教师队伍。多位教师在国家级、省级各类教学竞赛中获奖，展现了学院教师的专业实力和风采。此外，我们还不断完善教学设施，提升办学条件，为同学们提供了更加优质的学习环境和资源。

当前，职业教育正处于前所未有的发展机遇期。党的二十大报告明确提出要"统筹职业教育、高等教育、继续教育协同创新，推进职普融通、产教融合、科教融汇，优化职业教育类型定位"。这一重要论述为职业教育的发展指明了方向，也为我们学院未来的发展提供了广阔的空间。

  亲爱的同学们，你们怀揣着梦想来到了这片热土上。初为警院学子的你们，将是警院崭新历史的书写者和见证人。你们将成为未来司法行政工作的中坚力量，肩负起维护国家安全、社会安定、人民安宁的重大责任。你们将参与社区矫正、人民调解、法律援助、戒毒康复等工作，直接服务于人民群众，为维护社会公平正义贡献自己的力量。

  在此，我对同学们提出四点希望：

  我希望你们坚定理想信念，锤炼忠诚品格。理想信念是人生的灯塔，忠诚品格是司法警官的立身之本。同学们要深入学习习近平新时代中国特色社会主义思想，增强"四个意识"、坚定"四个自信"、做到"两个维护"，始终保持对党忠诚、对人民忠诚、对法律忠诚的政治本色。要树立正确的世界观、人生观、价值观，把个人理想追求融入党和人民事业之中，为实现中华民族伟大复兴的中国梦贡献青春力量。

  我希望你们勤学苦练技能，提升专业素养。知识改变命运，技能成就未来。同学们要珍惜大学时光，如饥似渴地学习专业知识，不断提升自己的专业素养和实践能力。要积极参加各类学术活动、技能竞赛和社会实践，拓宽视野、增长见识、锤炼本领。要敢于面对挑战、勇于克服困难、善于解决问题，在不断地学习和实践中成长为一名优秀的司法警官人才。

  我希望你们培养法治精神，践行社会责任。法治精神是司法警官的灵魂所在。同学们要深入学习法律知识，增强法治观念，提高依法办事的能力。要积极参与法治宣传教育活动，普及法律知识、弘扬法治精神、传播法治理念。同时，要树立正确的社会责任感和服务意识，积极参与社会公益事业和志愿服务活动，用实际行动践行社会主义核心价值观和司法警官的职业操守。

  最后，我希望你们以饱满的精神投入即将开始的军训生活中。军训，是大学生活的第一课，也是锤炼意志、培养团队精神的重要途径。在接下来的日子里，同学们将身着迷彩，接受严格的军事训练，体验军旅生活的艰辛与荣耀。我相信，通过军训的洗礼，同学们将能够更加深刻地理解"纪律严明、作风优良"的警院精神，为今后的学习和生活奠定坚实的基础。

  同学们，"路虽远行则将至，事虽难做则必成"。在未来的大学生活中，愿你们以更加饱满的热情和更加坚定的步伐迈向人生的新高度！让我们携手并进、共创辉煌！

  谢谢大家！

> 例文分析

示例一

××司法警官学校，顺利通过××省高等学校设置评议委员会考察评估，于×××年×月×日经省政府批准，升格为××司法警官职业学院。该学院决定×××年×月×日举行揭牌仪式，届时会有该省政府部门相关领导、相关厅局（司法厅、教育厅、财政厅）领导，来自全国兄弟院校代表出席仪式。揭牌仪式对于新成立的××司法警官职业学院具有里程碑意义，揭牌仪式上的讲话稿站位要高，格局要大。开头可对出席嘉宾表示感谢，并简述学校历史沿革和升格过程；主体对目前形势和现状进行说明，并对今后工作提出部署要求；结尾展望学校未来发展的良好局面。

以下是该学院办公室完成的学院书记在揭牌仪式上的讲话稿：

在××司法警官职业学院揭牌仪式上的讲话

各位领导、各位来宾、同志们、同学们：

自××××年起，司法厅党委将设置×××司法警官职业学院提上重要议事日程。3年来，在××省党委、人民政府的关心关怀下，在司法部、教育部等单位的帮助支持下，××司法警官职业学院顺利通过省高等学校设置评议委员会考察评估，于×××年×月×日经××人民政府批准成立！今天，我们在这里隆重集会，举行××司法警官职业学院揭牌庆典，这既是推动教育事业高质量发展的一件喜事，也是我们司法行政事业发展具有里程碑意义的大事！省教育厅、财政厅高度重视，相关领导百忙之中出席今天的揭牌仪式；多所同行业院校发来贺信，共同庆祝学院成立。在此，我代表司法厅党委及司法厅直属系统向××司法警官职业学院的成立表示热烈的祝贺！向出席庆典仪式的各位领导、各位嘉宾表示热烈的欢迎！向一直以来关心、支持、参与××司法警官学校发展、××司法警官职业学院筹建的各级领导、相关单位、筹建人员表示衷心的感谢！

××司法警官职业学院是"十四五"期间成立的第一所高等职业院校，也是唯一一所司法警察院校。作为司法行政人才培养主渠道、在职干警培训主阵地、危安类犯罪研究主力军，对司法行政人才培养、服务司法行政主责主业战略具有重大意义。为确保高职学院高质量发展，更好地服务基层、服务行业、服务总目标，我提几点意见供同志们把握。

一、要突出政治属性，为党育人、为国育才

××司法警官职业学院是培养党和人民信得过、靠得住、能放心的司法行政事业建设者和接班人的阵地，忠于党、忠于祖国、忠于人民、忠于宪法和法律是学院的政治本色，也是根本属性。要始终坚持政治立校、政治强警根本原则，坚定不移贯彻落实习近平新时代中国特色社会主义思想，贯彻落实党的二十大精神，深刻领悟"两个确立"的决定性意义，增强"四个意识"，坚定"四个自信"，做到"两个维护"，把讲政治体现在办学治校的各个环节，融入育人育才方方面面，不折不扣贯彻落实党的教育方针，坚持社会主义办学方向，践行人民警察训词精神，精心培育对党忠诚、服务人民、执法公正、纪律严明的新时代合格人民警察。

二、要紧密结合实际，明确定位、科学发展

今天，××司法警官职业学院正式成立了，这对于全校教职工来说，只是万里长征的第一步。学院党委和广大教职工要以学院成立为新起点，坚持培养什么人、怎样培养人、为谁培养人这一根本问题，牢记立德树人根本任务，站在全国司法行政院校发展大局和全省教育事业发展大势中研究谋划学院发展，紧密聚焦学院功能，审视瞄定学院定位，研究制定出既具有自身特色又遵循高等职业教育的发展规划、办学理念、办学定位和办学特色，实现规模、结构、质量、效益的协调发展。要创新人才培养模式，遵循教育规律和人才成长规律，深化"教学练战"一体化人才培养机制，不断创新教育教学方法、实习实训方式、人才培养理念，提升服务实战能力水平，努力打造基层法治人才培养、干警业务培训、教育转化研究的平台高地。

三、要提高育人质量，突出优势、打造品牌

人才培养质量是决定学院发展的关键因素，体现着一所学校的影响力和竞争力。当前和今后一个时期既是学院开篇起步的发展期，也是提升办学治校整体水平的攻坚期。要建设特色专业，紧密结合××司法行政系统人才需求特点，切实抓好专业建设，突出涉警专业、精品课程开发、课程思政建设；努力建设具有区位优势、行业特色的品牌专业、特色课程，实现人才需求和开设专业精准对接。要加强队伍建设，进一步加强师资队伍建设，通过学习进修、业务培训、行业锻炼、学术交流等多种途径提高教师综合素质和能力水平，利用招录遴选、人才引进，补充高学历、高职称教师数量，优化师资队伍结构。要优化办学条件，加快推进学院新校区建设进程，高起点规划、高水平设计、高质量建设，建成定位明确、布局合理、功能完善、特色突出的警务化、生态化、智能化、现代化和谐美丽校园，优化育人环境。要提升管理水平，强化制度建设，深化内部改革，落实激励机制，激发队伍活力，不断提升办学治校能力水平。

"雄关漫道真如铁，而今迈步从头越。"新的起点孕育着新的希望，新的希望昭示着新的辉煌！今天××司法警官职业学院翻开了崭新的一页，踏上了光荣艰巨的新征程。司法厅党委将一如既往全力支持学院的建设和发展，举全系统之力为学院发展营造良好环境。我们也衷心希望各位领导、相关单位和各界朋友，继续关注支持学院的成长和进步,关心关怀××司法警官职业学院的建设和发展。

最后,祝愿××司法警官职业学院的明天更加美好!祝愿各位领导、各位嘉宾、各位师生身体健康!工作顺利!学习进步!万事如意!

谢谢大家!

思考:

1. 仪式类讲话稿的写作要点是什么?
2. 对比前面学过的发言稿,学生发言稿与领导讲话稿的联系与区别是什么?

示例二

中秋节快到了,公司将要举办中秋晚会。办公室需要为公司领导准备一份晚会上的讲话稿。新来的工作人员小张接到了这项任务。小张在想,公司领导在这样的晚会上会讲些什么呢?他要向公司员工传递什么样的信息呢?小张站在领导的立场上思考后,认为公司领导讲话稿内容要包括回顾过去员工对公司发展做出的贡献及感谢相关合作单位;并强调优秀的团队对于共筑梦想,对公司发展的重要意义;还要指出关爱员工的重要性;最后点明对公司未来发展良好局面的信心。为此,小张完成了这篇公司领导在庆祝中秋节活动上的讲话稿。

在公司××××年中秋晚会上的讲话[1]

各位员工:

大家好!

皓月当空,月华流泻,满地如霜。值此中秋、国庆双节到来之际,我谨代表公司,并以我个人的名义,向你们致以最美妙的祝愿和最真挚的问候。祝大家节日快乐!

我要诚挚地感激你们!因为在公司发展中的所有的荣耀里有你们真切的付出与诚挚的协助;在公司发展中遇到挫折的时候,有你们宝贵的信任与鼎力的支持。"心同皓月同升起,血与沧波共漫流",各位员工,我们在一起艰难地创业,在磨练中成长,在竞争中成熟。公司感激你们的奉献与忠诚。

我要诚挚地感激你们!正是由于你们的团结,你们的互助,你们的支持,公司才拥有一支优秀的团队,营造"众志成城、支持共赢"的发展环境,才有了迅速壮大与蓬勃发展的大好机遇。

我要诚挚地感谢你们!支持我们的供应商,正是有了你们的信任,你们的支

---

[1] 佚名:《新员工代表发言稿》,载百度文库,https://wenku.baidu.com/view/ac769275a26925c52cc5bfd7.html,适当删改,最后访问时间:2024年12月1日。

持，公司才能发展得如此顺利、如此辉煌！我们将加倍珍惜这种信任，并将之转化成为成功的动力。在未来的日子里，希望各供应商能够继续配合分馆做好每一步工作，以保障××馆出品的质量，让客户满意，吃得开心健康，是××馆每位员工的宗旨与使命。

"素月分辉，明河共影，表里俱澄澈"。我们有梦想，我们有追求。我们要创造，我们要成果。我们可以失败，但我们更追求成功。××馆将在各位员工的大力支持与辛勤努力下，以坚定的信念，饱满的热情与孜孜不倦、永不停歇的精神，实现××馆雄立世界、基业长青的伟大愿景，致力于为××馆赢取成功与巨大的财富！

最后，我再一次向大家致以最美好的祝愿，并通过你们，向你们家人致以亲切的问候，祝愿他们身体健康！节日欢乐！

思考：这篇公司领导讲话稿与上篇特定行业领导讲话稿有何不同之处？

拓展学习

知识卡片

讲话稿和演讲稿的区别

1. 使用主体不同。讲话稿一般由代表本单位发言的领导使用，其内容往往体现单位的集体意志。演讲稿侧重于反映个人的看法和主张。

2. 使用场合不同。讲话稿一般用于各类大小会议、日常工作报告、领导讲话等场合，主要以传达信息为主。演讲稿一般用于公众场合发表演说，旨在表达个人主张、传递信息并引发听众共鸣。

3. 撰写方式不同。讲话稿的撰写方式多样，有的由领导亲自动手起草，有的由文秘人员根据领导的想法为起草，一般要经过反复修改后才能定稿。演讲稿大多由演讲者本人单独撰写。

4. 语言风格不同。讲话稿适合使用简洁明了、直接的语言风格，句子较为简短，词汇选择也应该更易理解，配合实际讲话场合。演讲稿更加注重语言表达技巧和感染力，运用丰富的修辞手法来增强演讲效果。

品味研读

习近平接见第 33 届奥运会中国体育代表团时强调 戒骄戒躁 再接再厉 为建设体育强国再立新功

思想深邃：领导讲话的至高境界

训练营地

一、填空题

1. 讲话稿一般包括_____、_____、_____、_____四部分。
2. 讲话稿写作注意事项包括_____、_____、_____、_____。
3. 讲话稿的特点包括_____、_____、_____。
4. 讲话稿的类型包括_____、_____、_____。

二、单项选择题

1. 下列文稿不属于讲话稿的是（　　）。
   A. 闭幕词　　　B. 欢迎词　　　C. 开幕词　　　D. 竞聘词

2. 为了总结、推广、交流某一地方、某一单位的全面工作或专题工作经验召开的会议上，领导人发表的具有表彰、决定、号召意义的重要讲话属于（　　）。
   A. 思想教育类演讲稿　　　　　B. 经验交流型发言稿
   C. 经验交流会讲话稿　　　　　D. 经济类演讲稿

三、写作练习题

假如你是你们系部书记，请试着写一篇关于学生勤奋学习的讲话稿。

参考答案

实训领域三　党政机关公文类应用文

> **学习目标**

　　知识目标：了解党政机关公文的特点、种类、行文规则，重点把握党政机关在进行公务活动中所使用的《党政机关公文处理工作条例》中规定的公文格式规范及各类文种的特点。

　　能力目标：通过对各类公文学习，具备熟练写作主题正确、内容充实、结构合理、语言得体、格式规范的公文的能力。

　　素养目标：拓宽学生的知识领域，提高学生的语言表达与公文处理能力，提升学生的人文素养。

党政机关公文简介

一、党政机关公文概念

　　2012年4月16日，中共中央办公厅、国务院办公厅联合印发了《党政机关公文处理工作条例》；6月29日，原国家质量监督检验检疫总局、国家标准化委员会发布了《党政机关公文格式》的国家标准。两者均于2012年7月1日起正式实施，是全国各级党政机关公文处理工作的基本依据。根据新《党政机关公文处理工作条例》的规定，党政机关公文是党政机关实施领导、履行职能、处理公务的具有特定效力和规范体式的文书，是传达贯彻党和国家方针政策，公布法规和规章，指导、布置和商洽工作，请示和答复问题，报告、通报和交流情况等的重要工具。

二、公文特点

（一）实用性

　　公文的产生与公务活动有关，离开了公务活动，就不能称其为公文。公文，是在机关公务活动中形成的，是各级行政机关与组织行使法定职权，实施有效管理的重要工具，具有很强的实用性，无论是指导工作、布置任务，还是反映情况、报告工作、请求批准、联系事务，每一个公文的制发都和工作息息相关，都有实际的效用。

（二）权威性

首先，公文要求公文作者必须是法定的。所谓法定的作者，就是指依据法律、法规和有关的章程、条例或决定成立的并能以自己的名义行使法定的职权和担负一定的义务的机关、组织或代表机关组织的领导人。公文必须由法定的作者依法制发，因而使公文具有了法定性与权威性的特征。同时，从中央国家机关到地方国家机关，在进行行政管理的过程中，必须严格履行各自的职责，即下一级必须服从上一级的领导与指挥，地方必须服从中央，各级行政机关及其所属部门制发的公文，都是本部门法定权威的象征，其下属部门必须严格贯彻执行。所以，公文具有法定的权威性。

（三）时效性

每一份公文都是为了完成某个特定的任务而制发的，有的公文的时效很长，如法规性文件时效可达几十年；而有的公文时效很短，如具体事项的通知。制发公文的目的也是解决公务活动的实际需要，提高机关的办事效率。由此，公文的实际效用是有一定的时间限制的，随着一项工作的完成，该公文的作用也就随之结束，经过立卷、归档后，它将对今后的工作起到凭证与参考作用。

（四）规范性

为了维护公文的权威性，保护公文的严肃性和便于公文的处理，国务院对公文的用纸规格、公文的格式、公文的处理程序等都有严格的规定。一篇具体的公文的发文机关标志、发文字号、标题、主送机关、正文、落款等也都有严格的要求。

三、公文种类

（一）按适用范围来划分

根据《党政机关公文处理工作条例》的规定，公文有15种：决议、决定、命令（令）、公报、公告、通告、意见、通知、通报、报告、请示、批复、议案、函和纪要。

1. 决议。适用于会议讨论通过的重大决策事项。

2. 决定。适用于对重要事项作出决策和部署、奖惩有关单位及人员、变更或者撤销下级机关不适当的决定事项。

3. 命令（令）。适用于公布行政法规和规章、宣布施行重大强制性行政措施、批准授予和晋升衔级、嘉奖有关单位及人员。

4. 公报。适用于公布重要决定或者重大事项。

5. 公告。适用于向国内外宣布重要事项或者法定事项。

6. 通告。适用于在一定范围内公布应当遵守或者周知的事项。

7. 意见。适用于对重要问题提出见解和处理办法。

8. 通知。适用于发布、传达要求下级机关执行和有关单位周知或者执行的事项，批转、转发公文。

9. 通报。适用于表彰先进、批评错误、传达重要精神和告知重要情况。

10. 报告。适用于向上级机关汇报工作、反映情况，回复上级机关的询问。

11. 请示。适用于向上级机关请求指示、批准。

12. 批复。适用于答复下级机关请示事项。

13. 议案。适用于各级人民政府按照法律程序向同级人民代表大会或人民代表大会常务委员会提请审议事项。

14. 函。适用于不相隶属机关之间商洽工作、询问和答复问题、请求批准和答复审批事项。

15. 纪要。适用于记载会议主要情况和议定事项。

（二）按行文方向来划分

可分为上行文、下行文和平行文。

上行文是指下级机关、组织、单位向对其具有指导关系的上级机关报送的公文，如请示、报告。

下行文是指上级机关、组织、单位向所属机关、组织、单位以及虽无隶属关系，却有领导职能的下级机关、组织、单位下发的公文，如命令、决定、公告、通告、通报、批复等。

平行文是指同级机关、组织、单位或没有隶属关系的机关、组织、单位之间，为协商或通知有关事项而制发的公文，如函等。

（三）按缓急程度来划分

可分为特急公文、加急公文和常规公文。

（四）按保密级别来划分

可分为绝密公文、机密公文、秘密公文和普通公文。

四、公文行文规则

按《党政机关公文处理工作条例》的规定，党政机关公文行文应遵循以下规则：

（一）一般规则

1. 行文应当确有必要，讲求实效，注重针对性和可操作性。

2. 行文关系根据隶属关系和职权范围确定。一般不得越级行文，特殊情况需要越级行文的，应当同时抄送被越过的机关。

（二）向上级机关行文规则

1. 原则上主送一个上级机关，根据需要同时抄送相关上级机关和同级机关，不抄送下级机关。

2. 党委、政府的部门向上级主管部门请示、报告重大事项，应当经本级党委、政府同意或者授权；属于部门职权范围内的事项应当直接报送上级主管部门。

3. 下级机关的请示事项，如需以本机关名义向上级机关请示，应当提出倾向性意见后上报，不得原文转报上级机关。

4. 请示应当一文一事。不得在报告等非请示性公文中夹带请示事项。

5. 除上级机关负责人直接交办事项外，不得以本机关名义向上级机关负责人报送公文，不得以本机关负责人名义向上级机关报送公文。

6. 受双重领导的机关向一个上级机关行文，必要时抄送另一个上级机关。

（三）向下级机关行文规则

1. 主送受理机关，根据需要抄送相关机关。重要行文应当同时抄送发文机关的直接上级机关。

2. 党委、政府的办公厅（室）根据本级党委、政府授权，可以向下级党委、政府行文，其他部门和单位不得向下级党委、政府发布指令性公文或者在公文中向下级党委、政府提出指令性要求。需经政府审批的具体事项，经政府同意后可以由政府职能部门行文，文中须注明已经政府同意。

3. 党委、政府的部门在各自职权范围内可以向下级党委、政府的相关部门行文。

4. 涉及多个部门职权范围内的事务，部门之间未协商一致的，不得向下行文；擅自行文的，上级机关应当责令其纠正或者撤销。

5. 上级机关向受双重领导的下级机关行文，必要时抄送该下级机关的另一个上级机关。

（四）其他行文规则

1. 同级党政机关、党政机关与其他同级机关必要时可以联合行文。属于党委、政府各自职权范围内的工作，不得联合行文。党委、政府的部门依据职权可以相互行文。

2. 部门内设机构除办公厅（室）外不得对外正式行文。

五、公文的用纸规格

1. 公文用纸采用国际规定的 A4 型纸，其规格为：210mm × 297mm。

2. 公文页边与版心尺寸。公文用纸天头（上白边）为：37mm±1mm，地脚（下白边）为：35mm±1mm；公文用纸订口（左白边）为：28mm±1mm，翻口为：26mm±1mm，版心尺寸为：156mm × 225mm（不含页码）。

3. 字体型号。公文正文一般用3号仿宋体字，文中小标题可用3号小标宋体字或黑体字，一般每面排22行，每行排28字。

4. 公文装订。公文应在左侧装订，不掉页。

六、公文的基本格式

公文格式主要由版头、主体、版记三部分组成。

（一）版头

版头部分包括份号、密级和保密期限、紧急程度、发文机关标志、发文字号、签发人和红色分隔线等内容。版头位于公文首页上端，约占A4型公文纸的1/3或2/5面积（宽度同版心，即156mm）。

1. 发文机关标志。发文机关标志由发文机关全称或者规范化简称加"文件"二字组成，也可以使用发文机关全称或者规范化简称。发文机关标志居中排布，上边缘至版心上边缘为35mm，推荐使用小标宋体，颜色为红色，以醒目、美观、庄重为原则。

联合行文时，如需同时标注联署发文机关名称，一般应当将主办机关名称排列在前；如有"文件"二字，应当置于发文机关名称右侧，以联署发文机关名称为准上下居中排布。

2. 份号。份号是指公文印刷份数的顺序号。涉密公文应标注份号，一般用6位3号阿拉伯数字，顶格编排在版心左上角第一行如"000018"。

3. 发文字号。发文字号又称文号、文件字号，是指某一公文在发文机关一个年度内发文总号中的实际顺序号，由发文机关代字、年份、序号组成。如"国发〔2024〕6号"，表示是国务院2024年制发的第6号文件。联合行文时，使用主办机关的发文字号，标注于版头下方居中或左下方（上行文时居左空一字编排）。文字采用3号仿宋字体，发文年份、发文顺序号用阿拉伯数字书写排印，发文年份用中文六角括号"〔〕"括入。

4. 签发人。上报公文应在发文字号右侧标注签发人（居右空一字编排），"签发人"3个字用3号仿宋字体，签发人后面标注姓名，文字采用3号楷体字，联合上报的公文，应同时标注各联署机关的签发人。

5. 密级和保密期限。密级指公文内容的涉密等级。秘密等级分为"绝密""机密"和"秘密"3级，如需标注密级和保密期限，一般用3号黑体字，顶格编排在版心左上角第二行。秘密等级和保密期限之间用"★"隔开。如"绝密★5个月"，意味着该公文为绝密等级，期限为5个月，过期即可解密。另外，如不标保密期限，秘密等级两字之间应空一格，如需标注保密期限，则秘密等级的两字之间不需空格。

6. 紧急程度。紧急程度是对公文送达和办理的时限要求，紧急公文可分为"特急"和"加急"。一般用3号黑体字，顶格编排在版心左上角，如需同时标识秘密等级与紧急程度，应按秘密等级在上、紧急程度在下的原则。

7. 版头中的分隔线。分隔线是指发文字号之下4mm处居中印一条与版心等宽的红色分隔线。

（二）主体

主体包括标题、主送机关、正文、附件说明、发文机关署名、成文日期、印章、附注和附件等。

1. 标题。完整的公文标题由发文机关名称、事由、文种组成。公文标题的三个组成部分一般要写完整，也有部分省略的情况，如单位内部使用的公文，标题可省略发文单位或事由。发文事由用"关于……的"介词结构表达公文的基本内容。标题应力求简明、扼要、醒目。如《××局关于召开年终总结表彰大会的通知》。标题中除法规、规章名称加书名号外，原则上不用标点符号，公文标题一般用2号小标宋字体，编排与红色分隔线下空二行的位置，分一行或多行居中排布，标题排列应使用梯形和菱形。

2. 主送机关。主送机关指公文的主要受理机关。标识主送机关时应标明主送机关的全称、规范化简称或同类型机关的统称。所谓同类型机关的统称，如"各省、自治区、直辖市人民政府"，其位置在标题下空一行；左侧顶格用3号仿宋体字标识，回行时仍顶格；最后一个主送机关名称后标全角冒号。

多个主送机关的标点用法：同类型、相并列的机关之间用顿号间隔，不同类型、非并列关系的机关之间用逗号间隔，最后用冒号，如"各省、自治区、直辖市人事（人事劳动）厅（局），教委（教育厅），语委（语言文字工作机构），国务院各部委、各直属机构人事（干部）部门，新疆生产建设兵团人事局:"。普发性下行文，往往主送机关较多；上行文的主送机关一般是一个；请示、批复的主送机关只能是一个。

3. 正文。正文是公文的主体和核心所在，用来表述公文的内容，公文首页须显示正文。正文中结构层次序数依次可以用"一、""（一）""1.""（1）"标注；一般一级标题用黑体字，二级标题用楷体，三级和四级和正文一样用3号仿宋。

4. 附件说明。附件说明只适用于有附件的公文，用于说明附属于公文正件的其他文件或材料。包括公文附件的顺序号和名称。如有附件，在正文下空一行左空二字编排"附件"二字，后标全角冒号和附件名称。如有多个附件，使用阿拉伯数字标注附件顺序号（如"附件：1.××××××"）；附件名称后不加标点符号。附件名称较长需回行时，应当与上一行附件名称的首字对齐。

5. 发文机关署名。发文机关署名应当用发文机关全称或规范化简称。单一机关行文时,发文机关署名在成文日期之上、以成文日期为准居中编排。

联合行文时,应将各发文机关署名按发文机关顺序排列在相应位置,并使印章加盖其上。

不加盖印章的公文,单一机关行文时,在正文下空一行右空二字编排发文机关署名,在发文机关署名下一行编排成文日期,成文日期首字比发文机关署名首字右移两个字;联合行文时,应当先编排主办机关署名,其余发文机关署名依次向下编排。

6. 成文日期。用于表明公文开始正式发挥效用的时间,是党政机关公文生效的重要标志。

成文日期确定的原则和标注位置有两种:一是会议通过的决议、决定等以会议正式通过的日期为准,成文日期编排在公文标题之下,写全年、月、日用"( )"括起来。二是经机关负责人签发的公文,以签发日期为准(联合行文以最后签发的机关负责人签发的日期为准)。成文日期在公文正文或附件说明的右下方右空四字编排,用阿拉伯数字将年、月、日标全,年份应标全称,月、日不编虚位。

7. 印章。印章是公文生效的标志,是鉴定公文真伪最重要的依据之一,印章用红色。上行文一定要加盖印章。有特定发文机关标志的普发性公文可以不加盖印章,纪要不加盖印章。

8. 附注。附注是指公文印发传达范围等需要说明的事项。如有附注,居左空二字加圆括号编排在成文日期下一行。如"(此件公开发布)"。

9. 附件。附件是指公文正文的说明、补充或者参考资料。公文附件是正文内容的组成部分,与正文具有同等效力。附件应当另面编排,并在版记之前,与公文正文一起装订。"附件"二字及附件顺序号用3号黑体字顶格编排在版心左上角第一行。附件标题居中编排在版心第三行。附件顺序号和附件标题应当与附件说明的表述一致。附件格式要求同正文。如附件与正文不能一起装订,应当在附件左上角第一行顶格编排公文的发文字号并在其后标注"附件"二字及附件顺序号。

(三)版记

由分隔线、抄送机关、印发机关、印发日期等要素组成。

1. 分隔线。首条分隔线是用于区分主体与版记的标志,位于版记中第一要素之上;末条分隔线与公文最后一面的版心下边缘重合。

版记中的分隔线与版心等宽,首条分隔线和末条分隔线用粗线,中间的分隔线用细线。

2. 抄送机关。抄送机关是指除主送机关外需要执行或知晓公文内容的其他机关，应当使用全称或规范化简称、统称，如有抄送机关一般用 4 号仿宋体字，编排在印发机关和印发日期之上一行，左右各空一字编排。"抄送"二字后加全角冒号和抄送机关名称，回行时与冒号后的首字对齐，最后一个抄送机关名称后标句号。

3. 印发机关和印发日期。印发机关是指公文的印刷主管部门，一般是各党政机关办公厅（室）或文秘部门。发文机关没有专门的办公厅（室）的，发文机关就是印发机关。

印发机关和印发日期一般用 4 号仿宋体字，编排在末条分隔线之上，印发机关左空一字，印发日期右空一字，用阿拉伯数字将年、月、日标全，年份应标全，月、日不编虚位（即不编 01），后加"印发"二字。

版记中如有其他要素，应当将其与印发机关和印发日期用一条分隔线隔开。

4. 页码。页码一般用 4 号半角宋体阿拉伯数字，编排在公文版心下边缘之下，数字左右各放一条一字线；一字线上距版心下边缘 7mm，单页码居右空一字，双页码居左空一字。公文的版记页面有空白页的，空白页和版系页均不编排页码。

公文的附件与正文一起装订时，页码应当连续编排。

七、公文的特殊格式

（一）信函式格式

1. 发文机关标志使用发文机关全称或者规范化简称，居中排布，上边缘至上页边距离为 30mm，推荐使用红色小标宋体字。联合行文时，使用主办机关标志，发文机关标志下 4mm 处印一条红色双线（上粗下细），距下页边 20mm 处印一条红色双线（上细下粗），线长均为 170mm，居中排布。

2. 如需标注份号、密级和保密期限、紧急程度，应当顶格居版心左边边缘编排在武文线下，按照份号、密级和保密期限、紧急程度的顺序自上而下分行排列，第一个要素与该线的距离为 3 号汉字高度的 7/8。

3. 发文字号顶格居版心右边缘排在第一条红色双线下，与该线的距离为 3 号汉字高度 7/8。

4. 标题居中编排，与其上最后一个要素相距两行。

5. 第二条红色双线的上一行如有文字，与该线的相距为 3 号汉字高度的 7/8。

6. 首页不显示页码。

7. 版记不加印发机关和印发日期、分割线，位于公文最后一面版心的最下方。

（二）命令格式

1. 发文机关标志一般由发文机关的全称加"命令"或"令"来组成的，居中排列，上边缘至版心的上边缘距离为20mm，一般应该使用红色小标宋体字。发文机关标志下空两行居中编排令号，令号下空两行编排正文。

2. 单一的机关制作的公文加盖签发人的姓名时，在正文（或者附件说明）下方空出两行居右空四字加盖签发人的名章，名章左空两字标上签发人的职务，要求以名章为准上下居中排布。在签发人的名字下空一行，居右空出四字编排成文日期。

3. 联合机关发文时，应当先编上主办机关的签发人职务，签名应该上下对齐。

（三）纪要格式

1. 纪要的标志由"××××纪要"组成，居中来排列，上边缘到版心上边缘的距离为35mm，要求使用红色小标宋体字。

2. 标注参会人员的名单一般用3号黑体字，在正文或者附件说明下空出一行，居左出两行字编排"出席"二字，后标上全角冒号，冒号之后用3号仿宋体字写出出席人单位、姓名，回行时与冒号后的首字对齐。

3. 标注请假和列席人员名单时，除依次另起一行并将"出席"两字改为"请假"或"列席"外，编排方法同出席人员名单。

4. 纪要格式可以根据实际制定。纪要的格式应写成"××××会议纪要"，位置距版心上边缘25mm。字号由发文机关酌定。会议纪要不加盖印章。

| 拓展学习 |

知识卡片

事务类与公文类应用文的区别

公文是由《党政机关公文处理工作条例》规定的公文文种；而事务文书则是由机关工作本身的需要而形成的文书，其文种以及其文书制发程序却没有严格的法规规定。

公文是在公务活动中形成并使用的，离开了公务活动就不称其为公文。但是，并非所有在公务活动中产生的文字材料都是公文，公文必须具备下面三个方面的条件：

1. 公文必须在行政管理过程中，也即是在公务活动中形成和使用，没有公务活动便没有公文的形成。

2. 公文必须由法定的作者依法制发。

3. 公文必须按照特定的格式撰写，按特定处理程序制发，从受命、撰稿、核稿、会签、签发到校对、印制、用印、核发，各环节均有特别规定，而事务文书却没有这些严格的规定；公文不仅具有特定的格式，而且要成文，从标题到签署、从正文到各种附加标记、从文面到用纸，都要符合特定的要求。

只有同时具备了上述三个条件的文书材料才是公文，否则就不是公文。其他文字材料，可能也具备其中的一、两个特点，如会计报表、商品说明、介绍信、大事记等，但并不具备其全部特征，因此就不是公文。计划、总结、调查报告、会议记录、规章制度等，在特殊需要时，经机关领导确认、同意，可以作为公文的附件发出。

总之，公文主要是针对机关外部的公务而形成的；而事务文书则主要是针对本机关的内部事务活动需要而形成的，形成之后大多在本机关内部使用，不要求分发出去。如有特殊需要，经机关领导同意，事务文书可以作为公文的附件发出。

品味研读

司法部办公厅关于印发"公证减证便民提速"
活动方案的通知

训练营地

一、填空题

1. 2012 年 4 月 16 日，中共中央办公厅、国务院办公厅联合印发了《党政机关公文处理工作条例》规定，党政机关公文是党政机关实施领导、履行职能、处理公务的具有_____和_____的文书，是传达贯彻党和国家方针政策，公布法规和规章，指导、布置和商洽工作，_____报告、通报和交流情况等的重要工具。

2. 2012 年 4 月 16 日，中共中央办公厅、国务院办公厅联合印发的《党政机关公文处理工作条例》规定现行的公文有_____种。

3. 按行文方向可以把公文分成_____、_____、_____。

4. 一份完整的公文格式要由_____、_____、版记等三部分组成。

5. 公文的发文字号要包括机关代字、_____和序号。

6. 公文的标题一般包括_____、_____、_____三个部分。

7. 某地发生一起突发性重大事故，要将此事故的发生原因、过程、结果、性质和处理意见反映给上级，需要用 15 种公文中的_____行文。

8. 在党政机关公文中，_____是一种典型的平行文。

9. 公文标题中的事由多以_____的介词结构形式出现。

10. 用于发布、传达要求下级机关执行和有关单位周知或者执行的事项，批转、转发公文的公文是_____。

二、单项选择题

1. 联合行文的公文成文日期以（　　）为准。
   A. 印刷日期　　　　　　　　B. 最后签发机关的领导签发日期
   C. 会议通过日期　　　　　　D. 核稿人签字日期

2. 传达要求下级机关执行和有关单位周知或者执行的事项应当使用（　　）。
   A. 公报　　　B. 公告　　　C. 通知　　　D. 通报

3. 下行文发文字号的位置应该在发文机关标志下空两行处（　　）。
   A. 居中排布　　　　　　　　B. 居左空一字
   C. 居左空二字　　　　　　　D. 居右空一字

4. 向上级机关请求指示、批准，用（　　）行文。
   A. 请示　　　B. 通知　　　C. 函　　　D. 报告

5. 答复下级机关的请示事项用（　　）行文。
   A. 批复　　　B. 函　　　C. 意见　　　D. 通知

6. 适合作报告结尾的习惯用语有（　　）。
   A. 特此报告　　　　　　　　B. 以上报告，请批复
   C. 以上请示，请审阅　　　　D. 如无不妥，请批准

7. 不相隶属的机关之间，请求批准和答复审批事项，用（　　）。
   A. 简报　　　B. 报告　　　C. 函　　　D. 请示

8. 使用公文表彰先进时，对于一般性的先进典型用（　　）。
   A. 命令　　　B. 决定　　　C. 通报　　　D. 通告

9. 公文中的成文日期应写为（　　）。
   A. 2024.6.10　　　　　　　B. 二零二四年六月十日
   C. 二〇二四年六月十日　　　D. 2024年6月10日

10. 下列哪种情况不可以采用越级行文的方式（　　）。
    A. 情况特殊紧急
    B. 需要检举、控告其直接上级机关
    C. ××市税务局为适应市场经济发展的需要，拟在办公大楼原址建一座具有一定规模的办税大厅，为此，决定向上级机关致文请求批准
    D. 财政部致文××地区财政局要求调查该区×特殊事件的情况，该区财政局调查清楚后向财政部行文报告

三、判断题（对的打"√"、错的打"×"）

1. 行政公文应本着"确有必要，注重实效"的行文原则。（   ）
2. 部门内设机构都可以对外正式行文。（   ）
3. 受双重领导的机关向上级机关请示，只能写一个主送机关，另一个机关应该使用抄送的形式。（   ）
4. 请示可以主送给两个上级单位。（   ）
5. 请示在主送上级的同时应向下级抄送。（   ）
6. 意见行文方向灵活。可上行，可下行，也可平行。（   ）
7. 会议记录属于事务类文书。（   ）
8. 公文首页必须显示正文。（   ）
9. 在党政机关公文标题的写作中，不能省略的部分是事由。（   ）
10. 意见适用于对重要问题提出见解和处理办法。（   ）
11. 文中结构层次序数依次可以用"一、""（一）""1""（1）"标注。（   ）

四、请选择恰当的文种拟制公文标题

1. 外联酒店职工马××在清理餐厅时，拾到客人遗落在此的黑色皮包一个，里面装有1万元现金和其他一些贵重物品，她马上通过酒店和客人取得了联系，将钱物如数返还给了失主，九江市旅游管理局决定下发公文对马××予以表扬奖励。
2. 西安市宏志中学为迎接全市汇考，想请第七中学支援一名历史教师。
3. 泰安市公安局需要购置30辆警用面包车，需向市财政局申请批准财政拨款。
4. 宁远市×职业学院学生王×周末返校途中，路遇歹徒抢劫他人，便奋不顾身，见义勇为，最终将歹徒制服并扭送到公安机关，其学校决定对王×进行表扬奖励。
5. 上海市人民政府为了巩固城市绿化的工作成果，制发了一份公文，将保护城市绿地应遵守的有关事项告知全体市民。
6. 沈阳市人民政府就开展国有资产核定工作向所属下级机关行文，陈述该项工作的重要性，交代工作任务、措施、方法及时间安排等。
7. 贵州省人民政府收到《关于加强农村教师队伍建设问题的报告》之后，认为该文针对性强，文中建议切实可行，决定对该文加批语后下发施行，为此制发一公文。
8. 临江市实验中学是该市唯一一所使用汉英双语教学的学校，为了进一步提高英语教学质量，该中学领导经研究后，准备选派5名英语教师去北京外国语大学培训学习6个月。为此，制发了一份公文，请求临江市教委给予批准。

五、请按照公文格式的规范要求找出下面的公文格式不规范之处。

××××政法学院文件

××××政法学院关于加强重点学科建设的意见
（2024年1月6日）

各系（部）、机关各处（室）：

2024年是我校争取增加硕士学位授予点的一年。加强重点学科建设是今年的龙头工作。它对申报新的硕士点，实现"质量立校，科研兴校，人才强校"的发展战略具有特别重要的意义。现就如何加强重点学科建设提出以下意见：

一、凝练学科方向，确定好重点学科建设的目标和任务。各系（部）要按照"做强特色学科，做优传统学科，培育新兴学科"的要求，尽早确定新增申报硕士点的重点学科及研究方向。（略）

二、汇集学科队伍，为重点学科建设提供人才支持。（略）

三、提升学科水平，为重点学科建设提供成果保障。（略）

四、构建学科基地，为重点学科建设提供资金保障。（略）

五、做好现有硕士点的教学工作，为新的重点学科建设提供经验借鉴。（略）

（××××司法厅印）

六、思考题

请同学们了解运用AI完成公文写作的基本思路及操作流程。

参考答案

实训项目十六　通知

情境导入

为了丰富校园文化生活，增强部门工会自身凝聚力，提高教职工身体健康素质，××大学决定举办教职工秋季趣味运动会。白×是学校工会一名新入职的工作人员，领导决定让白杨负责此次活动。白×需要先与领导沟通秋季趣味运动会的相关事宜，然后拟写趣味运动会通知。他要如何完成这份通知呢？

| 任务描述 |

白×为这件事去请教学校办公室侯老师。侯老师告诉他，写好一份通知，在开头要把通知事项的目的说清楚；主体列出通知的具体内容并阐述清楚每一个点，讲清完成事项的措施、办法等；结尾提出贯彻要求等。

| 知识聚焦 |

一、什么是通知

《党政机关公文处理工作条例》中规定，通知适用于发布、传达要求下级机关执行和有关单位周知或者执行的事项，批转、转发公文。在公文实践中，通知文种的使用频率非常，其重要性是不言而喻的。

二、通知的特点

（一）功能多样

通知属于下行文，上级机关可以通过通知向下级机关传达指示和要求，指导工作开展，安排工作任务，明确工作目标、内容、方法和时间要求等；将某些事项告知下级机关，使其了解情况，如会议通知、活动通知等。

（二）应用广泛

通知的应用广泛，通知可以用于党政机关、社会团体、企事业单位等各种组织；功能丰富，可以传达信息、发布规章、批转或转发文件等。

（三）时效性强

通知的内容一般要求在一定的时间内执行或知晓，具有较强的时效性。对于紧急通知，更需要迅速传达并立即执行。

三、通知的类型

（一）批转、转发性通知

这类通知通常含批转、转发有关文件的通知。其中，上级机关对下级机关的公文提出批准或肯定性的意见后，转发给其他下级机关执行的通知，是批转性通知，批即批准，转即转发；下级机关转发上级文件、同级或不相隶属的机关之间的文件，是转发性通知。

（二）指示性通知

指示性通知是上级机关对下级机关的工作进行部署、指导、安排，要求下级机关办理或执行某项工作的通知。

（三）发布性通知

发布性通知是发布行政法令和规章制度、办法、章程等使用的通知。根据不同情况，可分为颁发、发布、印发（公布）三种。一般来说，对比较重要的行政法规、规章、办法用颁发、发布，而对一般性的、暂行或试行的行政规章、管理规章用印发。

（四）事务性通知

事务性通知是上级机关告知下级或有关单位知晓、办理有关事宜时使用的通知，也包括会议通知和任免通知。

四、如何写通知

（一）标题

通知的标题一般有两种写法：一种是完整式标题，由发文机关、事由和文种组成，如《教育部关于举办中国国际大学生创新大赛的通知》；第二种是省略式标题，由事由和文种组成，如《关于开展××××年"春暖农民工"服务行动的通知》。

转发或批转通知，在标题中要写有"转发"或"批转"及文件名称，如国家文物局印发《关于转发〈军事法院涉案文物移交办法（试行）〉并做好相关工作的通知》；发布规章制度的通知，标题中的规章制度名称要加书名号，如《公安部关于印发〈公安机关信访工作规定〉的通知》《司法部关于印发〈法律援助文书格式〉的通知》。

（二）主送机关

主送机关是受文机关，根据实际内容，判定是一个或多个单位。如有多个单位，可以概写；如是普发性通知，则省略主送机关。

（三）正文

通知的正文部分，由缘由、主体和结语三个部分构成。

1. 缘由。开头开宗明义、点明主题。简明扼要地介绍通知的原因、目的及依据，并运用过渡句"现将有关情况通知如下""特做如下通知"等，承接主体部分内容。

2. 主体。主体部分要突出重点、表述精准。层次清晰地陈述通知的具体事项、措施办法等。不同类型的通知内容略有差异。

批转、转发性通知，要说明批转或转发公文的发文机关、发文字号、公文标题、生效日期；介绍被批转及转发文件的目的及理由，对受文机关提出执行要求；所带附件即被批转或转发的公文。语气严肃庄重，文字简洁准确。

指示性通知，写明指示性的意见、采取的措施办法、具体执行的要求等，部署工作具体明确。表述要层次鲜明、语气庄重，便于下级机关按照要求贯彻执行。

发布性通知，包括发布的目的、依据，发布的法律法规、制度办法等，并提出执行要求。要说明所发布公文的发文机关、发文字号、公文标题、生效日期；附件要注明序号、标题等。

事务性通知，要清楚写明具体的通知事项。会议通知要介绍会议的名称、时间、地点、参会人员、参会要求等，分条列项说明。任免通知是上级机关任免下级机关负责人或将上级机关的任免事项告知下级机关时使用的通知，正文写明任免人员及职务、任免事项批准的机关、日期等。

3. 结语。应注意正确使用习惯用语。一般使用"以上通知，请认真贯彻执行""以上通知，请遵照执行""以上通知，请认真组织落实""特此通知""以上通知，望周知"等结语。也可以不写结语，通知事项写完即可。

（四）落款

落款包括发文机关名称、发文时间及印章。在正文右下处写发文机关名称，在下面另起一行，注明具体日期，并加盖印章。

五、注意事项

1. 写作主旨要符合政策，依法依规。符合党和国家的方针政策、法律法规的要求，内容信息和要求不能有违客观实际和发展规律。

2. 通知事项要具体明确，态度鲜明。相关事宜交代清楚，有较强的可操作性，便于下级机关正确贯彻落实。

3. 语言运用要严谨庄重，精炼恰当。指示性通知的语言权威性强，事务性通知的语言简洁平易。

4. 防止滥用"通知"文种，要按照党政机关公文的通知适用范围正确制发公文。日常使用的"启事""声明"等应用文，不可混淆党政机关公文"通知"。

任务实施

下面，我们一起看看白×拟写的这份通知，请谈谈你的看法。

关于举办××××年教职工秋季趣味运动会的通知

各部门工会：

为丰富校园文化生活，增强部门工会自身凝聚力，提高教职工身体健康素质，学校工会决定举办××××年教职工秋季趣味运动会。

一、活动时间

10月15日（星期四）13：00-16：00

二、活动地点

××校区田径运动场

三、活动项目（详见附件1）

四、参赛要求

（一）报名方式

1. 由各部门工会组织集体报名，组委会不接受任何个人报名。

2. 满50人以上的部门工会每项集体项目限报2队，50人以下的部门工会每项集体项目限报1队。

3. 各部门工会务必于10月8日前提交纸质版和电子版报名表。纸质版报送校工会办公室（××校区主楼108室）；电子版发至gong×××@163.com。

（二）组织要求

1. 部门工会主席为各队领队。

2. 比赛秩序册及相关注意事项赛前将在校园网公布。

3. 参赛队员必须按照规定的时间参赛，并提前20分钟到场准备，服从工作人员统一安排，以便比赛顺利进行。

五、联系方式

联系人：王老师；联系电话：××××××××

附件：1. 活动项目介绍
　　　2. 参赛报名表

××学校工会

××××年9月20日

例文分析

示例一

为深入贯彻落实做好高校毕业生等青年就业创业工作，人力资源社会保障部、教育部、财政部联合开展行动，联合制发了下面这份通知，指导下级机关开展就业相关工作。这份通知层次鲜明，重点突出，表述精准充分。

人力资源社会保障部 教育部 财政部
关于做好高校毕业生等青年就业创业工作的通知
人社部发〔2024〕44号[1]

各省、自治区、直辖市及新疆生产建设兵团人力资源社会保障厅（局）、教育厅（教委、教育局）、财政厅（局）：

高校毕业生等青年就业关系民生福祉、社会稳定和高质量发展。各地要以习近平新时代中国特色社会主义思想为指导，落实党的二十大精神，强化就业优先导向，把促进青年特别是高校毕业生就业工作摆在更加突出的位置，综合施策，多措并举，着力促进高校毕业生等青年就业创业，确保就业局势总体稳定。现就有关工作通知如下：

一、整合优化吸纳就业补贴和扩岗补助政策。合并实施一次性吸纳就业补贴和一次性扩岗补助政策，对招用毕业年度及离校两年内未就业高校毕业生及16-24岁登记失业青年，签订劳动合同，并按规定为其足额缴纳3个月以上的失业、工伤、职工养老保险费的企业，可按每招用1人不超过1500元的标准发放一次性扩岗补助。（略）

二、延续实施国有企业增人增资政策。（略）

三、实施先进制造业青年就业行动。开展先进制造业职业体验活动，组织高校毕业生等青年参观企业园区、车间厂房，感受工作氛围，增强职业认知。（略）

四、鼓励引导基层一线就业。实施"三支一扶"计划，统筹推动其他基层服务项目实施，鼓励有条件的地方结合实际适当扩大招募规模。结合实施乡村振兴战略，适应基层治理模式创新需要，挖掘医疗卫生、养老服务、社会工作、司法辅助、科研助理等基层就业机会。（略）

五、支持自主创业和灵活就业。（略）。

六、大规模组织招聘对接服务。组织公共就业服务进校园，开展政策宣传、校园招聘、指导培训等活动。（略）

七、强化青年求职能力训练和学徒培训。（略）

八、实施百万就业见习岗位募集计划。（略）

九、实施就业困难青年专项帮扶行动。（略）

十、高效办成高校毕业生就业一件事。（略）

十一、加强就业权益维护。（略）

---

〔1〕《人力资源社会保障部 教育部 财政部关于做好高校毕业生等青年就业创业工作的通知》，载https://www.gov.cn/zhengce/zhengceku/202406/content_6958297.htm，最后访问时间：2024年9月7日，略有删改。

各地要提高思想认识,把促进高校毕业生等青年就业作为重大政治责任,作为为民办实事重要内容,细化实施方案,明确职责分工、时间进度和工作要求。要细化完善政策,结合实际优化调整本地促进青年就业政策,能出早出、能出尽出,推动惠企利民。要加强协同配合,人力资源社会保障部门要加强工作统筹协调,建立工作调度机制,强化人员保障,确保各项工作任务落地见效;教育部门要加强高校毕业生就业指导服务,配合相关部门落实落细各项促就业政策;财政部门要做好就业补助资金保障,支持高校毕业生等青年就业政策落实。要强化宣传引导,加强对本地促进青年就业创业政策、经验做法和典型的宣传,引导高校毕业生等青年从实际出发选择就业方向。

人力资源社会保障部
教育部
财政部
××××年×月×日

思考:
1. 根据通知的内容判断这是哪种通知。
2. 请同学们分析这个通知的结构。

示例二

批转、转发性通知的正文往往比较简短,通知开头要写明批转、转发公文的名称,进而表明对所转公文的态度、意见及执行的要求,便于下级机关贯彻执行。

××省人民政府办公厅转发省文化厅等部门
关于推动文化文物单位文化创意产品开发实施意见的通知
×政办发〔××××〕53号[1]

各市(州)人民政府,××管委会×,×新区管委会,各县(市)人民政府,省政府各厅委办、各直属机构:

省文化厅、省发展改革委员会、省财政厅《关于推动文化文物单位文化创意产品开发的实施意见》已经省政府同意,现转发给你们,请认真贯彻执行。

××省人民政府办公厅

---

〔1〕《吉林省人民政府办公厅转发省文化厅等部门关于推动文化文物单位文化创意产品开发实施意见的通知》,载http://xxgk.jl.gov.cn/szf/gkml/201812/t20181205_5349970.html,最后访问时间:2024年8月12日,略有删改。

××××年×月×日

（此件公开发布）

思考：

1. 批转与转发有何区别？
2. 如何写批转性通知的标题？
3. 此种类型的通知是否需要附件？

示例三

为深入贯彻《中华人民共和国长江保护法》，水利部、公安部、交通运输部三部门拟联合开展长江河道采砂综合整治行动，联合制发了下面这份通知，指导下级机关开展相关工作。内容包括行动目的、范围、时间、任务和具体执行要求等，层次鲜明，重点突出，表述精准充分。

水利部　公安部　交通运输部
关于开展长江河道采砂综合整治行动的通知[1]

水利部长江水利委员会，公安部长江航运公安局，交通运输部长江航务管理局，云南、四川、重庆、湖北、湖南、江西、安徽、江苏、上海等省（直辖市）水利（水务）厅（局）、公安厅（局）、交通运输厅（局、委）：

为全面落实习近平总书记在推动长江经济带发展座谈会上的重要讲话精神，深入贯彻《中华人民共和国长江保护法》，按照习近平总书记等中央领导同志有关批示要求，水利部、公安部、交通运输部决定即日起联合开展长江河道采砂综合整治行动。现将有关事项通知如下：

一、行动目的

压实河道采砂管理责任，规范长江河道采砂管理，严格案件查处，严厉打击非法采、运砂行为，推动扫黑除恶常态化，切实维护长江河道采砂管理秩序，坚决防止非法采砂反弹，确保长江防洪、供水、通航和生态安全。

二、行动范围

长江干流河道及通江支流、湖泊。

三、行动时间

即日起至××××年××月××日。

四、工作任务

（一）落实河道采砂管理责任制。各地对辖区内有采砂管理任务的河道，逐

---

[1]《关于开展长江河道采砂综合整治行动的通知》，载 https://www.mps.gov.cn/n6557558/c7780455/content.html，最后访问时间：2024年8月12日，略有删改。

级逐段落实采砂管理河长、行政主管部门、现场监管和行政执法责任人，并向社会公告。长江干流和纳入全国河道采砂管理重点河段、敏感水域的相关责任人名单，按照水利部有关工作要求，4月底前在水利部网站进行公告。

（二）规范河道采砂规划和许可管理。（具体内容略）

（三）加强日常巡查监管。（具体内容略）

（四）严厉打击非法采运砂行为。（具体内容略）

（五）强化涉砂船舶综合治理。（具体内容略）

（六）加强疏浚砂综合利用管理。（具体内容略）

五、有关要求

（一）抓好组织领导和任务落实。本次行动由水利部、公安部、交通运输部牵头组织，沿江各省（直辖市）水利、公安、交通运输部门具体实施。长江委、长航公安局和长航局切实履行相关职责，主动作为，加强巡江检查，共同推进各项任务落实。水利部、公安部、交通运输部将组成督导组，对综合整治行动进行督导，确保取得实效。

（二）加强部门、区域联防联控。水利、公安、交通运输等部门要加强沟通协作，并建立信息沟通、案件移送、联合执法等制度，推动部门间采砂管理合作机制向基层延伸。强化省际间协同配合和联防联控，交界水域相关地区要完善采砂管理合作机制，形成齐抓共管合力，坚决防止非法采砂反弹。

（三）做好舆论宣传和行动总结。各地各部门要通过电视、广播、网络、报刊等媒体，加大宣传力度，发挥案件查处警示作用，营造良好的河道采砂管理社会环境和高压严打非法采砂舆论氛围。各省（直辖市）有关主管部门及长江委、长航公安局、长航局及时总结相关工作，由长江委汇总后于12月31日前将总结报告报送水利部、公安部、交通运输部。

水利部 公安部 交通运输部

××××年×月××日

思考：

1. 这是哪种类型的通知？

2. 受文单位是多个机关，如何写主送机关？

3. 通知中写明工作任务之后，是否还需要交代工作要求？

示例四

为贯彻落实《中华人民共和国法律援助法》和《办理法律援助案件程序规定》，提高法律援助服务规范化水平，司法部对2013年版的《法律援助文书格式》进行了修订。新版格式印发后，原版同时废止。发布性通知，要介绍发布目的依据，提出执行要求；时间、文件名称等要素要写明，附件为发布的党政法规、规章制度等。

司法部关于印发《法律援助文书格式》的通知[1]

各省、自治区、直辖市司法厅（局），新疆生产建设兵团司法局：

为贯彻落实《中华人民共和国法律援助法》和《办理法律援助案件程序规定》，提高法律援助服务规范化水平，司法部对《法律援助文书格式》（司发通〔2013〕34号）进行了修订，现予印发施行，司发通〔2013〕34号文件同时废止。

附件：《法律援助文书格式》目录与样本

司法部
××××年11月10日

思考：发布性通知的主体部分包括哪些要素？

示例五

为进一步提升中小企业创新能力和专业化水平，推动中小企业高质量发展，工业和信息化部、财政部两个部门将举办"创客中国"中小企业创新创业大赛，相关要求以发布通知的形式传达。在通知中将开展的活动信息和工作要求传达下级单位，内容包括活动背景、目的、组织机制、赛事安排、政策激励及具体要求等事项。

工业和信息化部 财政部
关于举办第×届"创客中国"中小企业创新创业大赛的通知[2]

各省、自治区、直辖市及计划单列市、新疆生产建设兵团中小企业主管部门、财政厅（局），有关单位：

为深入贯彻落实关于支持创新型中小微企业成长为创新重要发源地的决策部署，进一步提升中小企业创新能力和专业化水平，推动中小企业高质量发展，工业和信息化部、财政部将共同举办第六届"创客中国"中小企业创新创业大赛。有关事项通知如下：

一、大赛目的

激发创新潜力，集聚创业资源，营造创新创业氛围，共同打造为中小企业和

---

〔1〕《司法部关于印发〈法律援助文书格式〉的通知》，载https://www.moj.gov.cn/pub/sfbgw/zwxxgk/fdzdgknr/fdzdgknrtzwj/202 401/t20240109_493120.html，最后访问时间：2024年7月29日，略有删改。

〔2〕《两部委关于举办第六届"创客中国"中小企业创新创业大赛的通知》，载http://www.cnmaker.org.cn/ds/news.html?id=f36b78c702b54d62afab9c7ea8e3b69f，最后访问时间：2024年6月29日，有删改。

创客提供交流展示、项目孵化、产融对接的平台，发掘和培育一批优秀项目和优秀团队，催生新产品、新技术、新模式和新业态；推动中小企业转型升级和成长为专精特新"小巨人"企业，支持大中小企业融通创新，助力制造强国和网络强国建设。

二、组织机制

（一）大赛设立组委会，负责大赛的组织实施。（具体内容略）

（二）组委会下设秘书处，负责统筹推进大赛相关事项。（具体内容略）

（三）大赛设立专家委员会，负责提供咨询服务、完善项目评审规则等工作。（具体内容略）

三、赛事安排

（一）赛事组成。大赛由区域赛、专题赛、境外区域赛和总决赛组成。（具体内容略）

（二）参赛报名。（具体内容略）

（三）服务机构报名。（具体内容略）

（四）赛事奖励。（具体内容略）

四、政策激励

优秀项目可获得以下支持：

（一）宣传展示。通过"创客中国"国家创新创业公共服务平台（包括"创客中国"微信公众号、微博、"创客中国"头条和直播室等）、中国国际中小企业博览会、APEC中小企业技术交流暨展览会等渠道，对参赛项目、"双创"资源和对接成果进行展览展示、宣传报道和服务推介。

（二）投融资对接。向国家中小企业发展基金等投资基金、创业投资机构、银行等推荐，组织线上线下需求对接、产融对接、大中小企业融通等活动，集聚带动各类投融资机构为参赛企业提供多元化服务。

（三）落地入驻园区。入驻国家小型微型企业创业创新示范基地、国家新型工业化产业示范基地、中外中小企业合作区、产业小镇等，享受最新创业扶植政策和创业孵化服务，加速实现产业化。

（四）成果转化技术服务。提供国家中小企业公共服务示范平台上的检验检测、技术转移、数字化改造、工业设计等技术服务，以及法律、人力资源、财务、知识产权等服务。安排创业导师和技术、投资、管理专家进行辅导。

五、工作要求

（一）省级中小企业主管部门、工业和信息化部信息中心、工业和信息化部中小企业发展促进中心须严格按照经工业和信息化部审定的第六届"创客中国"中小企业创新创业大赛赛事计划（见附件3）分别牵头举办区域赛、专题赛、境

外区域赛，不得随意更改赛事名称，不得随意套开、增设展会、赛事或论坛。（具体内容略）

（二）赛事主办单位要严格执行中央八项规定精神，禁止向企业摊派、乱收费。坚持公益性，不得以营利为目的，赛事所有费用不得经工业和信息化部部属单位及其公司账户。（具体内容略）

（三）区域赛、专题赛、境外区域赛均须于全国总决赛前完赛。未通过大赛官网注册报名的项目，须于9月10日前全部导入大赛官网。

六、联系方式（具体内容略）

附件：（具体内容略）

工业和信息化部
财政部
××××年×月×日

思考：事务性通知的内容包括哪些方面？

拓展学习

知识卡片一

党政机关公文通知和微信工作通知的区别

党政机关公文的通知和微信工作通知在内容上都含有通知的原因、依据、具体的通知事项及贯彻落实的要求等内容，但它们又有本质的区别。

1. 文种类属不同。微信工作通知属于事务类应用文，是运用微信载体发出的工作信息，无需编发发文字号；党政机关公文的通知是十五个文种之一，是法定公文，编有发文字号。

2. 使用范围不同。微信工作通知使用灵活便捷，不仅可以用于上级机关单位向下级部门传达、部署工作，而且还可用于不相隶属机关，使用范围不以系统、部门为限；党政机关公文的通知是用于上级机关向下级机关发布、传达要求下级机关执行和有关单位周知或者执行的事项，批转、转发公文，限于在本系统、本单位的行政公务中使用。

3. 发文作者不同。微信工作通知的作者可以是机关单位或者部门；党政机关公文的通知作者只能是法定的机关单位。

4. 行文对象不同。微信工作通知的行文对象可以是机关单位，也可以是个人；党政机关公文通知的行文对象只能是下级机关。

知识卡片二

会议通知模板

标题	××（单位名称）关于召开××××（会议名称或主题）会议的通知
主送机关	××××：
正文	为了×××，定于×月×日×时召开××会议。现将有关事宜通知如下： 一、会议内容（或会议议题） ×××××××××××。 二、会议时间 ×月×日-×日（会期×××，×月×日报到。） 三、会议地点 ××××××××××。 四、参加人员 ××××××××××××。 五、有关要求 （一）×××××××××××。 （二）××××××××××××××。
落款	××××（发文机关） ××××年×月×日（发文日期）

品味研读

××市公安局关于参加全省推进电子普通护照签发
启用工作电视电话会议的通知

训练营地

一、填空题

1. 用于转发、批转的通知，要在标题中标明_____或_____字样。
2. 通知适用于_____要求下级机关执行和有关单位周知或者执行的事项，_____公文。

二、判断题

1. 通知是一种特殊的党政公文，可以用文种作为标题。（ ）
2. 如果通知带有附件，要在通知正文下面注明"附件"，并标明序号及标

题。(　　)

3. ××警官学院学生处发文给各学生区队的通知属于党政机关公文。(　　)

4. 事务性通知的受文对象应包括需要周知的单位及个人。(　　)

三、选择题（对的打"√"、错的打"×"）

1. 下列书写正确的通知标题是（　　）。

A. ××省人民政府批转××市人民政府《关于进一步做好安全生产工作的报告》的通知

B. ××省人民政府关于批转××市人民政府《关于进一步做好安全生产工作的报告》的通知

C. ××省人民政府批转××市人民政府关于进一步做好安全生产工作报告的通知

D. ××省人民政府关于批转××市人民政府关于进一步做好安全生产工作的报告的通知

2. 指示性通知是指（　　）。

A. 批准并下发文件的通知

B. 指导下级机关开展工作或要求下级机关办理的通知

C. 告知某一事项或信息的通知

D. 指示或要求下级机关办理的通知

3. 告知或转达有关事项，让下级机关周知或执行的公文文种是（　　）。

A. 通告　　　　B. 通知　　　　C. 通报　　　　D. 指示

4. 通知的结尾用语一般用（　　）。

A. 特此通知　　B. 此致敬礼　　C. 特此告知　　D. 特此通报

四、写作练习

1. 根据下面内容写正确的标题。

(1) ××××年2月××市住房和城乡建设局通知各区单位做好建筑业企业资质延续工作。

(2) 春节临近，××省监狱管理局准备对下属各单位开展春节前安全工作大检查，并对监狱做好春节期间安全稳定提出要求。

2. 根据下面材料，拟写一份会议通知。写作要求：语言得体，格式正确（标题、主送机关、落款等均按标准格式书写）。

××省教育厅准备于××××年9月2日至6日在××大学学术报告厅召开全省高校"双高计划"建设交流会。9月1日持本通知到学术交流中心报到。参加会议人员有本省各高校（院）长、专业建设负责人，每校1-2人。

本次会议的目的是深入学习贯彻党的二十届三中全会精神，研讨深化双高建设的新方向、新举措，促进全省各高校协作与交流。

会议注意事项：各校将会议交流的经验材料电子版文档及加盖单位公章的《参会报名表》PDF版于8月28日前发送会务组。往返路费和食宿费由各单位自理，餐费每天80元。联系电话：××××××，联系人：××大学××老师，电子邮箱：××××××。

参考答案

实训项目十七　通报

情境导入

××公司××同志在下班途中奋不顾身勇救落水儿童，被县政府授予"见义勇为先进个人"荣誉称号。公司拟对××同志的先进事迹进行宣传，号召全单位职工向××同志学习。小赵（公司办公室工作人员）接到了领导安排的撰写任务，他应该如何撰写这份文件？

任务描述

小赵接到任务后，立即开始收集写作素材，力求做到情况掌握详实准确。小赵分析这是一篇表彰个人的通报，他根据通报的写作格式列出了撰写提纲。

知识聚焦

一、什么是通报

《党政机关公文处理工作条例》中规定，通报适用于表彰先进、批评错误、传达重要精神和告知重要情况。通报的运用范围较广，是各级党政机关和单位使用频率较高的文种之一。

二、通报的特点

（一）典型性

通报的事例或情况一般都具有典型性和代表性，尤其是反映工作或社会生活中具有导向性的问题，一般会推动工作的进一步开展，对全局具有深远影响。

（二）教育性

通报的目的在于让人们在知晓内容之后，从中接受先进思想的教育，或警戒错误，吸取经验教训，达到启发引导的目的，起到教育的作用。

（三）政策性

通报的发布是在一定的方针、政策的前提下，并以此为依据的。无论表彰先进、批评错误还是通报情况，都不得与党和国家的方针、政策相抵触。

三、通报的类型

（一）表彰性通报

表彰性通报用于表彰和宣传先进人物或先进单位，介绍先进事迹，推广典型经验，促进工作。

（二）批评性通报

批评性通报用于批评错误、揭露问题，处理重大责任事故、违纪案件等，达到惩戒教育的目的。

（三）情况性通报

情况性通报用于传达有关重要信息情况、通报工作与活动的进展及动向与问题，目的是统一思想认识，协调并推动工作。

四、如何写通报

（一）标题

通报的标题有四种写法：第一种是完整式标题，由发文机关、事由和文种组成，如《××省人民政府　××省军区关于表扬××××—××××年度征兵工作成绩突出单位和表现突出个人的通报》；第二种是事由和文种组成，如《关于表彰全省百个"一支部一品牌"党建工作典型案例的通报》《关于对16起违纪问题处理情况的通报》；第三种是由发文机关和文种组成，如《卫健委通报》；第四种通报的标题可以只写"通报"二字，属于张贴类通报。

（二）主送机关

受文单位即是主送机关，根据通报的受文单位实际情况，确定是一个或者多个单位。普发性通报可以不写主送机关。

（三）正文

通报的正文部分，由通报的缘由、主体、结语构成，各类通报的正文部分略有不同。

1. 表彰性通报。简要介绍被表彰的集体和个人的基本情况、先进事迹；评价分析先进事迹的精神实质和积极意义；作出表彰决定的机关及表彰具体内容；提出希望和要求。

2. 批评性通报。简要叙述批评的现象或事件，找出问题的责任单位和个人；分析错误的原因、根源、危害及不良影响；提出根据的法律依据、对事件的处理决定；采取的措施、提出应执行的规定、希望和要求。

3. 情况性通报。叙述发生的情况、事件或现象的事实。对有关情况的简要分析评价，提出应当学习或吸取教训的指导意见。

（四）落款

落款包括发文机关名称、发文时间。在正文右下处写发文机关名称并加盖印章，在下面另起一行，注明具体日期年、月、日。

五、注意事项

1. 通报的事实要叙述清楚，对事例的叙述要实事求是，不能夸大缩小或渲染虚构。重要精神或情况、典型经验或错误事实要核实无误。

2. 通报的分析评价要恰当，寓理于事，以事明理，总结的经验和教训要有借鉴作用和教育意义。

3. 通报的态度要鲜明，语言要简洁庄重，内容层次清楚，逻辑严谨。

任务实施

按照通报的写作要求，小赵写完了这份通报。下面是这份通报的内容，请大家看看是否符合写作要求。

关于××同志的表彰通报

我公司××同志，男，公司保安员。××××年11月5日晚在下班途中，突然听到有人呼救，他发现是一名儿童落入附近的深水坑，在水里不断挣扎。情况紧急，救人要紧，他凭借一股坚定的信念奋不顾身跳入水中，不顾水冷和泥泞的脚下，终于把落水儿童搭救上岸。根据××同志的出色表现，我公司决定对××同志给予表彰和嘉奖，公司党委号召广大党员干部以××同志为榜样，大力发扬扶危济困的崇高精神，自觉践行社会主义核心价值观。

××公司
××××年×月×日

小赵将这份通报文稿交给领导审阅，领导阅后提出了几点意见：这份通报基本符合格式要求，层次脉络比较清楚。不足之处是：一是内容信息不完整；二是应对精神实质进行概括评价；三是语言表述应更精炼准确。

依照修改意见，小赵将文稿修改完毕。下面是修改后的文稿：

××公司关于表彰××同志的通报

各部门：

　　我公司××同志，男，公司保安员。在工作中爱岗敬业，助人为乐，深得领导和同事们的信任和好评。××××年11月5日晚5点30分在下班途中，突然听到有人呼救，他发现是一名儿童落入附近的深水坑，在水里不断挣扎。不会游泳的他奋不顾身跳入水中，把落水儿童搭救上岸。

　　××同志不顾个人安危，关键时刻见义勇为，表现了超凡的勇气与担当精神，彰显了中华民族传统美德。经公司党委研究决定，对××同志给予表彰。

　　公司党委号召广大党员干部以××同志为榜样，以帮助他人为乐、以解人之难为荣。面对急难险重任务和突发事故要冲锋在前，发扬扶危解困、守望相助的人文精神，大力弘扬社会主义先进文化，自觉践行社会主义核心价值观，为实现中华民族伟大复兴贡献力量。

××公司
××××年×月×日

例文分析

示例一

　　××省政府为落实做好技能人才工作重要批示精神，推动全省广大企业职工和高校师生刻苦钻研技术，激励更多青年走技能成才、技能报国之路，决定对参加第×届职业技能大赛的获奖者及指导专家给予通报表扬。这个内容适合采用哪种文种来写？可以选取党政机关公文中的"通报"这一文种进行写作，以下就是这份通报。

××省人民政府关于表扬
中华人民共和国第×届职业技能大赛
××省获奖选手和指导专家的通报[1]

各市（州）人民政府，××管委会，各县（市）人民政府，省政府各厅委办、各直属机构：

　　××××年×月×日至×日，中华人民共和国第×届职业技能大赛在××市

---

〔1〕《吉林省人民政府关于表扬中华人民共和国第二届职业技能大赛吉林省获奖选手和指导专家的通报》，载 http://xxgk.jl.gov.cn/szf/gkml/202312/t20231226_8857148.html，最后访问时间：2024年8月19日，略有删改。

成功举办，这是我国规格最高、项目最多、规模最大、水平最高、影响最广的综合性国家职业技能赛事，我省共选派133名选手参加了101个项目的比赛，取得2枚银牌、3枚铜牌和39个优胜奖，奖牌数量位居××省一区第一。此次大赛成绩的取得，对提振我省技能人才队伍士气，推进以赛促训、以赛促学、以赛促建，加强全省技能人才工作起到了积极作用。

为深入贯彻习近平总书记关于技能人才工作的重要指示精神和李强总理对做好技能人才工作的重要批示精神，推动全省广大企业职工和院校师生刻苦钻研技术，激励更多青年走技能成才、技能报国之路，省政府决定对我省参加大赛的××等5名银牌获得者、××等3名铜牌获得者、××等44名优胜奖获得者、××等43名指导专家给予通报表扬。

希望获奖人员和指导专家珍惜荣誉，再接再厉，充分发挥示范带头作用，做好技能技艺传帮带，积极促进竞赛成果转化，推动提升本领域整体技能水平。各地各部门要以获奖人员为榜样，深入贯彻落实习近平总书记重要指示精神，大力弘扬劳模精神、劳动精神和工匠精神，持续加强技能人才队伍建设，为推动新时代××省全面振兴率先实现新突破提供技能人才支撑。

附件：中华人民共和国第××届职业技能大赛××省获奖选手和指导专家名单（略）

××省人民政府
××××年××月××日

（此件公开发布）

思考：

1. 表彰性通报的缘由部分写哪些内容？
2. 表彰性通报是否要写表彰的目的？

示例二

批评性通报通过选取有代表性的典型事件，在一定范围批评违法违纪的人和事，将不良行为或违规问题等造成的后果公布出来，希望从中吸取教训、引以为戒，达到教育和警示的目的。

国务院办公厅关于××钢铁有限公司和×××钢铁有限公司违法违规行为调查处理情况的通报[1]

各省、自治区、直辖市人民政府，国务院各部委、各直属机构：

以钢铁煤炭行业为重点推进去产能，是深化供给侧结构性改革、落实"三去一降一补"任务的重要内容。××××年以来，各有关方面贯彻落实党中央、国务院决策部署，认真履职、密切配合，大力推进钢铁行业去产能工作，目前已提前超额完成年度目标任务。但是，仍有一些地方政府对去产能工作部署落实不到位，执行政策规定不严格；一些企业对去产能工作的严肃性认识不深，对国家相关法规政策置若罔闻，违法违规生产"地条钢"、建设钢铁冶炼项目，严重干扰行业正常生产经营秩序，影响去产能工作大局。

为严肃党纪国法、确保政令畅通，顺利推进化解过剩产能和淘汰落后产能工作，按照国务院常务会议的决定要求，国家发展改革委、工业和信息化部、国土资源部、环境保护部、住房城乡建设部、工商总局、质检总局、安全监管总局、银监会、钢铁工业协会等个部门和单位组成国务院调查组，会同监察部在××省、××省的支持配合下，本着依法依规、客观公正、实事求是的原则，对××钢铁有限公司（以下简称×公司）违法违规生产销售"地条钢"、×××钢铁有限公司（以下简称××公司）违法违规建设钢铁冶炼项目开展了调查处理工作。经国务院同意，现将调查处理情况通报如下：

一、×公司违法违规生产销售"地条钢"调查情况和处理决定

（一）调查情况。（具体内容略）

（二）主要问题。×公司使用国家明令淘汰的落后装备，生产销售不符合相关质量标准的"地条钢"，属于典型的顶风违法违规行为，且目前××省"地条钢"企业数量众多、分布范围广、存在时间长，性质恶劣、影响极坏。这起事件也暴露出有关地方政府在去产能工作中存在以下问题：

1. 失职失责。（具体内容略）
2. 贯彻执行国家政策不力。（具体内容略）
3. "地条钢"企业底数不清。（具体内容略）

（三）处理决定

1. 责成××省政府向国务院作出深刻检查。
2. ×公司等长期违法违规生产销售"地条钢"，××省政府及有关市、县政

---

[1]《国务院办公厅关于江苏华达钢铁有限公司和河北安丰钢铁有限公司违法违规行为调查处理情况的通报》，载 https://www.gov.cn/gongbao/content/2017/content_5163455.htm，最后访问时间：2024年8月19日，略有删改。

府存在失职失责行为。依据《行政机关公务员处分条例》第二十条第四项之规定，对负有重要领导责任的××省副省长×××给予行政记过处分。

3. 由××省根据有关规定，对各责任人进行问责。（具体内容略）

4. 责令××省继续加大排查力度，对全省生产销售"地条钢"、违法违规新增钢铁产能等行为进行彻底整治，坚决防止死灰复燃。

二、××公司违法违规建设钢铁冶炼项目调查情况和处理决定

（一）调查情况。（具体内容略）

（二）主要问题。××公司新建设的钢铁冶炼项目，属于顶风违法违规、未批先建、性质恶劣、影响极坏，干扰了钢铁行业化解过剩产能工作。这起事件也暴露出有关地方政府在去产能工作中存在以下问题：

1. 严重失察。（具体内容略）

2. 未按规定上报。（具体内容略）

3. 行政效率低下。（具体内容略）

（三）处理决定

1. 责成××省政府向国务院作出深刻检查。

2. ××公司违法违规建设钢铁冶炼项目，相关职能部门严重失察，行政效率低下，××省政府及有关市、县政府存在失职失责行为。依据《行政机关公务员处分条例》第二十条第四项、第十四条第一款之规定，对负有重要领导责任的××省副省长××给予行政警告处分。

3. 由××省根据有关规定，对××名责任人进行问责。（具体内容略）

4. 责令省针对××事件暴露出的严重失察、行政效率低下等问题，抓紧制定整改落实方案；依法依规稳妥处置××公司违法违规项目。

三、下一步工作要求

×公司和××公司违法违规行为后果十分严重。对两起事件进行严肃处理和严厉问责，发挥了负面典型的警示教育作用，充分体现了党中央、国务院深入推进供给侧结构性改革、坚决化解过剩产能和淘汰落后产能的决心。各地区、各部门要认真从中吸取教训，举一反三、引以为戒。要深入贯彻中央经济工作会议精神，切实将思想和行动统一到党中央、国务院的决策部署上来，不折不扣抓好落实，坚定不移完成化解过剩产能、淘汰落后产能各项工作任务。

（一）开展专项督查。国务院将对落后产能开展专项督查和清理整顿。国家发展改革委、工业和信息化部会同国土资源部、环境保护部、质检总局、安全监管总局等部门负责开展钢铁、煤炭行业专项督查，环境保护部、质检总局会同有关部门负责开展水泥、玻璃行业专项督查。各地要迅速开展梳理排查工作，确保全覆盖、无死角，对落后产能装备和违法违规行为必须发现一起、处理一起，加

大公开曝光力度，形成"零容忍"震慑态势。

（二）查找薄弱环节。各有关方面要全面梳理去产能工作中的薄弱环节，依法依规加强整改，确保落后产能淘汰出清、"僵尸企业"应退尽退，决不允许出现弄虚作假行为。坚决禁止违法违规建设，决不允许产能边减边增，确保真去真退。坚定不移推动钢铁等产业转型升级，提升产业发展水平。

（三）落实各方责任。强化责任意识，明晰责任分工，切实把省级人民政府负总责、有关部门各负其责的要求落实到位。针对去产能工作中存在的职工安置难、债务处置难、资金筹措难以及环保、质量、土地、安全、能耗、工商等执法过程中存在的问题，有关部门要切实履职尽责，落实任务、堵塞漏洞，尽快研究提出解决办法和政策措施。

（四）提升行政效能。按照"简政放权、放管结合、优化服务"部署和"明确标准、缩短流程、限时办结"要求，进一步规范流程、明确时限、提高效率，切实为企业提供高效服务。强化事中事后监管，综合运用信息技术、大数据和遥感卫星监测等现代化手段，创新监管方式，提升监管效能和水平，为推进去产能工作提供有力支撑。

国务院办公厅
××××年×月××日

（此件公开发布）

思考：
1. 批评性通报的行文目的是什么？
2. 如何写批评性通报的分析评价？

示例三

公安部为提高公安装备器材和社会公共安全产品质量，更好地为公安业务工作服务，经国家市场监督管理总局同意，对部分社会公共安全产品质量实施了行业监督抽查，并将抽查的结果以文件的形式下发，下文就是抽查结果通报。在情况通报中指出当前工作中出现的带有倾向性的重要问题，引起有关方面注意，并阐明领导机关的鲜明意见。

公安部关于××××年度社会公共安全产品质量行业监督抽查结果的通报[1]

各省、自治区、直辖市公安厅、局，新疆生产建设兵团公安局：

为提高公安装备器材和社会公共安全产品质量，更好地为公安业务工作服务，经国家市场监督管理总局同意，依据相关公共安全行业标准，公安部于××××年10月至××××年2月对部分社会公共安全产品质量实施了行业监督抽查（以下简称"行抽"）。现将主要情况通报如下：

一、抽检产品类别及承检机构

本次抽查激光物证显现仪和道路车辆智能监测记录系统2种产品。其中，激光物证显现仪产品由公安部刑事技术产品质量监督检验中心承检，道路车辆智能监测记录系统产品由公安部交通安全产品质量监督检测中心承检。

二、抽检依据和结果

激光物证显现仪抽查检验依据为公共安全行业标准《法庭科学激光物证显现仪技术要求》（GA/T 1490-2018），计划抽查15家企业，备抽5家企业，实际11家企业由于"以销定产无库存""不再生产销售"等原因未能按计划进行抽检，共抽到9家企业9个型号的产品。经检验，5家企业的5个型号产品合格，抽查合格率为55.6%。×××科技有限责任公司生产的900L-445-410型号手持式蓝光/紫光激光物证搜索发现系统不合格原因为无工作状态显示、紧急停机功能，输出光波长偏差较大，输出光发散；×××科技有限公司生产的OB-ULTRA型号激光物证显现仪不合格原因为输出光形状不规则；×××实业有限公司生产的DS-DTSC型号激光生物物证发现仪不合格原因为输出光波长偏差较大；××科技股份有限公司生产的GL-GBP型号双波段激光物证发现仪不合格原因为无紧急停机功能。

道路车辆智能监测记录系统抽查检验依据为公共安全行业标准《道路车辆智能监测记录系统通用技术条件》（GA/T 497-2016），计划抽查20家企业，备抽6家企业，实际10家企业由于以销定产无库存、不再生产销售等原因未能按计划进行抽检，共抽到16家企业16个型号的产品。经检验，15家企业的15个型号产品合格，抽查合格率为93.8%。××科技实业有限公司生产的KK-1-3-YS-ITS-701型号道路车辆智能监测记录系统产品不合格原因为车型识别功能不达标。

各地收到本通报后，要及时将行抽结果通报至本单位有关部门，以及本地省

---

[1] 摘自https://www.mps.gov.cn/n6557558/c8001658/content.html，最后访问时间2024年12月1日，略有删改。

级市场监管部门和被抽查企业。各地公安科信部门要针对本次行抽结果，严格按照《社会公共安全产品质量行业监督抽查项目管理暂行办法》的有关规定，积极协调本地公安业务主管部门，认真督促本次行抽中产品质量不合格的企业于本通报印发之日起4个月内完成整改工作，并将整改情况报送部科技信息化局。各级公安机关不得装备、使用本次行抽结果不合格的产品（不含经整改后复查合格的产品）；在采购产品时，要慎重选择未抽到样品企业（包括以销定产或零库存）生产的产品。

附件：1 ××××年度社会公共安全产品质量行业监督抽查结果汇总表
　　　2. ××××年度社会公共安全产品质量行业监督抽查检验结果明细表
　　　3. ××××年度社会公共安全产品质量行业监督抽查未抽到样品企业情况明细表

公 安 部
××××年5月20日

思考：情况通报如何合理安排结构？

拓展学习

知识卡片

通报和通告的区别

通报与通告都属于党政机关公文，是两个不同的文种，虽然都有告知的作用，但有实质的区别。

1. 适用范围不同。通报适用于表彰先进、批评错误、传达重要精神和告知重要情况；通告适用于在一定范围内公布应当遵守或者周知的事项，是周知性公文。通报适合党政机关、企事业单位使用；通告的使用面比较广泛，机关、企事业单位和机构都可使用，但强制性的通告必须依法发布，其限定范围不能超过发文机关的权限。

2. 行文目的不同。通报的目的在于宣传推广先进典型经验，批评错误、揭露问题、处理责任事故，达到惩戒、教育引导的目的；通告的目的在于让公众知晓并遵守相关规定或事项。

3. 内容性质不同。通报的内容具有典型性和教育性；通告的内容通常具有较强的政策性和法规性。

4. 告知对象不同。通报是针对下级的机关单位；通告的告知对象则是一定范围的社会公众，具有普遍性。

5. 发布方式不同。通报多通过发文、工作会议等形式发布；通告则主要通过公开张贴，或报纸、广播、电视等媒体发布。

品味研读

国家药监局关于××批次药品不符合规定的通告

训练营地

一、填空题

1. 通报适用于_____、_____、_____和_____。

2. 通报的类型有_____、_____、_____。

二、判断题（对的打"√"、错的打"×"）

1. 表彰与批评性通报的写作，首要目的是奖功罚过。（　　）

2. 情况性通报主要告知通报具体的情况，不需要评价。（　　）

3. 表彰性通报的标题要写明"通报表扬"，以与通报批评相区别。（　　）

4. 标题只写"通报"二字，这种使用方式也是可以的。（　　）

5. 通报始终都贯穿着宣传教育的目的性，因此在写作通报时要多议论、多分析，充分发挥说理的作用。（　　）

6. 撰写表彰性通报时，对所表彰人物及集体的事迹不能杜撰，但可以根据情况适度放大或缩小。（　　）

三、写作练习

1. 根据下面公文的内容，填加标题。

各省、自治区、直辖市和新疆生产建设兵团市场监管局（厅、委），各有关单位〔1〕：

质量认证广泛应用于一二三产业和社会管理、公共服务等各个领域，是市场经济条件下加强质量管理、提高市场效率的基础性制度，也是推进制造强国、质量强国建设的重要技术支撑。为总结推广质量认证服务产业高质量发展的创新成

---

〔1〕 摘自 http://www.hunan.gov.cn/zqt/zcsd/202408/t20240805_33421381.html，最后访问时间：2024年8月21日，略有删改。

实训领域三 党政机关公文类应用文

果与典型经验，进一步提升质量认证工作质效，助力我国产业高质量发展，国家认监委组织开展了"质量认证服务产业高质量发展"优秀案例征集活动。

本次征集活动共收到案例226份。经过初评、专家评审和研讨论证，最终遴选出12个具有较强代表性、创新性和示范性的优秀案例，并于××××年世界认可日活动暨中国认证认可大会期间对外发布。

现将质量认证服务产业高质量发展优秀案例予以通报。请以这些案例为参照，结合各自特点，认真总结推广各地方各行业开展质量认证工作的好经验好做法，进一步发挥质量认证在促进企业做大做强、支撑产业建圈强链、推动区域经济提质升级等方面的重要作用，为推动经济社会高质量发展作出更大贡献。

附件：质量认证服务产业高质量发展优秀案例

国家认监委

××××年×月××日

2. 根据表彰性通报的特点和写作要求，选取你身边的先进人物和事迹写一份通报。

参考答案

实训项目十八　请示

情境导入

李×同学今年大学四年级了，马上就要毕业了，按照专业及岗位要求本学期被分配到青山警官职业学院办公室实习。一天，办公室主任安排给他一个任务，因为学校近年教学质量稳步提升，招生规模不断扩大，学生将由过去3000人增加到5000人，现有的宿舍楼已经无法满足生活需要，需要增建一栋宿舍楼，所需建设资金500万元。现在需要李×写一个报告给教育厅。

任务描述

接到任务后，李×想了想，拿起笔准备起草报告，但他忽然想起来，老师在讲党政机关公文时曾经强调要有文种意识和结构意识，这种情况下使用"报告"这种文种是正确的吗？他记得老师曾经讲过：报告的目的是让上级机关了解下情，掌握情况，便于及时指导，而增建一栋宿舍楼需要得到上级部门的批准并且拨付所需资金，所以李×认为这件事适用的文种应该是"请示"。

> 知识聚焦

一、什么是请示

请示是下级机关向上级机关请求指示和批准的上行公文。按照《党政机关公文处理工作条例》的规定，请示"适用于上级机关请求指示、批准"，是法定公文中唯一明确规定需回复的文种。一般在以下情况时需要写请示：

1. 凡是超出本机关的工作职权范围须经请示批准才能办理的。

2. 对国家的有关方针政策或有关规定、决定等不甚了解或有不同理解，需请上级机关解释或重新审定的。

3. 工作中出现了新情况、新问题，有待上级机关批示的。

4. 遇到本机关职权范围内很难克服或无力克服的困难，需请上级机关支持、帮助的。

二、请示的特点

（一）事前行文性

得到上级机关批准后才能付诸实施，不可"先斩后奏"或"边斩边奏"。

（二）请求批复性

请示行文的目的非常明确，即要求上级机关对请示的事项作出明确的批复。

（三）一文一事性

一份请示只能请求指示、批准一件事或解决一个问题。

三、请示的类型

（一）请求指示类

主要用来解决"我们请求怎样做"的问题，例如，《关于妥善处理高等学校学生退学后有关问题的请示》。

（二）请求批准类

主要用来解决"我们请求这样做"的问题，例如，《××师范大学关于增加教师编制名额的请示》。

（三）请求支持、帮助的请示

主要用来解决"请求有关单位这样做"的问题，例如，《××乡镇关于解决旱灾补助资金的请示》。

四、如何写请示

请示一般包括标题、主送机关、正文和落款四部分。

（一）标题

标题由发文机关、事由、文种组成。如《××处关于购置计算机的请示》《××学院关于增设××专业的请示》。

标题也可省略发文机关，只由事由、文种组成。如《关于购置办公设备所需经费的请示》。

拟写标题时需要注意的是，请示的事项一定要在标题中写清楚，只有发文机关和文种的标题，或以"请示"作为党政机关公文标题是错误的。请示标题中一般不采用"申请""请求""报告""请示报告"等词语。

（二）主送机关

请示通常只能选择一个直接上级机关作为主送机关，受双重领导的机关向上请示，应根据请示的内容，主送一个负责答复的上级机关，抄送另一个需要了解情况的上级机关。

请示在行文时只能主送上级单位，不能送领导者个人（领导有明确要求的除外）。请示必须逐级行文和单头请示，切忌越级和多头请示。受理、答复请示的部门，应该为有隶属关系的直接上级机关。

（三）正文

由"请示的原因、事项、提出行文要求"等内容构成。

1. 请示的原因。请示的原因即"为什么提出请示"。讲清原因后常用"为此，特请示如下"或"现将……事项请示如下"等，引出请示的主体内容。例如：

我处于××××年购买的6台计算机，经长期使用，性能已严重老化，不能再继续使用，为了提高工作效率，现需要……

在写作中陈述原因时，一是理由要充分；二是要实事求是；三是要有具体事例说明。

2. 请示的事项。请示的事项即请求上级具体办什么和怎么办。事项要写得具体明确，使上级机关明白，弄清要求，给予迅速批复。这部分内容要层次分明，由主到次，环环相扣。例如：

……现需重新购置8台计算机，经市场调查，××计算机是现今市场性价比较高的型号，预算每台为1.5万元，共计12万元。鉴此，我处恳请××局协调有关部门拨款12万元用于购置计算机。

3. 提出行文要求。请求语要态度诚恳、谦和有礼。常用的请示语有："当否，请批复""特此请示，请批复""以上请示如无不妥，请批复"等。请示的结束语，一般不能省略。

切忌写为"以上请示，请尽快批复""请速审批""请尽快拨款，以解燃眉之急"。

（四）落款

落款包括发文单位名称和发文日期。

请示发文单位和日期应写在请示用语之下，在右下方署上请示单位名称。另起一行，在单位下书写年、月、日。

五、注意事项

1. 要说明请示的原因和理由。
2. 提出请示的主体内容。
3. 提出解决问题的意见或方案。
4. 规范使用结尾用语。
5. 根据需要决定是否使用附件。

任务实施

李×根据领导的要求，提笔写了这样一份请示：

请　示

因工作需要，青山警官职业学院需要再建一栋宿舍楼，需要资金500万元，请领导批准。

学院办公室
××××年×月×日

设身处地思考一下，如果你是上级部门领导，会批准李×的这份请示吗？如果你接到这个任务，你认为必须写清楚的内容是什么？你认为李×的这份请示有哪些内容不符合写作规范，请找出来并加以修改。

经过办公室主任的指导，李×将请示修改为：

青山警官职业学院关于增建宿舍楼的请示

××省教育厅：

青山警官职业学院是全省唯一一所警察类职业院校。学校现有教职工380人，在校学生4000人。近年来，随着教学质量稳步提升，招生规模不断扩大，今年我院在校学生已经由××××年的3000人增加到4000人，现有三栋宿舍楼仅能容纳4200名学生住宿，由于我院明年还将扩招1000人，届时在校学生将达

5000人,已经无法满足学生住宿和生活需要,需要增建一栋宿舍楼,所需建设资金500万元。恳请教育厅根据实际情况给予批准,并拨款500万元作为建设资金。

妥否,请批示。

附件:宿舍楼项目资金预算

青山警官职业学院
××××年×月×日

例文分析

示例一

×省地质勘测大队有6个作业队常年在偏远山区进行野外作业,由于没有冷藏箱,饮食原料只能完全靠汽车运输。每年一到作业季节,每天都需要出动车辆运输食物,而且即使如此频繁采购,仍满足不了供应,肉食和蔬菜腐烂变质的情况时有发生。这样下去无法保障工作人员的健康,运输食物的车辆频繁往返也存在很大的安全隐患,队长决定向上级请示,购买几台冷藏箱以解决这一问题。

××省地质勘测大队关于购置冷藏箱的请示

省地质矿产局:

我们地质勘测大队共有6个常年在偏远山区进行野外作业的作业队,其饮食原料贮藏问题急需解决。这些作业队原来采购食品,由于没有冷藏箱,只能完全靠汽车运输。每年一到作业季节,平均每天将出动车辆×辆次,人力×人次,消耗汽油×吨,费用巨大,而且即使如此频繁采购,仍满足不了供应,肉食和蔬菜腐烂变质的情况仍不可避免。这不仅严重危害野外作业人员的身体健康,而且给城乡交通增加了负担,造成交通事故隐患。

因此,我们准备从明年起,开始为野外作业队购置一批冷藏箱(××冷链科技有限公司26L户外民用冷藏箱),每台需款×元。考虑到一次解决款项太大,我们打算根据各队需要的急缓程度,逐年给予解决。明年拟购置×台,需资金×元。现在我队有××节余款×元,用在此事方面正好合乎规定,但尚缺×元。请局里予以拨款×元。

以上请示妥否,请批复。

××省地质勘测大队
××××年×月×日

思考：

1. 这份请示是请示中的哪个类型？

2. 在请示中需要写明工作人员因食物变质致病的数字和频繁采购导致交通事故的数字吗？为什么？

示例二

苏×是××省高级人民法院的一名法官，在具体案件办理过程中，经常会有一些法律中没有明确规定的情形，有时不能确定应如何判决。最近他就遇到了这样的事情，据××县人民法院报告，对交通肇事致被害人死亡，是否给予被害者家属抚恤的问题，大家有不同意见。一种意见认为，被害者若是有劳动能力的人，并遗有家属要抚养的，应当给予抚恤。另一种意见认为，只要不是由被害者自己的过失所引起的死亡事故，不管被害者有无劳动能力，都应酌情给予抚恤。苏×和同事们都倾向于后一种意见。但为了慎重起见，他们决定请上级机关给予明确解释或答复，于是他们以××省高级人民法院的名义给最高人民法院写了一份请示。

关于交通肇事是否给予被害者家属抚恤问题的请示

最高人民法院：

据我省××县人民法院报告，他们对交通肇事致被害人死亡，是否给予被害者家属抚恤的问题，有不同意见。一种意见认为，被害者若是有劳动能力的人，并遗有家属要抚养的，给予抚恤。另一种意见认为，只要不是由被害者自己的过失所引起的死亡事故，不管被害者有无劳动能力，都应酌情给予抚恤，我们同意后一种意见。几年来的实践经验证明，这样做有利于安抚死者家属。

是否妥当，请批复。

××省高级人民法院

××××年×月×日

思考：

1. 这是一份请求指示的请示，你认为文中只陈述后一种意见可以吗？

2. 这份请示为什么要写明"几年来的实践经验证明，这样做有利于安抚死者家属"？

3. 一般请求指示的请示主要涉及的是哪方面的问题？经济？人事？政策？形势？

示例三

为进一步对标"双高"建设，聚力提质升级，拓展人才培养新空间，××

学院申报增设了××专业。由于是新建的专业，所以在专业建设、课程设置、人才培养等方面还面临经验不足、师资短缺等困难。为此，××学院计划于5月到已经开设该专业的相关院校进行调研，深入了解该专业的办学现状、发展趋势、专业建设等情况。调研需要上级部门的批准，所以，××学院写了这样一份请示。

××学院关于外出进行专业调研的请示

××厅党委：

　　××学院申报的新专业"××专业"今年通过审批即将进行招生。在此基础上，我院又申报了职业教育专项经费竞争性项目——××产业学院建设项目。鉴于该专业为新增专业，我们在专业建设、课程设置、人才培养等方面还面临经验不足、师资短缺等困难。本着对新专业建设高度负责的态度，使新专业的课程设置及人才培养能够更符合社会经济的发展、市场的需求和岗位群的要求，使专业建设更加科学、规范，××学院计划于今年5月到已经开设该专业的相关院校进行调研，深入了解该专业的办学现状、发展趋势、专业建设等情况。

　　本次专题调研，一方面借鉴学习兄弟院校人才培养模式、专业建设、课程设置、实验实训、学生管理、招生与就业方面的办学经验，进一步修订完善切合学院发展实际、符合市场和行业需求的人才培养方案，另一方面是到已经开设该专业的本科院校，考察招聘××相关专业的硕士研究生，为新专业建设引进、储备优质师资。

　　以上请示妥否，请领导批示。

　　附件：1. ××学院关于××专业的调研方案
　　　　　2. 关于到××大学进行专业调研的函

××学院

××××年×月×日

思考：

1. 请分析××学院调研的请示中陈述的理由是什么。
2. 请根据请示的事项，指出这是什么类型的请示。
3. 请示的附件有无必要？什么情况下使用附件？

> 拓展学习

知识卡片一

请示写作模板

标题	××××关于××××的请示
主送机关	××××：
正文	陈述请示原因 写明请示事项 提出行文请求（妥否，请批示）
落款	××××（发文机关） ××××年×月×日

文种链接

批　复

批复是答复下级机关的请示事项时使用的文种。批复的写作以下级的请示为前提，是专门用于答复下级机关请示事项的公文，先有上报的请示，后有下发的批复，一来一往，被动行文，这一点与其他公文有所不同。

批复一般由标题、主送机关、正文、落款构成。

一、标题

标题的写法最常见的是完全式的标题，即由发文机关、事由和文种构成。在事由中一般将下级机关及请示的事由和问题都写进去。

二、主送机关

一般只有一个主送机关，即报送请示的下级机关。其位置同一般的行政公文主送机关一样，写于标题之下，正文之前，左起顶格。

批复不能越级行文。如果批复的内容同时涉及其他的机关和单位，则要采用抄送的形式送达。

三、正文

正文包括批复引语、批复意见和批复要求三部分。

1. 批复引语要点出批复对象，一般需要写清楚收到某文，或某文收悉。要写明是对于何时、何文、关于何事的请示的答复，时间和文号可省略。

2. 批复意见是针对请示中提出的问题所作的答复和指示，意思要明确，语气要适当，什么同意，什么不同意，为什么某些条款不同意，注意事项等都要写清楚。

3. 批复要求，是从上级机关的角度提出的一些补充性意见，或是表明希望、提出号召。如果同意，可写要求；不同意，亦可提供其他解决办法。

四、落款

落款包括发文单位名称和发文日期。写在批复正文右下方。

批复既是上级机关指示性、政策性较强的公文，又是对下级单位请求指示、批准的答复性公文，因此，撰写批复要慎重及时，根据现行政策法令及办事准则，及时给予答复。

撰写时，不管同意与否，批复意见必须十分清楚明白，态度明朗。不能含糊其辞，模棱两可，以免下级无所适从。同时，批复必须有针对性地一文一批复，请示要求解决什么问题，批复就答复什么问题。

品味研读

请示报告制度的建立

我要请示党中央、毛主席

训练营地

一、选择题

1. 下列标题中正确的有（　　）。

A. ××分公司关于请求批准开发新产品的报告

B. ××县人民政府关于解决我县高寒山区贫困户移民搬迁经费的请示

C. ××县人民政府关于请求将××风景区列为省级自然保护区的请示报告

D. ××公司关于解决生产用地的请示

E. ××省移民办公室关于对移民区域作适当调整的请示

2. 下列事项中，应该用请示行文的有（　　）。

A. ××县教育局拟行文请求上级拨款修复台风刮毁的学校

B. ××县政府拟行文向上级汇报本县灾情

C. ××集团公司拟行文请求上级批准引进肉食品加工自动化生产线

D. ××海关拟行文请求上级明确车辆养路费缴纳标准

E. ××市政府拟行文向上级反映农民负担增加的情况

3. 答复下级机关请示事项，使用的文种是（　　）。

A. 批示　　　B. 意见　　　C. 批复　　　D. 决定

4. 下列在请示中的结束语得体的是（　　）
   A. 以上事项，请尽快批准！
   B. 以上所请，如有不同意见，请来函商量。
   C. 所请事关重大，不可延误，务必于本月10日前答复。
   D. 妥否，请批复。
5. 《××厂关于进口SD6型自动车床的请示》，作者是（　　）。
   A. ××厂   B. ××厂的负责人
   C. 起草文件的刘秘书   D. 签发文件的董厂长
6. 请示的特点不包括（　　）。
   A. 行文关系固定   B. 行文的指令性
   C. 内容的单一性   D. 目的的鲜明性
7. 适合请示的事项有（　　）。
   A. 向上级汇报工作情况，请求上级指导
   B. 下级无权解决的问题，请求上级机关作出指示
   C. 下级无力解决的问题，请求上级机关帮助解决
   D. 按规定不能自行处理，应经上级批准的事项
   E. 工作中出现的一些涉及面广而下级无法独立解决，必须请求上级机关协调和帮助的问题
8. "请示"应当（　　）。
   A. 一文一事   B. 抄送下级机关
   C. 一般只写一个主送机关   D. 不考虑上级机关的审批权限和承受能力
9. 《丽水饭店关于……的请示》的作者是（　　）。
   A. 丽水饭店   B. 丽水饭店人事部
   C. 签发人王总经理   D. 丽水饭店全体职工
10. 申请书和请示在写作时都要求（　　）。
    A. 行文的对象都是上级领导机关
    B. 理由充分，实事求是
    C. 必须一文一事
    D. 申请的作者可以是机关、团体，也可以是个人

二、判断题（对的打"√"、错的打"×"）

1. 请示一般只写一个主送机关。（　　）
2. 请示与报告不属于同一种类的公文，两者写法也存在着明显的区别。（　　）
3. 请示必须事前行文，不能事中或事后行文。（　　）
4. 向一切有审批权的机关请求批准时均应写"请示"。（　　）

5. 请示应当一文一事，一般只写一个主送机关，需要时可以抄送下级机关。（　　）

6. 凡必须得到上级机关批准和指示后才能办理的公务，都可用"请示"行文。（　　）

7. 受双重领导的机关向上级机关请示，应当写明两个主送机关。（　　）

8. 请示不得下发给下级机关。（　　）

9. 为提高办事效率，同一份请示可请求指示或批准若干事项。（　　）

10. 情况紧急可以越级请示。（　　）

11. 请示应当一文一事。不得在报告等非请示性公文中夹带请示事项。（　　）

12. 请示要坚持"谁主管就请示谁"的原则，避免多头请示。（　　）

三、填空题

1. 请示具有事前行文性、请求批复性和（　　）三个特点。
2. 请示的类型可分为请求指示的请示、（　　）和请求支持、帮助的请示。
3. 请示的标题一般由单位名称、（　　）、文种组成。
4. 向上级机关请求指示、批准时应当使用的文种是（　　）。
5. 请示和报告都属于（　　）。

四、修改题

请看下面一则"请示"，指出问题并修改。

关于购买车辆的请示报告

尊敬的赵局长：

  本单位原有接送学生的校车一辆，因今年扩大招生，学生数量剧增，急需购买新校车一辆。

  另：学校食堂也需维修，请领导拨款。

自明市第一中学

××××年×月×日

五、写作题

1. 请你以××监狱的名义向司法厅写一份请示。

  ××××年，在司法厅党委的正确领导下，××监狱围绕中心，服务大局，坚持全面从严治党，切实转变工作作风，不断提高管理水平，全面完成了各项重点工作，继续保持了良好的发展势头，也涌现出一批团结协作的先进集体和勤奋敬业的先进个人。为表彰他们的突出事迹，弘扬开拓进取、勤奋工作的精神，建议为××处记集体三等功一次；建议为×××、×××、×× 3 名同志记个人三等功一次。

2. 根据以下事由和行文关系，写一份请示。

青山警官职业学院为完善教学设备，更好地为教学服务，打算购买50台电脑，拟购买联想Y470机型，每台8000元，共40万元。请求教育厅拨付专项资金购置这批教学设备。时间：×××年8月23日。

3. 根据以下事由和行文关系，写一份请示。

一年一度的"三八"国际妇女节即将到来，为了活跃公司文化氛围，引导公司员工更多关注自身的文化素养、心理健康，提升综合素质，提高公司的凝聚力，××公司工会决定在"三八"国际妇女节举办系列活动，活动包括健康知识讲座、插花、健步走等活动，活动需要经费26 000元，其中讲座5000元，插花购买鲜花及物料13 000元，健步走需要购买奖品8000元，共计26 000元。请你以工会名义向××公司写一份请示。

4. 请你以支部名义向公安分局党委写一份请示。

为隆重庆祝中国共产党成立100周年，结合党史学习教育活动安排，××县公安分局××派出所计划在"七一"建党节之际开展"主题党日"活动，为全体党员集体过"政治生日"，以隆重热烈的方式庆祝党的百年华诞。当天的活动安排主要是：一是观看新闻视频《庆祝中国共产党成立100周年大会在京隆重举行》，集体学习《求是》杂志社论及人民日报文章，与会党员分享交流感受；二是党支部为全体党员集体过"政治生日"，为每一位党员赠送了"在党荣党""政治生日"贺卡及《共产党宣言》一书；三是支部书记×××以《中国共产党百年辉煌》为题为全体党员讲党课；最后，全体党员面对党旗庄严宣誓，重温入党誓词。

该所支部有党员45名，活动需购买党旗1面，《共产党宣言》45本，建党100周年贺卡45张，需要经费2200元，从党费中列支。

参考答案

实训项目十九　报告

情境导入

法律事务专业××区队学生王×毕业后入职××中级人民法院，从事办公室文秘工作。该法院在推动人工智能同司法工作融合，开展"数字法院"建设方面进行了有益探索。现需要向上级部门提交一份报告，汇报该院人工智能辅助审判系统的开发和应用情况。领导安排王×起草这份报告，王×在撰写报告前，要做好哪些准备工作，作为公文的报告又该怎么写？

任务描述

办公室领导对王×提出明确要求，这份报告应该交代人工智能辅助审判系统开发的背景，重点汇报其司法应用场景和效果，兼以汇报系统存在的不足以及接下来的改进计划。要做到准确汇报该项工作的进展，王×先要对有关部门提供的材料进行汇总和分析，核验材料的完整性和真实性，如果存在材料缺失和有疑问的地方，他需要进行专题调研。眼前最重要的是，他应该先复习在校期间学习的关于报告写作的基础知识，以保证行文的严谨规范。

知识聚焦

一、报告的适用范围

报告适用于向上级机关汇报工作、反映情况，回复上级机关的询问。

报告是下级机关向上级机关汇报工作、反映情况、答复询问时经常使用的陈述性上行公文。报告旨在下情上报，使上级机关了解掌握下级机关的工作情况，并为上级机关提供支持、领导决策和处理问题提供依据。用好报告，利于上下级机关沟通协调和下级机关接受上级机关的监督和指导。

二、报告的特点

（一）总结性

报告汇报的内容，是对本单位的工作的回顾或总结。

（二）汇报性

报告行文目的是向上级汇报工作、情况、建议、答复等，它不直接请求上级机关答复。

(三)陈述性

报告以陈述为主,要确保内容真实客观,不能弄虚作假。

三、报告的种类

根据性质的不同,报告可分为综合报告和专题报告;根据时间期限的不同,可分为定期报告和不定期报告;根据内容不同,可分为工作报告、情况报告、建议报告、答复报告和递送报告等。

需要说明的是,有些专业部门使用的报告文书,例如"调查报告""审计报告""咨询报告""立案报告""评估报告"等,虽然标题也有"报告"二字,但其概念、性质和写作要求与党政公文中的报告不同,不属于党政公文范畴,应予以区别。

四、报告的结构和写法

(一)标题

标题一般采用要素完整的公文标题写法,由发文机关名称、事由和文种构成,如《××局关于××××年第二季度网站抽查情况的报告》;也可以只写事由和文种,如《关于第十三届全国人民代表大会第一次会议代表提出议案处理意见的报告》。

(二)主送机关

主送机关一般是发文机关的直属上级机关。如有必要报送其他上级机关,可采用抄送形式。

(三)正文

1. 工作报告。正文围绕主旨展开陈述,内容一般包括基本情况、主要成绩、经验教训、下一步工作安排或提出有关建议等几个部分。不同类型的工作报告,汇报的侧重点会有所不同。如果内容较多,则应分条列项写,或分若干部分写,各条项、各部分之间要逻辑清晰,避免无序、重复和交叉。

2. 情况报告。一般是正常工作运行过程中的新情况、新问题,如突发事件、意外事件等。正文围绕主旨陈述事件发生的原因、经过、性质,及处理情况、处理意见或建议。陈述要素齐全,情况实事求是,原因分析准确,内容详略得当。

3. 答复报告。依据上级要求答复问题。正文包括答复依据(上级来文来电)和答复事项两部分内容。有些答复事项还应陈述下级单位为答复问题所开展的工作。

(四)结语

报告的结语一般都有习惯用语。报告的内容不同,习惯用语也不同。提出建议要求上级机关批转给下级机关的工作报告,常以"如无不妥,请批转有关单位执行"等请求式用语作结,其他报告常以"特此报告""专此报告""以上报告,请审批(审议)"等用语作结。

(五)落款

按公文格式要求,写明发文机关全称或规范化简称,标明成文日期。

五、报告的写作要求

(一)材料真实典型

报告写作时,汇报工作、反映情况要选择真实、典型的材料和数据,事实叙述要清楚、准确、简明,不用刻画细节。

(二)少用议论分析

报告以摆事实为主,不要过多的采用议论和说明,语言要概括,分析要画龙点睛,语气要委婉、谦和,不宜用指令性语言。

(三)不得夹带请示事项

报告中不能夹带请示事项,请示内容应另文单独呈递。

任务实施

王×在汇总了相关部门提交的材料后,写了一份报告草稿。请你对这份草稿进行分析,指出它存在哪些问题。

关于"人工智能+审判"深度融合的情况报告

××省高级人民法院领导:

我院在数字法院建设进程中取得了重要进展,于××年××月××日正式上线运行了自主研发的人工智能辅助审判系统。此系统的推出,推动了"人工智能+审判"的深度融合实践。

一、系统功能

该系统以"公正与效率"为核心,覆盖了立案、阅卷、庭审、文书制作等审判业务的流程,实现了AI在全链条的赋能。具体功能分立案智审模块、智能阅卷模块、智能庭审模块、智能文书辅助生成模块、智能驱动模块。通过这些模块功能的发挥,该系统能深入剖析案件要素,为诉源治理提供了精准画像;能根据典型纠纷,预判调解难点,智能推送法律知识和典型案例,推动纠纷的非诉化解;还能从多个维度进行标识,通过与工商信息、网格数据及关联案件的即时对比,精准分析特定区域、领域、企业的矛盾纠纷特点,助力科学决策。

二、创新亮点

该系统的主要技术创新点如下:第一,定位明确。系统在设计之初便明确了辅助工具的功能定位,充分尊重裁判者的自主决策权,确保技术进步不替代人的判断。第二，全程可回溯。系统在各环节节点均设置审核、确认、决定选项和提示，作为AI辅助生成的前置条件，确保过程可及时纠偏、全程可留痕回溯。第三，权威知识对接。系统与最高人民法院权威知识资源库无缝对接，并创新性地引入"提示词工程"，实现实时监控审判流程、预警潜在问题与高效督办的功能。

三、应用效果

人工智能辅助审判系统的上线运行，进一步优化了营商环境，既缩短了诉讼纠纷解决的时间，又提升了法律适用的标准，大大增强诉讼当事人的获得感，是以新质生产力促进审判工作现代化的有为之举。下一步，我们将继续深化系统的开发与应用，探索拓展司法人工智能在全类型案件的应用，为法院审判工作赋能增效。

特此报告！

××××年××月××日

王×将报告草稿交给办公室领导看，领导从两方面进行了反馈：①值得肯定的地方。报告结构清晰，按照"系统功能""创新亮点""应用效果"三个主要部分进行组织，基本能反映辅助审判系统开发和应用的整体情况。报告使用了比较规范的公文语言，表述较准确。②需要修改的地方。标题过大，与报告正文契合度不高，建议写一份专项工作报告；主送机关表述有误，主送单位应该只写受文机关的名称，无需加上领导；正文部分背景交代过于简单，系统功能表述不具体，应用效果没有数据支撑，可信度不高，系统面临的问题分析不到位，下一步工作计划不明确；落款不规范，没有交代发文机关。

王×按照领导的意见，对报告进行了修改，并重新提交。请你比较两份报告的异同。

关于人工智能辅助审判系统开发与应用的报告

××省高级人民法院：

××××年，最高人民法院发布了《关于规范和加强人工智能司法应用的意见》，提出到××××年基本建成较为完备的司法人工智能技术应用体系。××××年两会期间，"数字法院"建设也作为重点工作首次出现在最高人民法院工作报告中。为落实最高人民法院的工作部署，我院于××××年年初启动了人工智能辅助审判系统的开发与应用，现将工作进展报告如下：

一、项目研发过程

××××年初，我院一线法官联合技术团队共同攻坚，历时半年，自主研发了人工智能辅助审判系统。系统设计充分考虑了审判业务的实际需求，将审判流程从立案到结案拆解为××个节点，结合关键工作场景，开发出立案智审、智能阅卷、智能庭审、智能文书、智能驱动××功能模块，力求实现AI全流程赋能，提升审判质效。

二、系统功能与亮点

立案智审模块可以辅助法官智能核查立案登记所须的××项立案标准，同时实现审查结论一次性通知，极大提升立案登记效率，确保"有案必立"及时落实；智能阅卷模块则利用智能文档结构化技术，帮助法官大幅度缩短阅卷时间，提高信息处理精度；智能庭审模块在庭前、庭中提供全面支持，通过案情研判、规则推送与庭审提纲生成等功能，大幅缩短庭审准备时间，有效提高庭审效能；智能文书辅助生成模块则依据法官确认的关键信息，辅助生成裁判文书，显著缩短文书制作时间；而智能驱动模块则通过系统串联，智能监控审判各环节。

该系统的亮点如下：其一，定位明确。系统在设计之初便明确了辅助工具的功能定位，充分尊重裁判者的自主决策权，确保技术进步不替代人的判断。其二，全程可回溯。系统在各环节节点均设置审核、确认、决定选项和提示，作为AI辅助生成的前置条件，确保过程可及时纠偏、全程可留痕回溯。其三，权威知识对接。系统与最高法权威知识资源库无缝对接，并创新性地引入"提示词工程"，实现实时监控审判流程、预警潜在问题与高效督办的功能。

三、应用效果与挑战

系统目前应用范围已覆盖所有常见的民商事案件，试运行以来，已辅助立案××万件；辅助生成文书初稿××万份，既缩短了诉讼纠纷解决的时间，又提升了法律适用的标准，大大增强了诉讼当事人的获得感。

本次上线运行的人工智能辅助审判系统是1.0版本，运行中尚存在一些问题与挑战：一是应用范围有限，算法的透明度和司法可解释性还有待加强；二是部分工作人员对于新技术的适应性不够，不能对系统进行有效训练；三是社会公众对系统的准确性和司法的公正性存疑。下一步，我们将深化技术开发，拓展人工智能在法院全类型案件中的应用，全面培训法院工作人员，提升其对AI技术的理解和应用能力，同时加强对公众的宣传，提高他们对AI司法服务的认知。

特此报告！

××市中级人民法院

××××年××月××日

> 例文分析

示例一

为给上级部门和广大消费者提供参考，进一步提升产品质量水平和市场监管效果。××市市场监督管理局向市政府提交了一份市级产品质量监督抽查报告，反映××××年××季度抽查工作的概况、存在的问题，并提出了下一步的工作安排。报告原文如下：

××市市场监督管理局关于××××年××季度市级产品质量监督抽查情况的报告[1]

××市人民政府：

为确保产品质量安全，保障消费者权益，依据国家和市级产品质量监督抽查规定，我局在××××年××季度开展了市级产品质量监督抽查和风险监测工作，现将具体实施情况报告如下：

一、基本情况

（一）抽查及检测概况

本季度市级监督抽查共覆盖22种产品，其中包括风险监测1种。我们在71家受检生产和销售企业中，共抽取291批次的样品，涵盖以下产品类别：太阳镜、水泥、食品接触用玻璃器皿、新型墙体材料、防火玻璃、汽车内饰材料、防火门窗、贵金属饰品、化工产品、汽柴油、车用尿素、肥料、餐具洗涤剂、洗手液、洗涤用品、木制家具、休闲服装、校服、纸及制品（卫生纸、纸巾纸等）、休闲鞋、袜子、滤清器、成套电力开关和控制设备、容积式空气压缩机、其他产品（通用机械）等。

截至目前，已完成287批次产品的检验工作，合格率达到99.6%。

（二）未按计划实施的抽检情况

虽然总体工作进展顺利，但部分产品未能按照计划进行抽检，具体情况如下：

1. 建筑用玻璃：计划抽样组数30组，实际抽样组数30组，因实验周期较长，最终结果计划汇总至三季度。

2. 配装眼镜：计划抽样组数20组，实际抽样组数20组，因设备维修，最终结果计划汇总至四季度。

3. 新型墙体材料：计划抽样组数2组，实际抽样组数0组，原因是未找到相

---

〔1〕 改编自 https://scj.bengbu.gov.cn/zfxxgk/public/22241/52082887.html，最后访问时间：2024年8月28日，有删减。

应产品生产/销售企业。

4. 化工产品：计划抽样10组，实际抽样组数9组，一组未抽到的原因是该产品未生产。

5. 滤清器：计划抽样组数40组，实际抽样组数36组，少抽样的原因是有停产企业，故减少抽检计划。

6. 成套电力开关和控制设备：计划抽样组数10组，实际抽样组数14组，多抽样的原因是企业有新增产品，故纳入抽检计划。

7. 其他产品（通用机械）：计划抽样组数20组，实际抽样组数26组，多抽样的原因是有新增企业，故纳入抽检计划。

二、下一步工作安排

（一）向社会公布本季度市级监督抽查结果。

（二）加强产品质量风险监测，重点监测涉及人体健康和人身安全的指标。

（三）将监督抽查结果录入总局"e-CQS监督抽查系统"。

（四）将监督抽查结果录入"××市产品质量风险信息监测系统"，将抽检结果与企业库、产品库进行对应，依据抽检结果调整企业监管级别和产品分类监管，实现科学监管、智慧监管。

（五）加强重点企业监督检查和重点产品监督抽查，对产品质量风险较大的企业开展跟踪监督检查，对合格率较低的产（商）品加大监督抽查力度。

（六）开展质量帮扶和质量提升工作，组织专家会诊，帮助企业找出质量短板、缺陷，开出质量"药方"，督促企业整改落实，引导企业开展质量攻关，强化企业全流程质量管控，实现产品质量有效提升。

特此报告！

××××年××月××日

思考：

1. 这份报告结尾的格式对吗？
2. 在报告中列出具体的数据和案例有什么好处？
3. 这份报告是如何通过序号来体现结构层次的？

示例二

2021年8月，中共中央、国务院印发了《法治政府建设实施纲要（2021—2025年）》，并发出通知，要求各地区各部门结合实际认真贯彻落实。××市××区司法局围绕全区中心工作和司法行政重点任务，全面推进局法治政府建设各项工作，取得积极成效。××××年××月××日，该局按照区法治政府建设工作领导小组《关于报送×××年度法治政府建设情况报告的通知》的要求，报送了该局×××年度的法治政府建设情况报告。

关于报送《××区司法局××××年度法治政府建设情况报告》的报告[1]

××市××区法治政府建设工作领导小组办公室：

根据法治政府建设工作的有关要求，我局拟就了《××区司法局××××年度法治政府建设情况报告》，现呈上，请审阅。

特此报告。

附件：××区司法局××××年度法治政府建设情况报告

××市××区司法局

××××年××月××日

××区司法局××××年度法治政府建设情况报告

××××年，××区司法局在区委、区政府的坚强领导下，以习近平新时代中国特色社会主义思想为指导，全面学习贯彻党的二十大精神，深入贯彻落实习近平法治思想，紧紧围绕全区中心工作和司法行政重点任务，全面推进局法治政府建设各项工作，取得积极成效，具体情况如下：

一、深入贯彻习近平法治思想，切实履行推进法治政府建设职责

（一）持续深入推动学习宣传贯彻习近平法治思想

区司法局持续推进学习宣传贯彻习近平法治思想在全区走深走实。通过党组理论中心组学习、专题学习班等形式，全面深入学习贯彻党的二十大精神，特别是党的二十大报告中关于全面依法治国、法治政府建设的重要论述和部署，进一步学深悟透习近平法治思想。区司法局持续推动全体司法行政干部队伍和法律工作者学思笃行习近平法治思想，不断提升运用法治思维和法治方式开展工作的能力和水平，切实以党的二十大精神和习近平法治思想引领全面依法治区和司法行政工作再上新台阶。

（二）牵头主抓全面依法治区工作，持续统筹加强法治建设

推动新一轮依法治区制度建设，构筑"区委出意见、人大做决定、区政府出方案"顶层设计。起草完成并以区政府名义印发《法治政府建设实施方案（2022-2025年）》。组织开展×××年法治建设责任制工作。制定《××××

---

[1]《关于报送〈浦东新区司法局2022年度法治政府建设情况报告〉的报告》，载https://www.pudong.gov.cn/zwgk/zwgk_fzzfjs_zfbm_sfj_fzzfjs/2023/88/308539.html，最后访问时间：2024年8月28日，有删减。

年法治建设责任制工作量化评分表》，把习近平法治思想学习宣传贯彻，保障市委、区委重点任务落实落地，党内法规管理，推进历史遗留问题"攻坚"等法治建设重点工作任务纳入考核。

（三）切实履行党政主要负责人推进法治建设第一责任人职责

根据《××市党政主要负责人履行推进法治建设第一责任人职责情况列入年终述职内容工作方案》部署要求，切实履行法治建设第一责任人各项职责，并将履职情况纳入年终述职内容。区司法局主要负责人持续抓好习近平法治思想学习宣传贯彻工作和法治政府建设统筹推进工作，并加大重要工作部署推进和重大问题研究解决力度，通过召开党组会、办公会等方式，及时传达学习法治政府建设重要会议和重要文件精神，及时研究解决各项工作问题。

二、××××年法治政府建设主要举措和成效

（一）全面做好引领区法治保障工作

明确职责分工，增强衔接协同。在区发改委牵头下，会同区人大法制委，协同推进引领区法治保障工作。优化流程机制，提高立法效率。推动优化区政府参与立法和制定管理措施等工作流程，进一步规范工作程序，健全立法项目论证、专家咨询等机制。坚持问题导向，解决难点问题。推动出台促进商事调解、生态环境信用评价、推进特色产业园区高质量发展、建设项目资源性指标统筹配置、促进存量产业用地提质增效、大宗商品仓单登记中心管理、生态空间保护利用等12部管理措施。

（二）助力提升政府依法决策水平

加强重大行政决策制度建设。构建区重大行政决策"1+7"制度体系；完成××××年重大行政决策事项目录编制及调整工作，并首次在区委办局、管理局层面推行重大行政决策目录制度。加强行政决策法制审核。坚持区政府常务会议议题材料会前合法性审核和区司法局全程列席区政府常务会议并发表法律审核意见制度。加强规范性文件审核监督。××××年1—12月，审核区政府行政规范性文件15件（含管理措施8件），完成备案审查基层规范性文件53件；完成5件区政府到期文件评估；完成本单位行政规范性文件审核评估1件。

（三）加强普法宣传工作。（具体内容略）

（四）规范行政复议应诉工作。（具体内容略）

（五）推进现代公共法律服务体系建设。（具体内容略）

（六）谋划法律服务业创新发展。（具体内容略）

（七）提升严格规范公正文明执法水平。（具体内容略）

（八）全面推进政务公开。（具体内容略）

（九）积极推进矛盾纠纷多元化解工作。（具体内容略）

三、××××年法治政府建设存在的不足

（一）公共法律服务工作方面。律师、公证、司法鉴定等公共法律服务工作仍有进一步提升的空间，公共法律服务供给力度仍需进一步加强。

（二）行政执法工作方面。（具体内容略）

（三）政务公开工作方面。（具体内容略）

（四）行政复议应诉工作方面。（具体内容略）

四、关于××××年推进法治政府建设的主要安排

（一）有效统筹全面依法治区工作

深化习近平法治思想学习宣传、研究阐释和贯彻落实。全面加强统筹谋划和部署推进，着力加强法治督查和示范创建，不断加强和改进基层法治建设。

（二）持续强化改革创新制度供给

根据下一年度××区法规和管理措施安排计划，按照法定程序和时间节点要求，高质量、高效率完成年度立法计划项目。建立区司法局立法工作律师专家库，充分发挥各层面各领域"专家智库"作用。推动建立区政府基层立法联系点，充分调动社会各方参与立法的积极性。

（三）持续推进政务公开工作。（具体内容略）

（四）持续加强行政执法监督工作。（具体内容略）

（五）持续推进行政复议应诉工作。（具体内容略）

（六）深入开展法治宣传工作。（具体内容略）

（七）持续提升公共法律服务水平。（具体内容略）

思考：

1. 第一个标题中两个"报告"的文种是否相同？
2. 作为附件的报告为什么没有收文机关与发文机关？
3. 这份报告公文如果不以添加附件的形式呈送，而是整合成一份文稿，标题该如何修改，正文又该怎样调整？

拓展学习

知识卡片

报告与请示的异同

"报告"和"请示"都是上行文文种，是下级机关向上级机关呈报的公文。二者都需要反映情况，陈述理由或意见。在结构上，都由标题、主送机关、正文、落款组成。二者的区别在于：

1. 行文目的不同。请示旨在请求上级批准、指示，需要上级批复，重在呈

请；报告要向上级汇报工作、反映情况、提出意见或建议、答复上级询问，无需上级答复，重在呈报。

2. 行文时间不同。请示需要事前行文；报告一般在事后或事中行文。

3. 受文机关处理方式不同。请示属于办件，收文机关必须及时批复；报告多属阅件，不要求上级回复，除需批转的建议报告外，收文机关对其他报告都可不行文。

4. 篇幅不同。请示一般都比较简短；报告的内容涉及面较为广泛，篇幅一般较长。

5. 报送要求不同。请示一般只写一个主送机关，受双重领导的单位报其上级机关的请示，应根据请示的内容注明主送机关和抄送机关，主送机关负责答复请示事项；报告可以报送一个或多个上级机关。

6. 写作侧重点不同。请示和报告虽然都要陈述、汇报情况，但报告的重点旨在汇报工作情况，报告中不能夹带请示事项；请示所陈述的情况只是作为请示的原因，即使反映情况以及阐述缘由所占的篇幅较大，其重点依然是请求上级批准或指示。

品味研读

2022年10月16日上午10时，中国共产党第二十次全国代表大会在北京人民大会堂隆重召开。习近平总书记代表第十九届中央委员会，向大会作了题为《高举中国特色社会主义伟大旗帜 为全面建设社会主义现代化国家而团结奋斗——在中国共产党第二十次全国代表大会上的报告》的报告。这份3万余字的报告是如何诞生的呢，请看新华社记者张旭东、丁小溪采写的报道。

推动中华民族伟大复兴号巨轮乘风破浪、扬帆远航

训练营地

一、单选题

1. 以下哪一项不是党政机关报告的特点（　　）。

A. 结构严谨　　B. 材料真实

C. 表达准确　　D. 注重修辞

2. 下列说法正确的是（　　）。

A. 为减少发文，在向上级机关呈送的报告中，可附带请示问题。

B. 在答复询问的报告中，可以同时汇报本机关的最近工作进程。
C. 请示报告的内容必须是属于本机关职权范围之内的事。
D. 在报告中不能夹带请示事项。

二、写作练习

阅读下面的材料，以J市广播电视局的名义向J市人民政府办公厅写一份网络微短剧治理情况的报告。

材料1[1]：

霸总娇妻、重生逆袭、天赋觉醒……你刷过没？这些几分钟一集，上百集一部，15秒一个反转，30秒一个推进的网络短剧，让人边看边吐槽情节的不合理，但是又根本停不下来，甚至还会充值追剧。

关于网上的短剧，很多网民一边看一边吐槽，怎么内容这么粗制滥造，浮夸又幼稚，很多情节根本不合理，但是就是看着感觉挺"爽"的，让人忍不住看下去。调查显示，影响消费者为微短剧"买单"的因素中，有超过四成（41.98%）的消费者认为缺乏创新、同质化严重；近四成（39.85%）的消费者认为剧情烂俗、虎头蛇尾，还有三成以上（32.67%）的消费者认为制作水平良莠不齐，近三成（28.93%）的消费者认为付费机制不合理，近两成（19.26%）的消费者认为价值导向存在问题，不到一成（8.69%）的消费者认为演员演技拙劣有待提升。

微短剧每一集几毛钱看起来不贵，但是消费者没想到的是集数多，数百集下来就是很可观的数字了。调查中发现，短剧收费高问题明显，且远远高于消费者的心理预期。问卷调查显示，单部微短剧消费者实际付费金额区间集中在50-100元，而消费者对单剧心理价位多集中在10-50元。

调查显示，有三成以上（35.8%）的消费者反映微短剧存在过度植入广告问题；近两成（17.89%）的消费者表示遇到不予退费的情况；一成以上（15.66%）的消费者遭遇客服不响应、投诉无门的情况。体验调查发现，所有充值虚拟币的平台均小字标注"虚拟产品，一经购买不得退换""会员服务不支持无理由退换"。即消费者在对微短剧进行充值后，退款操作很难成功。一般而言，消费者充值会员后仅以不再需要会员服务为由主张退款很难成功，但是一些微短剧随意下架，导致用户无法正常享受会员服务，并且体察人员发现付费协议/须知并未事先约定"退款"情形，以致消费者主张退款时困难重重。

调查发现，20.49%的消费者遭遇不明码标价的问题；12.88%的消费者反映

---

[1] 改编自《江苏省消保委"剑指"微短剧乱象》，载 http://fashion.ce.cn/news/202408/29/t20240829_39121269.shtml，最后访问时间：2024年8月28日。

包月、包年会员观剧权益不明晰。体验调查发现，部分观看渠道存在虽然对单集所需虚拟币进行明示，但字体较小，对全剧所需虚拟币总数未明示，消费者尤其老年消费者容易陷入反复充值、多次充值的套路。还有自动续费乱象突出，扣费不提醒。在小程序或者APP观看微短剧时，平台常常会提供会员服务。调查发现，在开通会员服务时，问题主要集中在以下方面：强制自动续费会员服务协议包含自动续费条款，消费者开通会员服务必须接受自动续费事项，有强制消费之嫌。

材料2[1]：

近期，按照国家广电总局和市委、市政府关于加强网络微短剧管理工作的部署要求，J市广电局严格落实属地管理职责，打好综合治理"组合拳"，着力推动微短剧业态高质量发展：一是加大违规不良内容清理力度。深入开展违规微短剧、小程序和UGC账号的监测排查，2023年11月以来共清理下线存在导向和内容问题的违规微短剧作品194部、16 184集，下架整改违规微短剧小程序26个、UGC账号68个。二是建立健全微短剧管理例会制度。定期组织召开网络微短剧管理工作例会，第一时间向抖音、快手、点众等重点企业传达总局管理要求，部署专项整治工作，调度精品项目创作，听取企业汇报自查整改情况。三是进一步压实平台主体责任。督导抖音、快手、红果短剧、河马剧场等重点微短剧平台，严格落实主体责任，健全完善总编辑内容负责制，从严开展自查清理工作，加强与第三方公司合作的规范管理。四是禁止未经报备擅自开展微短剧业务。结合备案制平台年检工作，对本市已纳入备案制管理的平台进行了全面巡查，针对未经报备擅自开展微短剧业务的5家平台，约谈企业总编辑或相关负责人，责令5家平台立即停止微短剧业务，下线全部微短剧内容，深入开展自查整改。五是持续推进优质内容生产创作。2023年9月发布扶持计划，为优质项目提供一揽子政策扶持，打造网络微短剧精品项目。该计划在行业内引发积极回响，已收到申报项目近百部，目前正在进行专家评议，拟于近期对外发布精品项目片单。

三、拓展练习

"报告"在应用文领域使用得非常广泛。除公文中有"报告"这一文种外，还有些专业部门使用的报告文书，如"调查报告""审计报告""咨询报告""立案报告""评估报告""验资报告""述职报告"等标题中也有"报告"二字。请你结合本课所学，查阅相关报告文书，看看它们和本课所学的"报告"相比，其概念、性质、格式和写作要求有哪些不同？

---

[1] 改编自《北京市广电局多措并举推进网络微短剧治理工作》，载https：//news.bjd.com.cn/2023/12/01/10636143.shtml，最后访问时间：2024年8月28日。

参考答案

实训项目二十　决定

情境导入

××司法警官学院王×同学在校期间踊跃参加各项学习、训练及社会实践活动，并从中脱颖而出，获得好评。他积极向上，乐于助人；学习勤奋刻苦，成绩斐然；体能与警务技能训练上，也练就了一身过硬的本领，成为同学们心中的"训练标兵"。学校决定对这位品学兼优的学生予以表彰奖励。假如林老师是学生处工作人员，领导安排林老师完成这项工作，林老师会选择什么文种来解决问题呢？

任务描述

根据林老师的经验，这需要撰写一份党政机关公文决定，以此达到表彰奖励的效果。林老师知道这份表彰决定要能够令人信服、引发深思，其依据远非简单的表面成就，而是蕴含着更深层次的考量与标准。这既是对个人的肯定，更是对全校学生的一次深刻教育。在决定中，要提出希望和号召，激发同学们的创造性，引导同学们积极向上，提高综合素质。

知识聚焦

一、什么是决定

决定适用于对重要事项作出决策和部署、奖惩有关单位和人员、变更或者撤销下级机关不适当的决定事项。

二、决定的特点

决定具有指导性、严肃性、针对性、强制性和稳定性等特点。

1. 指导性。决定集中体现了上级领导机关对重要事项的决策，具有较强的理论性、政策性，是指导下级机关的工作准则。

2. 严肃性。决定对重要事项作出安排，下级机关需要认真执行，不能随意变通。

3. 针对性。决定是根据现实问题作出的安排、部署和决策，具有较强的针对性。

4. 强制性。决定是下行文，由上级机关制发，要求下级机关无条件贯彻执行，这使得决定具有强制性的特点。

5. 稳定性。决定要在较长时间内贯彻执行，并在较长时间内发挥作用。

三、决定的类型

决定可分为法规性决定、指挥性决定、奖惩性决定、变更性决定。

1. 法规性决定。用于发布权力机关制定、修订或试行的法律文件，或者政府部门制定的行政法规。

2. 指挥性决定。一般都是对一些重要事项或事关全局的重大行动作出的决定，具有很强的法定政策性和指导性。

3. 奖惩性决定。主要是对一些事迹突出、有典型意义的先进个人或集体进行表彰，或对一些影响较大、群众关心的事故、错误进行处理。仅就奖惩性决定而言，其效果层次低于奖惩类的命令，但高于奖惩类的通报。

4. 变更性决定。主要是撤销、任免个人以及机构变更的决定。

四、如何写决定

决定一般包括标题、主送机关、正文和落款四部分。

（一）标题

决定的标题应当精练地反映决定的主要内容，通常要求写全项标题，即发文机关、事由和文种，如《国务院关于表彰全国"两基"工作先进单位和先进个人的决定》《全国人民代表大会常务委员会关于修改〈中华人民共和国邮政法〉的决定》。

（二）主送机关

决定的主送机关可为一个或者多个，需写明全称或规范的简称，也可写统称，如"各有关单位"。普发性下行文可以省略主送机关。

（三）正文

决定的正文，应具体表达决定缘由及对具体事项或行动的意见、要求、方法、措施等内容。具体写法：

1. 法规性决定的正文一般较多，往往采用条文式的方式分条说明。总体来看，法规性决定一般由前言、主体和结尾构成。前言说明作出此决定的依据、原因、目的；主体用词严密准确，具体可行结尾提出执行要求，最后一般以"本决定自公布之日起施行"结束。

2. 指挥性决定的内容可以划归为两个部分，第一部分写明作出决定的背景、根据、目的或意义。第二部分同样适用条文式写法，如果条款较多，还可进一步使用小标题来划分层次。正文的结尾部分可以提出号召要求，也可以省略结尾。

3. 奖惩性决定的内容一般包括四个部分，分别是奖惩对象的情况说明、奖惩的原因和根据、奖惩的决定以及提出希望和号召，或提出要求并吸取教训。

4. 变更性决定内容简明，直接指出变更的具体情况即可，一般无须结尾。

（四）落款

决定的落款与其他行政公文一样，在正文的右下方签上发文机关及成文日期。如果是需要突出通过决定的时间及会议，则可将二者写在标题的下方。

五、注意事项

1. 决定的内容必须符合党和国家的方针、政策，有理有据，同时能结合实际。

2. 决定事项要具体明确，利于贯彻落实。

3. 态度要鲜明，语言要简洁。在作出决定、提出要求时，注重使用"必须""要""不准"一类词语。

4. 结构严谨，层次条文排列合乎逻辑。

任务实施

林老师随即拟制了一份表彰决定。请你看看这份决定的内容及格式是否符合要求。

表彰决定

一、先进概览，彰显风采

王×同学，自入学以来，便以高度的政治觉悟、扎实的专业技能、优异的学习成绩在警校的各项学习、训练及社会实践活动中脱颖而出。

值得一提的是，在近期的一次模拟实战演练中，面对复杂多变的突发情况，王×同学凭借敏锐的洞察力、果断的决策力和出色的团队协作能力，成功处置了一起模拟的暴力事件，有效保护了人民群众的生命财产安全，其英勇表现赢得了现场指导教官及全体参与人员的高度赞誉。

二、表彰决定，激励前行

现授予王×同学"警校之星"荣誉称号，并颁发荣誉证书及奖品，以资鼓励。同时,号召全校师生向王×同学学习。

××司法警官学院
××××年×月×日

林老师随后找到办公室方主任请求指导,询问该决定是否符合要求。方主任指出:首先标题必须准确反映决定的主要内容,并且表彰决定一定要有理有据,态度鲜明,语言简洁。经过方主任指导后,林老师重新拟制了一份表彰决定。

××司法警官学院关于授予王×同学"警校之星"荣誉称号的表彰决定

院各系部:

××系××区队王×同学在校期间努力学习,奋发向上,学习勤奋刻苦,多次获得校级、国家级奖学金,荣获"优秀学员"称号;体能与警务技能训练上,以超乎常人的毅力,练就一身过硬的本领,多次代表学院参加省级技能大赛,取得优异成绩。为鼓励先进,弘扬优良学风,激励广大同学奋发进取,经学院研究,决定授予王×同学"警校之星"荣誉称号,并予以表彰。

希望王×同学谦虚谨慎,戒骄戒躁,在今后的学习、工作中开拓创新、再创佳绩。也希望广大同学向先进学习,脚踏实地,积极进取,努力成长成才,为实现中华民族伟大复兴的中国梦贡献自己的青春和力量。

××司法警官学院
××××年×月×日

例文分析

示例一

城市建设的优势在于其能够全方位、多层次地促进经济、社会、文化和环境的协调发展。它是人类文明进步的象征,也是未来世界发展的重要驱动力。××市人民政府针对城市建设重大问题作出了决策,通过发布决定,制定了长期的城市建设规划。

关于加快建设新型智慧城市示范城市的决定[1]

各区县(市)人民政府,市直机关各单位:

为落实市委、市人民政府"三智一芯"发展战略、"四精五有"发展理念,

---

[1]《长沙出台〈关于加快建设新型智慧城市示范城市的决定〉》,载 https://www.thepaper.cn/newsDetail_forward_9519236,最后访问时间:2024年8月29日,有删改。

提升城市能级和核心竞争力，推进城市治理体系和治理能力现代化，现就加快建设新型智慧城市示范城市作出如下决定。

一、将新型智慧城市建设作为全市经济社会高质量发展的重要引擎

（一）总体要求

坚持以习近平新时代中国特色社会主义思想为指导，全面贯彻党的十九大和十九届二中、三中、四中全会精神，按照国家关于建设网络强国、数字中国、智慧社会的战略部署，坚持以人民为中心，深化新一代信息技术应用，实施精准规划，统筹布局全市"三融五跨"的新型智慧城市顶层设计；推动精美建设，打造安全高效的新型基础设施、数据资源体系和智慧应用体系；推进精致管理，建立多方协作、敏捷精准的政府治理新模式；促进精明增长，构建以数据为关键要素的数字经济新动能，加快形成"一脑赋能，数惠全城"的运行模式，助推经济社会高质量发展，将××市打造成为有颜值、有气质、有内涵、有格调、有品位的全国新型智慧城市样板和标杆。

（二）基本原则

以人为本，问题导向。聚焦经济社会发展的"难点""痛点""堵点"，深入打造智慧化应用场景，以便捷化、智能化、精准化的管理和服务，提升全市人民的安全感、获得感和幸福感。

整体规划，全面协同。坚持统筹布局，强化规划衔接，推进整体协同，集约建设共性基础设施、支撑能力和平台体系，促进数据集聚、系统融合、应用协同。

数据驱动，开放共享。将数据作为驱动和优化新型智慧城市建设的核心要素，健全数据治理体系，推进数据资源规范采集、集中汇聚、高效治理和开放共享，深化大数据在各行业的创新应用。

强化保障，安全可控。落实国家网络安全制度，建立健全网络安全管理和技术保障机制，全面构建自主可控安全软硬件体系，保障数字设施、数据资源和应用系统安全，加强个人隐私保护。

多元参与，长效运营。发挥市场对资源配置的决定性作用，突出企业主导地位，更好发挥政府作用，打造有为政府和有效市场，形成政府引导、市场主导、多元参与、活力持续的新型智慧城市建设和运营格局。

（三）主要目标

到2022年，自主可控的新型基础设施架构初步形成，智能可信的数据治理运营体系初步建立，城市超级大脑运行顺畅，有力支撑公共服务更加高效便捷、社会治理更加精准联动、产业经济更加融合创新，初步建成"全国新型智慧城市示范城市"。

到2025年，高速、智能、泛在、安全的新型基础设施体系基本健全，数字

孪生城市和实体城市实现同步建设生长，公共服务、社会治理、产业发展等领域智能应用全面深入开展，推动××市智能化治理水平达到全国领先。

到2035年，数据资源成为驱动××市精明增长的关键要素，信息服务深度融入百姓生活各个方面，新型智慧城市建设成为长沙享誉全球的"名片"，引领××市建设成为国际知名的现代化中心城市。

二、强化顶层设计，实现全市智慧城市建设一盘棋

（一）加强规划统筹衔接（略）

（二）完善数据治理体系（略）

（三）创新建设运营模式（略）

（四）强化市区协同联动（略）

三、筑牢发展基础，构建新型数字基础设施

（一）完善基础网络设施（略）

（二）优化云计算设施（略）

（三）升级城市超级大脑（略）

（四）拓展物联网设施（略）

（五）构建区块链基础设施（略）

四、打造数字政府，让城市更敏捷更有温度

（一）着力提升政府行政效能（略）

（二）深入推进城市智慧治理（略）

（三）提高城市应急处置能力（略）

（四）提升城市公共服务水平（略）

（五）打造城市统一服务入口（略）

五、赋能数字经济，促进产业智能增长

（一）厚植数字化产业链优势（略）

（二）打造特色化产业高地（略）

（三）培育新产业新业态新模式（略）

（四）建设数字产业集聚园区（略）

六、强化推进机制，保障智慧城市高质高效发展

（一）加强组织领导（略）

（二）健全制度体系（略）

（三）强化信息安全（略）

（四）创新要素供给（略）

××市人民政府

××××年×月×日

思考：

1. 本决定有较强的决策性，请阐述决定的缘由。
2. 文中能体现政府工作的权威性内容是哪些部分？

示例二

表彰先进的意义非凡而深远。它不仅是对先进个人的荣誉加冕，更是对全社会的一种精神引领和价值塑造，弘扬社会主义核心价值观。司法部对先进集体、先进工作者和劳动模范的嘉奖和肯定需要通过表彰性决定来呈现，以这种方式来告知全社会，要宣扬正确的价值导向，增强凝聚力，促进社会和谐进步。

关于表彰全国司法行政系统
先进集体、先进工作者和劳动模范的决定[1]

各省、自治区、直辖市人力资源社会保障厅（局）、司法厅（局），新疆生产建设兵团、人力资源社会保障局、司法局、监狱管理局，司法部机关各厅局、各直属单位：

党的十九大以来，在以习近平同志为核心的党中央坚强领导下，全国司法行政系统坚持以习近平新时代中国特色社会主义思想为指导，深入学习贯彻习近平法治思想，全面贯彻党的十九大和十九届历次全会精神，深入贯彻习近平总书记关于司法行政工作的重要指示和重要训词精神，弘扬伟大建党精神，紧紧围绕党和国家工作大局，忠诚履职尽责、勇于担当作为，切实履行维护国家安全、社会安定、人民安宁的重大责任，在维护国家政治安全和社会稳定、司法行政领域全面深化改革、常态化扫黑除恶、政法队伍教育整顿等方面取得新成效，为建设更高水平的平安中国、法治中国作出重要贡献，涌现出一大批对党忠诚、司法为民、务实奉献、成绩突出的先进典型。为表彰先进、弘扬正气，人力资源社会保障部、司法部决定，授予北京市司法局普法与依法治理处等297个集体"全国司法行政系统先进集体"称号，授予庞雷等347名同志"全国司法行政系统先进工作者"称号，授予杨晨等146名同志"全国司法行政系统劳动模范"称号。被授予"全国司法行政系统先进工作者"和"全国司法行政系统劳动模范"称号的个人，享受省部级表彰奖励获得者待遇。希望受到表彰的先进集体和先进个人珍惜荣誉、再接再厉，充分发挥模范带头作用，奋力推进全面依法治国和司法行政工作高质量发展。全国司法行政系统、广大司法行政干警和法律服务工作者要以受到表彰的先进集体和先进个人为榜样，学习他们对党忠诚、信念坚定的政治

---

[1]《人力资源社会保障部 司法部关于表彰全国司法行政系统先进集体、先进工作者和劳动模范的决定》，载 https://www.moj.gov.cn/pub/sfbgw/zwgkztzl/2022zt/20220612jjqgsfxzxtxjmfbz/20220612，最后访问时间：2024年8月25日，略有删改。

品格，牢记宗旨、心系百姓的高尚情怀，勤勉履职、爱岗敬业的扎实作风，忠于职守、英勇无畏的战斗精神，弘扬法治、维护正义的优秀品质，要坚持党对全面依法治国的集中统一领导和对司法行政工作的绝对领导，深刻领悟"两个确立"的决定性意义，增强"四个意识"、坚定"四个自信"、做到"两个维护"，不断提高政治判断力、政治领悟力、政治执行力，更加紧密地团结在以习近平同志为核心的党中央周围，不忘初心、牢记使命，踔厉奋发、笃行不怠，以更加强烈的责任感和使命感，立足新起点、担当新使命、展现新作为，以实际行动迎接党的二十大胜利召开，为实现第二个百年奋斗目标、实现中华民族伟大复兴的中国梦而不懈奋斗！

附件：全国司法行政系统先进集体、先进工作者和劳动模范表彰名单

人力资源社会保障部 司法部
××××年×月×日

思考：

1. 本篇决定层次清晰，请把全文的开头、主体、结尾划分出来。
2. 正文内容是否详略得当？决定事项的依据与前提是否表述准确？

拓展学习

知识卡片

决定和决议的区别

一、什么是决议

决议适用于会议讨论通过的重大决策事项，是党的领导机关就重要事项，经会议讨论通过形成决策，并要求贯彻执行的重要指导性公文。决议是下行文，最基本的特点就是决策性和权威性，另外也具备指导性、程序性、表决性等特点。

二、具体区别

1. 制作程序不同。决定不一定经法定会议讨论通过这一程序，它可以是某种会议讨论研究的成果；决议则必须经某一级机关或组织机构的法定会议对某一议题进行集体讨论，由法定多数人表决通过才可以形成正式文件，并以会议的名义公布。

2. 作用不同。不同类型的决定有不同的作用，有的决定要求下级机关执行，有的决定则只是起到知照性的作用，并不要求下级机关执行，如某些知照性的决定；决议则一律要求下级机关执行。

3. 写法不同。决定着重提出开展某项工作的步骤、措施、要求等，要求写作应明确、具体，因此更能落实措施，行政约束力也强，可以直接成为下级机关行动的准则；决议的原则性条文更多，尤其是阐述性决议，除指出指令性意见外，还要对决议事项本身的有关问题作出若干必要的论述或说明。

品味研读

××省第十四届人民代表大会第二次会议
关于国家生态文明试验区（××）建设情况报告的决议

温情

训练营地

一、填空题

1. 决定一般包括_____、_____、_____和_____四部分。

2. 决定类型包括_____、_____、_____和_____。

二、判断题（对的打"√"、错的打"×"）

1. 决定对重要事项作出安排，下级机关需要认真执行，但也可以随意变通。（　　）

2. 决定可以主送多处机关和单位。（　　）

3. 决定可以在较长时间内贯彻执行，也可以在较长时间内发挥作用。（　　）

三、写作练习

根据所给材料，制作一篇符合写作要求的决定。

黄大年，男，广西南宁人，1958年8月出生，1975年10月参加工作，中共党员，著名地球物理学家、国家相关领域专家。生前担任吉林大学新兴交叉学科学部学部长，地球探测科学与技术学院教授、博士生导师。2017年1月8日因病去世，年仅58岁。

黄大年同志对党、对祖国无限热爱，矢志不渝实践科技报国理想，把毕生精力奉献给祖国的教育科研事业，是"两学一做"学习教育中涌现出的先进典型，是新时期归国留学人员心系祖国、报效人民的杰出楷模，是广大知识分子把爱国之情、报国之志自觉融入中华民族伟大复兴宏伟事业的优秀代表。黄大年同志青年时期就立下"振兴中华，乃我辈之责"的宏大志向，他常说"我是国家培养出来的，我的归宿在中国"，自觉把个人理想和国家发展融为一体，毅然放弃国外优越条件回到祖国。归国7年多，他作为国家多个技术攻关项目的首席专家，带领科技团队只争朝夕、顽强拼搏，取得一系列重大科技成果，填补多项国内技术空白，部分成果达到国际领先水平。他秉持"祖国的需要就是最高需要"的人生信条，为实现科技强国梦殚精竭虑，经常工作到凌晨，几乎没有休过寒暑假和节假日，多次累倒在工作岗位上，直到生命最后一刻。他倾尽心血为国育才，主动担任本科层次"李四光实验班"的班主任，言传身教、诲人不倦，叮嘱学生"出去了要回来，出息了要报国"，激励学生树立远大理想和家国情怀，支持资助学生参加国际学术交流，为国家培养出一批"出得去、回得来"的优秀科技人才。他以崇高的爱国情怀、强烈的敬业精神、深厚的学术造诣和高洁的道德品行，赢得学校师生、科研同事和社会各方面广泛赞誉。

为深入学习贯彻习近平总书记重要指示精神，表彰先进、弘扬正气，引导广大党员、干部胸怀理想、坚定信念，开拓进取、敬业奉献，在改革开放和社会主义现代化建设各项事业中发挥先锋模范作用，党中央决定，追授黄大年同志"全国优秀共产党员"称号。

参考答案

实训项目二十一　函

情境导入

张×同学在法学院做行政秘书实习助理。这个学期，学院要安排教师去××律师事务所调研，需要跟相关单位联系，行政秘书让张×起草相关的文件。请问他如何解决这个问题？

任务描述

张×同学为这件事查阅了相关资料，法学院与××律师事务所是不相隶属的单位，沟通协调、商洽事项使用的文种应该是函。如果想解决这个问题，张×需向××律师事务所写一份商洽函，在函里需写清楚调研的时间、人员及调研目的与事项，请所在法学院领导确认签发后加盖学院公章，发给××律师事务所。

> 知识聚焦

一、什么是函

《党政机关公文处理工作条例》中规定，函适用于不相隶属机关之间商洽工作、询问和答复问题、请求批准和答复审批事项。函适用于上下级、平级和无隶属关系的机关、单位之间，且函的适用范围十分广泛，是日常公务联系中经常使用的一种公文文种。

二、函的类型

（一）按照行文方向划分

1. 去函。去函是指发文机关为询问事项或请求批准而主动制作发送的函。
2. 复函。复函是指为答复来文机关所提出的问题或回复批准事项而被动制作发送的函。

（二）按照行文内容划分

1. 商洽性函。商洽性函是指平级机关或无隶属关系机关、单位之间用于商量协调和联系接洽工作的函。例如，商调函、联系参观学习调研的函、洽谈业务来往的函等。
2. 询问性函。询问性函是指平级机关或无隶属关系机关、单位之间用于询问问题、征求意见的函。
3. 请求性函。请求性函是指平级机关或无隶属关系机关、单位之间用于请求帮助或配合、请求批准的函。
4. 答复性函。答复性函是指平级机关或无隶属关系机关、单位之间用于答复问题的函。

三、如何写函

函一般包括标题、主送机关、正文和落款四部分。

（一）标题

标题一般有两种写法：第一种是由发文机关+事由+文种构成，如《××总局关于人民银行委托加工饰品征税问题的函》《××省商业总会关于授予诚信会员单位称号的函》等；第二种是事由+文种组成，如《关于请求批准××市大数据局编制的函》。

（二）主送机关

主送机关应在标题下另起一行，顶格写明接收函的机关、单位、组织等名称，再加冒号。一般应写单位全称，如"北京××律师事务所:""××市规划局:"。

通常情况下主送机关是明确、单一的，因此多数函的主送机关只有一个。但有时函的内容涉及多个部门时,也会有排列多个主送机关的情况。此外,复函的主送机关就是来函的发文机关。

(三) 正文

1. 主体。正文开头应写清行函的缘由、目的或依据。例如,商洽函、询问函和请求批准的函应阐明提出商洽、询问或请求批准的目的,撰写时要开门见山,清楚明白,抓住重点。答复函一般应先引叙来函"贵单位×××年×月×日的来函收悉",然后写明答复的依据,依据要充分、肯定、条理清晰。答复的依据既可以是相关的政策、法规,也可以是对对方来函内容的阐述。

正文主体部分是函的核心内容,应写清行函的事项,即商洽、询问、请求批准或答复的事项。通常情况下,函的事项部分内容单一,行文要直陈其事。如事项较多,可以采用分条列项的方式撰写,应条理清晰。需要注意的是,如果是复函,则需针对来函事项给予明确答复,保证答复内容的针对性和明确性。

2. 结束语。函的结束语可直接放在主体部分后,也可提行另写。一般是向对方提出希望或者请求,或希望对方给予支持和帮助,或希望对方给予合作,或请求对方提供情况,或请求对方给予批准等。最后,另起一行以"特此函商""特此函询""特此函告""特此函复"等惯用结语收尾。

函的写作应注意把握用语的分寸,因为函是平行文,所以语言要保持平和礼貌。

(四) 落款

落款包括署名和日期。在结尾下一行偏右处写上发(复)函机关、单位、组织的名称,有的还要写上联系人。如果是几个机关、单位、组织联合发函,发函机关的名称应当并列。在签名下面另起一行写明成文日期,并要在签名和日期上加盖公章。

四、注意事项

1. 行文目的要明确。无论是去函还是复函,行文的目的都应具体、准确。

2. 行文语言要朴素自然、平等坦诚、简洁朴实、谦和有礼,切不可盛气凌人。

3. 请求性函是与主管部门而不是与有隶属关系的上级机关进行联系沟通,虽然都是请求批准有关事项,但是有别于"请示"。

任务实施

随后,张×写了一份商洽函。请你帮他看看这份商洽函的内容及格式是否符合要求。

商洽函

王律师：

　　为进一步了解××律师事务所法学专业人才需求，以便做好法学院专业结构调整和专业人才培养工作，为律所输送专业对口的合格人才，为××市司法服务发展作出更大贡献，现由法学院组织相关人员对你所开展调研，现将有关事宜函告如下：

　　1. 调研方法

　　召开座谈会、现场观摩。

　　2. 调研时间

　　××××年×月×日上午9点。

　　3. 调研人员

　　法学院法律事务专业负责人及相关人员。

××工业职业技术学院
××××年×月×日

　　张×在行政秘书的指导下，发现他的这份函存在以下问题：一是标题、主送机关不规范；二是发函单位信息不完整；三是缺少联系人的信息和调研人员名单；四是没有结束语与敬语。张×经过反复修改，又提交了一份商洽函，请指导：

关于赴贵所参观调研的函

××律师事务所：

　　为进一步了解法学专业人才需求，以便做好法学院专业结构调整和专业人才培养工作，为律所输送专业对口的合格人才，为××市司法服务发展作出更大贡献，现由我校法学院组织相关人员到贵所开展调研，现将有关事宜函告如下：

　　一、调研方法

　　召开座谈会、现场观摩。

　　二、调研时间

　　××××年×月×日上午9点。

　　三、调研人员

　　法学院法律事务专业负责人、法律教研室主任李××，专业带头人彭××，法律教研室教师孙××、张××等4人。

四、联系人及联系电话

李××：1350540××，010-8845××（办）

望贵所在百忙之中予以接洽为盼。

××工业职业技术学院法学院
××××年×月×日

例文分析

示例一

张×毕业后到××迅达商贸有限公司工作，有3个月的试用期。在试用期间，他踏实认真，严格要求自己，领导安排的工作都能圆满完成，因此，公司领导决定聘用他为正式职员。但是领导告诉张×，转正前还需到××职业技术学院文法学院参加一次岗前培训。领导要求张×写一份关于商洽参加培训班学习事宜的函。

关于赴贵院参加培训班学习的函

××职业技术学院文法学院：

本公司新近招聘的行政助理人员缺乏相关的涉外秘书知识，业务技能和职业素养亟待提高。根据贵学院网站信息了解到贵院将于今年8月开设涉外秘书培训班，开设了涉外秘书沟通技巧、公关礼仪和实用文书写作等课程。我司负责人认为此培训项目可以为本公司新聘涉外秘书人员提供一个难得的在职进修机会。因此，为能尽快提高我司涉外秘书人员的从业素质，我司欲选派5名在岗秘书人员随该班进修学习，委托贵院代培。有关代培费用及其他相关经费，将按时如数拨付。

特此函告。

××迅达商贸有限公司
××××年×月×日

思考：

1. 这份函需要写此致、敬礼吗？为什么？
2. 这份函的商洽事项及人员信息清楚吗？如果由你来写，你会怎样完善呢？

示例二

张×接到公司领导安排的任务，需要根据××文化有限公司的来函撰写一份答复商洽事项的函。领导要求张×在行文时要注意针对性强，态度诚恳，表述严谨，行文规范。开头引述来函标题，以作复函缘由，正文主体部分要先概括来函商洽之事项及意义，同时表态欢迎合作，并提出面谈租金的要求。

关于给××文化有限公司商租商场一事的复函

××文化有限公司：

贵公司《关于商租××商厦四层的函》收悉，经研究，现函复如下：

贵公司欲租我商厦四层闲置的楼面开设书吧，既满足消费者的阅读需求，又有利于盘活我商厦的闲置资源、扩大我商厦的经营规模与经营种类，本商厦欢迎贵公司来我商厦四层开设书吧。具体租金请贵公司来人面洽。

特此复函。

××商厦
××××年×月×日

思考：

1. 请问，标题中的"复"字需要吗？为什么？

2. 你认为是否有必要以"经研究，现函复如下"过渡引出主体部分？请说明理由。

示例三

厂里的复印机出现故障，需要维修、更换零件。厂领导要求张×撰写一份维修事宜的询问函。

××市塑料二厂关于××型复印机维修事宜的询问函

××市××企业有限公司：

我厂于一年前购进贵公司组装生产的××型复印机，一年来使用情况良好，但近来发现复印出现断痕，造成"5""2"等字难以分辨。我厂曾在我市寻找多家电脑维修站（店），均无此配套的设备。特发函向贵公司询问，贵公司在我市何处设有该种机型的维修部，应如何送交维修，预计维修费用多少，以及付款方式等。望予告知为盼。

特此函询。

××市塑料二厂
××××年×月×日

思考：这份函书写是否规范？逻辑是否清晰？

> 拓展学习

知识卡片一

函写作模板

标题	××××（发文机关）关于××××的函
主送机关	××××：
正文	为了（为、根据等）××××（概括交代发函的目的、根据、原因、背景），现将有关事项函复（说明、函告等）如下： 　　××××××。 　　××××××。 　　……（阐明商洽、请求批准、询问的具体事项和答复的具体意见） 　　以上意见请参考（特此函告、此复等结语）。
落款	××××（发文机关名称） 　　　　　　　　　　　　××××年×月×日

知识卡片二

函和请示的区别

函和请示写作内容都有请求原由、请求事项，都具备请求批准的功用，但它们也有不同之处。

1. 行文关系与方向。

（1）函是平行文，主要适用于不相隶属机关之间商洽工作、询问和答复问题，或者向有关主管部门请求批准等。这里的"不相隶属"指的是没有直接的上下级领导关系，而是处于同一系统或不同系统的平行单位之间。

（2）请示则是典型的上行文，是下级机关向上级机关或业务主管机关请示某项工作问题、明确某项政策、审核批准某事项时使用的文种。它明确体现了下级对上级的隶属关系和行文方向。

2. 内容与目的。

（1）函的内容较为广泛，既可以用于商洽工作、询问和答复问题，也可以用于请求批准。但通常情况下，函所涉及的问题多为一般性事务，或者是在业务范围内的正常请求。

（2）请示的内容则具有针对性、单一性和特定性。它主要针对下级机关在工作中遇到自己无权决定或无力解决的重要事项，需要向上级机关请求指示或批准。请示坚持"一文一事"原则，避免在一份请示中请求多个事项。

3. 受文机关与复文方式。

（1）函的受文机关是平行或不相隶属的机关，因此复文方式也较为灵活。受文机关可以用函（审批函）来表明是否批准或作出答复。

（2）请示的受文机关是上级机关或业务主管机关，它们对请示的内容具有决策权。因此，受文机关通常以批复的形式来表明是否批准或作出指示。批复是针对请示这一文种而使用的特定复文方式。

4. 格式与语气。

（1）函的格式相对灵活，可以根据实际需要进行调整。在语气上，函通常比较平和、客气，体现了平行机关之间的相互尊重与协作。

（2）请示的格式则较为规范，需要遵循公文写作的标准要求。在语气上，请示较为谦恭、诚恳，体现了下级对上级的尊重和服从。

综上所述，函和请示在行文关系、内容与目的、受文机关与复文方式以及格式与语气等方面都存在明显的区别。在实际工作中，我们需要根据具体情况选择合适的文种来行文。

训练营地

一、填空题

1. 函一般包括_____、_____、_____和_____四部分。
2. 函按照发文方向划分为_____和_____。

二、判断题（对的打"√"、错的打"×"）

1. 向同级业务主管部门请求批准时，应使用的文种是请示。（   ）
2. ×中专学校给×大学行文联系教师进修应使用函。（   ）
3. 函是机关之间使用的公文，大都可用公函来代替。（   ）

三、请谈谈这份函存在的问题

关于要求报价的函

×××茶厂经理：

我们对你厂生产的白茶很有兴趣，十分想买一批白牡丹茶。我公司要求不高，只要求该茶叶品质一级，规格为50克一包，望你厂能告诉单价和交货日期、结算方式等给我公司。

如果价钱合理，且能给予最好的折扣，我们将做到大批量订货。

此致

敬礼！

××食品公司
××××年×月×日

四、写作练习

1. ××公司知悉区委党校将在近日举办入党积极分子培训班,该公司打算安排入党积极分子前去参加培训,培训费用由该公司拨付。请你以公司的名义,写一份去函。

2. ××工业职业技术学院计划安排15名毕业生到律所实习,学院已经给律所写了去函。请以律所的名义写一份同意接受毕业生实习的复函。

参考答案

实训项目二十二　会议纪要

▎情境导入▕

张×同学在××市政府办公厅实习。近日,市政府办公厅××主任主持召开了协调解决××大街36号首层房屋使用权问题的会议,张×参会并做了会议记录。会后,××主任安排张×拟写一份会议纪要。请问他如何拟写会议纪要?

▎任务描述▕

张×为这件事请教秘书李老师。李老师告诉他,如果想解决这个问题,张×需要整理会议记录,将参会人员的发言进行梳理、总结,在此基础上提炼概括会议精神,最终才能完成会议纪要的撰写。

▎知识聚焦▕

一、什么是会议纪要

根据《党政机关公文处理工作条例》对会议纪要定义的表述,会议纪要适用于记载会议主要情况和议定事项。它是需要反映会议基本情况、传达会议议定事项和主要精神,并且要求相关机关、单位和组织共同遵照执行的一种法定文体。

二、会议纪要的类型

（一）按照会议性质划分

1. 日常行政工作会议纪要，又称办公会议纪要，此种会议纪要一般是机关、单位和组织为研究工作、作出决定或解决某些实际问题而召开的常规性会议后行成的纪要，如党委常委会纪要、行政办公会纪要等。

2. 大型专题工作会议纪要，又称专项会议纪要，一般包括工作会、座谈会、研讨会纪要等。

（二）按会议内容与功能划分

1. 决策型会议纪要。决策型会议纪要是以会议形成的决定、决议或者议定事项为主要内容的会议纪要。此种会议纪要的显著特点是指导性强，会议上所确定形成的工作重点，对工作的步骤、方法和措施的安排，都要求与会单位共同遵守或执行。

2. 交流型会议纪要。交流型会议纪要是以思想沟通或情况交流为主要内容的会议纪要。此种会议纪要的显著特点是以统一思想、达成共识或树立学习榜样为目的，而不布置具体工作内容。因而这种会议纪要有明显的思想引导性，但没有明显的工作指导性。

3. 研讨型会议纪要。研讨型会议纪要的鲜明特点是以介绍各种不同的观点和争鸣情况为主要内容。研讨会和学术讨论会的纪要大多都是属于这种类型。

三、如何写会议纪要

会议纪要一般包括标题、正文两部分。

（一）标题

标题一般有四种写法：第一种是由会议名称和文种两部分组成，比如《第21届××学会××学学术会议纪要》。第二种是会议主要内容（事由）加文种，比如《关于加强纪检工作座谈会的纪要》。第三种是由机关名称、会议名称和文种构成，比如《××省人民政府第××次省长会议纪要》。第四种是双行式标题，正标题为会议主要精神，副标题为会议名称和文种，比如《××精神为指导，开创××新局面——××会议纪要》。

会议纪要的成文日期一般加括号写于标题之下正中位置，以会议通过日期或领导人签发日期为准，也可以置于正文文末。

（二）正文

正文一般由开头、主体和结尾三部分组成。

1. 开头。会议纪要的开头部分通常要写清楚会议的基本情况，主要包括会议召开的时间、地点，主持召开会议的机关、单位和组织，参加会议的人员以及会议的主要议程等。开头部分要写得简明扼要，这部分表达完毕后，可用"会议纪要如下"或"会议确定了如下事项"为过渡，转入主体部分。

2. 主体。会议纪要的主体部分应当写清会议的要点，主要包括以下三个方面的内容：一是说明会议议题。主要是概括会议的宗旨和中心议题，文字要高度概括，内容不宜多写。二是分析和研讨问题。记述会议讨论的核心问题，或者是对工作情况进行梳理，对经验进行总结并提出尚需解决的问题。由于这部分内容繁杂，一般情况下需要分条逐项阐述。比如段落之首使用"会议认为""与会代表一致认为"等惯用语作为提挈语，从而体现书写内容的层次性。三是写明会议的结果。这是会议纪要的核心部分，主要充分阐述会议议定事项、会议达成的共识、会议上布置的工作和提出的要求、会议上各种主要观点及争鸣情况等。这部分也需要分条逐项记述，常在段落之首使用"会议要求""会议强调""会议指出"和"会议决定"等词语作为惯用语，以引出会议的主要精神。

3. 结尾。一般情况下，会议纪要的结尾要强调会议的意义、提出希望和号召等，抑或者可以列明尚未解决的问题，为以后继续研讨提供参照。此外，结尾部分还可以对会议情况作出补充说明。

四、注意事项

1. 客观全面、准确真实。纪要要实事求是、客观全面地反映会议召开情况，确保记述内容的准确真实。概括总结会议内容时不能任意增减、更改会议内容和原意。

2. 层次分明、脉络清晰。分条逐项地阐述会议内容和会议精神，语言要准确、简洁、得体。

3. 突出主旨，抓住要点。撰写会议纪要应紧扣会议的中心议题，精准抓取会议要解决的核心问题，传达会议主要精神；概括归纳参会者具有代表性、典型性的意见发言，尤其应注意写好结论性意见。

> 任务实施

随后，张×写了一份会议纪要。请你帮他看看这份会议纪要的内容及格式是否符合要求？

会议纪要
（××××年××月××日）

会议主题：协调解决××大街36号首层房屋使用权问题

  会议时间：××××年××月××日上午9点

  会议地点：第×会议室

  与会嘉宾：省政府办公厅××处 戴××

××宾馆	肖××
市商委	赵××
市国土规划委	张××
工商局	张××
市××公司	刘××

会议主持：市政府办公厅　　　　××主任
会议组织：市政府办公厅
参会人数：10 人

会议认为，××大街36号首层房屋使用权的问题，是在过去计划经济和行政决定下形成的历史遗留问题。早几年政府曾多次协调，虽有进展，但未有结果。最近，按照省、市领导同志"向前看""了却这笔历史旧账"的批示精神，在办公厅的协调下，双方本着尊重历史，面对现实，互谅互让的原则，合情合理地提出解决这宗矛盾的方案。

经过协商、讨论，双方达成了一致的认识。

张×在老师的指导下，发现他的这份会议纪要存在以下问题：一是把会议纪要和会议记录两个文种混淆；二是标题不规范；三是会议的中心议题和主旨不清晰；四是缺少会议结果，没有提出希望与要求。张×经过反复修改，又提交了一份会议纪要。

关于协调解决××大街36号首层房屋使用权问题的会议纪要

（××××年×月×日）

××××年6月2日上午，市政府办公厅××主任主持召开会议，协调解决××大街36号首层房屋使用权问题。参加会议的有省政府办公厅××处、××宾馆、市商委、市国土规划委、工商局、市××公司等有关部门的负责同志。

会议认为，××大街36号首层房屋使用权的问题，是在过去计划经济和行政决定下形成的历史遗留问题。早几年政府曾多次协调，虽有进展，但未有结果。最近，按照省、市领导同志"向前看""了却这笔历史旧账"的批示精神，在办公厅的协调下，双方本着尊重历史，面对现实，互谅互让的原则，合情合理地提出解决这宗矛盾的方案。

经过协商、讨论，双方达成了一致的认识。会议决定如下事项：

一、市××公司应将××大街36号房屋的使用权交给××宾馆。

二、考虑到市××公司在36号经营了30多年，已投入了不少资金，退出后，办公地方暂时难以解决，决定给予其商品损耗费、固定资产投资和搬迁费等一次性补偿费用共95万元。其中省政府办公厅和××宾馆负责80万元；考虑到省政府领导曾多次过问此事和省、市关系，另15万元由××市政府支持补助。

三、省政府办公厅和××宾馆的补偿款于×××年6月7日前划拨给市××公司。市政府的补助款于7月5日左右划拨，市××公司应于6月15日开始搬迁，6月20日前搬迁完毕并移交钥匙。

四、市××公司原搭建的楼阁按房管部门规定不能拆迁。空调器和电话等6月20日前无法搬迁的，由××宾馆协助做好善后工作。

会议强调，双方在房屋使用权移交中要各自做好本单位干部群众的工作，团结协作，增进友谊，保证移交工作顺利进行。

例文分析

示例一

××局为确保实现政府管辖和派出所管辖的统一，防止在日常管理中出现职责不清、工作推诿等现象，召开了工作会议。本次会议旨在规划区域管辖工作，提高××局的协调能力和应急处理能力。张×参加了此次会议并承担了会议记录工作，会议结束后，张×需要写一份会议纪要。

关于××、××所管辖区域调整协调会的会议纪要[1]

根据××区第×届人民政府第一百二十九次常务会议精神以及《××园区（××大道以南）社会职能划归×镇工作方案（送审稿）》文件要求，自××××年1月1日起，××园区（××大道以南区域）社会事务职能由××镇全部划归×镇。为确保实现政府管辖和派出所管辖的统一，防止在日常管理中出现职责不清、工作推诿等现象，12月30日下午，分局召开党委会，会上听取了××、××所管辖区域调整方案的汇报，并研究通过了调整过程中涉及的警力调配、110接处警、人口管理、户籍管理、治安管理等问题。会议决定：

一、管辖区域划定

原属××所管辖的××路以西、××大道以南、××公路以东、××路以北区域统一调整到××所管辖。

二、管辖调整时间

从×××年1月1日零时起，上述范围内的110接处警、治安管理及各类案事件等统一由××派出所受理、处理，之前仍由××派出所负责。

---

〔1〕《关于平安、五四所管辖区域调整协调会的会议纪要》，载 https://www.shanghai.gov.cn/gwk/search/content/GKXX_20220104090050680_400027，最后访问时间：2024年9月2日。

三、其他事项

（一）加强业务指导。分局指挥、治安、交通、人口等相关职能部门在交接过程中要加强对派出所的指导，并在管辖区域全面交接前，及时做好相关系统、后台数据、基础台账等变更、移交工作，确保交接准时、无误。

（二）加强宣传告知。××、××两所要通过民警下社区、窗口接待、线上宣传等渠道，主动向辖区内企事业单位、居民告知管辖区域调整的时间、范围等相关情况。同时，管辖区域调整后，如遇非本所管辖的业务工作，在做好宣传解释工作的同时，要严格按照"先受理后移交"的原则，接待好群众，不得互相推诿、扯皮。

××市公安局××分局
××××年12月31日

思考：
1. 张×写的是一份会议纪要还是会议记录？
2. 请谈谈会议纪要和会议记录的区别有哪些。

示例二

××局为了传达《××市安委会关于加强危爆物品安全防控工作的紧急通知》精神，做好旅游安全工作，召开了安全工作会议。本次会议旨在总结往年在安全工作方面的经验教训，规划未来的安全工作，提高××局的安全防范能力和应急处理能力。张×参加了此次会议并承担了会议记录工作，会议结束后，张×需要写一份会议纪要。

××局安全工作会议纪要

×月×日下午，我局组织召开了紧急旅游安全工作会议，传达上级有关会议及文件精神，部署近期旅游安全检查工作。分管副局长××，办公室、规划发展处、资源开发处、饭店管理处、旅行社管理处、机关服务中心等分管负责人及负责安全工作的同志参加了会议。

会议传达了《××市安委会关于加强危爆物品安全防控工作的紧急通知》精神，并重点传达了全市安全生产紧急工作会议精神。同时，会议还传达市安委会召开的××城市安全风险评估和安全规划编制工作部署会议精神。

会议要求，要深刻吸取"8.12"××新区危险品仓库重大火灾爆炸事故的教训，认真贯彻落实国家、省和市有关会议精神，高度重视做好旅游安全工作，各业务处室迅速下发通知，要求企业开展自查、排查，对发现的问题督促其马上整改。会议根据局长办公会议的精神，要求各处室近期重点做好以下工作：

一、开展安全检查工作

1. 由机关服务中心牵头，对出租物业及办公大楼开展安全检查，重点检查消防安全，杜绝事故隐患。

2. 资源处重点对景区的特种设备以及做好台风季节安全工作开展检查。

3. 饭店处重点对星级酒店消防设施设备进行安全检查。

4. 旅行社处重点对旅行社旅游仓库及旅游大巴等交通工具进行安全检查，并重点督促旅行社做好出游前的安全警示工作。

5. 办公室负责检查活动的统筹以及有关资料的汇总工作。以上各项检查工作于×月×日前完成，各业务处室及时上报开展安全检查工作的情况，由办公室汇总上报。

二、做好××市城市安全风险评估和安全规划编制的调研工作

由办公室牵头，做好统筹工作，各业务处室做好相关资料的提供准备工作。

1. 旅游"十三五"规划实施情况和"十四五"规划文本或框架，由规划处提供。

2. 近10年来伤亡事故明细，由资源处、饭店处、旅行社处分别提供。

3. 目前全市旅游安全工作存在哪些突出问题，由资源处、饭店处、旅行社处分别提供。

4. "十四五"期间计划从哪些方面采取对策措施加强旅游安全工作，由资源处、饭店处、旅行社处分别提供。

5. 全市景点基本情况调研表，由资源处提供。并派员参加×月×日调研组来局的调研座谈。

会议最后强调，大家要高度重视旅游安全工作，吸取近期××等地发生严重安全事故的教训，时刻绷紧安全生产这根弦，严格落实安全生产责任，负起安全监管的职责，指导好安全生产，督促企业把安全工作抓实、抓细、抓深。办公室要加强统筹，加强督办落实。

思考：

1. 请问这份会议纪要的撰写思路是否清晰？

2. 你认为这份会议纪要采用的是哪种写法？

| 拓展学习 |

知识卡片

八个字助你做好会议纪要[1]

撰写会议纪要是办公室的日常工作之一，也是办公室工作人员的基本功。在

---

〔1〕《八个字助你做好会议纪要》，载 https://www.zuzhirenshi.com/detailpage/cb61167e-85b2-46af-990a-510e05097ab5，最后访问时间：2024年9月9日，略有删改。

工作中，写好会议纪要有"八字诀"可循。

一、求"快"

时效性是会议纪要的最大特点。很多重要工作都要在会议结束后马上落实，需要拿会议纪要"说话"，太晚就有可能失去其自身价值。因此，会议纪要的撰写、报批、印发一定要迅速，一般会议三至五天内印发纪要，重要紧急会议当天印发或隔天印发。这就要求我们平时做好基础工作，准备好各种会议的纪要模板，程序化填充文字内容。

二、求"准"

准确性是会议纪要的基本要求。首先，内容要准。会议议定的重要事项比如经费、时限、责任人等一定要准确翔实地记录下来，不能有任何出入。例如，关于经费使用的决议，要详细写明金额、拨款单位、拨款时间、拨款方式，防止日后出现问题无从对证。其次，用语要准。参会人员在讨论或讲话中，对一些专业术语、专有名词可能一带而过，或者使用不规范简称或俗称，应在撰写纪要时注意核对订正。最后，记录要准。纪要撰写人员要全程参会，做好录音和记录，核对好参会人员，对于一些大型会议，经常会有"替会"情况发生，要以签到情况为准记录参会人员。

三、求"实"

会议纪要不需要华丽的辞藻，只要求原原本本记录会议召开情况和议定事项，文字要尽可能清晰简练、准确平实，不能掺杂个人感情和看法。

对于报领导讨论决定的会议事项，一般只将最后议定的结果写入纪要，不必记录讨论过程；对于传达重要会议、文件或领导指示的会议事项，要抓住重点，避免空话套话，凡能从其他文件、资料中查到的内容一般不写，只写会议提出的要求和部署，使没有参加会议的人看了纪要也能了解会议情况。

四、求"全"

要突出完整性，对会议进行全面的记录，最忌丢项、落项或多项。特别是有的会议可能会根据需要临时加入一些议题或部署一些任务，要注意完整地写入纪要。

为便于撰写和查阅，应当按照一事一标题或一段的格式撰写，顺序应按议题的重要程度和类别进行排列。会议讨论未通过的议题一般不写入纪要之中。

五、会"借"

会议信息量大，撰写纪要需全面广泛占有资料，把会议材料、领导讲话、记录稿件、录音录像以及会议涉及的相关文件资料搜集齐全，通读理解，只有自己弄明白了才有可能把纪要写明白。

在使用资料上要敢借、会借，一般来说，对于顺利通过的议题，会议材料的请示事项就可以借用为会议纪要的决定事项，领导讲话的主要提纲可以借用为会议纪要的强调（要求）内容，有选择性地把会议材料借用为纪要内容，实际上是一个对资料进行收集、筛选、提炼、组合的过程。

六、会"改"

所谓改，就是在"借"的基础上对部分材料进行再加工，这个过程不可或缺。

比如，领导在会上脱稿部署工作、提出要求时，可能会讲得过于详细、层次稍显不清、前后略有重复，在这种情况下，要对会议记录进行修改加工，再写入会议纪要，既体现领导真实意图，又符合会议纪要准确务实的基本要求。由于修改工作要求较高，纪要撰写人员需不断提升理论功底和文字水平。

七、会"报"

会议纪要初稿写成后，如何报领导批准也是一门学问。

首先要广泛征求意见，避免出现方向性错误，须向事项汇报部门、涉及部门和会上提出反对意见部门的主要领导征求意见，涉及重要大额资金使用的必须征求财务部门意见，视情况征求宣传、人事、纪检监察等部门意见。完成这些基础工作，才能逐级上报主管领导、主要领导审批。

八、会"用"

会议纪要批准后，要特别注意发挥其作用。

一要正确确定报送范围，参会人员和单位都要报送，再视会议内容，报送有关部门阅知或在一定范围内公开。

二要与督办工作做好衔接，由相关人员将纪要中有关任务梳理成待办事项进行督办。

三要做好存档工作，便于日后查阅，需要注意的是纪要在报送的过程中可能会由相关部门、领导进行多次修改，一定要存档领导签字确认的最终版本。

此外，充分利用信息化手段，单位内部的会议，不涉密的可在单位内网发布。

品味研读

以前的人在"兰亭"做的"会议纪要"

> 训练营地

一、填空题

1. 会议纪要按照内容和性质分为_____、_____和_____三类。

2. 会议纪要是根据会议讨论问题和会议结果整理后用于_____和_____的公文。

二、判断题（对的打"√"、错的打"×"）

1. 会议记录属于党政机关法定公文文种。（   ）
2. 撰写会议纪要可以根据工作需要，进行各种调查研究，广泛选取材料。（   ）
3. 会议纪要在开头部分要先写明会议的基本情况，它包括会议召开的根据、目的，会议名称、议题、成果，时间、地点、与会范围和讨论经过及各方面意见。（   ）
4. 会议记录和会议纪要是一回事。（   ）

三、请谈谈这份会议纪要存在的问题

《××学会会议纪要》

时间：××××年××月××日

参加人员：常务副会长××，副会长×××、××、×××，办公室主任××、副主任×××，活动中心主任××。

会议内容：

一、确定了学会的办公地点。根据××××年××月××日会议决定，××、×××同志对学会办公地点进行了考察，经过比较，认为××大学办公条件优越，适合作学会的办公地点。会议决定，即日起××学会迁到××大学，挂牌办公。通信地址：××市××区××路××号。联系电话：××××××××。

二、学会与××大学商定，由××大学给学会提供办公室、办公桌椅、电话和必要的办公费用。利用××大学的教学条件，双方共同组织举办秘书培训班等。

三、增补了学会副会长。为便于开展工作，建议增补××为学会副会长，负责学会的后勤保障和日常管理，先开展工作，以后提请××月份常务理事会确认。

四、制定了今年的活动计划。（略）

××学会
××××年×月×日

四、写作练习

1. 班级要召开一次"传承红色基因 发扬革命精神"的主题班会，请你拟写一份会议记录。

2. 根据以下材料写一篇会议纪要。

××县人民政府第六次常务会议记录

时间：××××年×月×日上午8点

地点：县政府常务会议室

主持：县长×××

出席：副县长×××、××、××、×××办公室主任×××

请假：×××（出差）

列席：×××、×××、×××

记录：×××

会议讨论及决定的主要事项记录如下：

一、经济工作会议筹备汇报

副县长×××关于即将召开的全县经济工作会议的详细筹备情况汇报。

二、县属企业自主权扩大讨论

会议深入讨论了副县长×××提出的关于扩大县属企业自主权的十条规定。经过充分的交流，与会人员一致认为，扩大企业自主权是激发企业活力、促进经济发展的重要举措，并原则性同意相关条款。

三、经济工作指标与责任书

县长×××明确要求，今年各项经济工作指标将以市经委下达的为准，不再对县内各公司的主要经济指标进行调整。并表示，在县经济工作会议上，由县经委与各公司签订经济责任书，以明确责任、强化落实，其他领导均同意。

四、民政事业费管理修订

会议原则性同意了县民政局提交的关于民政事业费管理使用办法的修订意见。

五、转变机关工作作风规定

会议审议并通过了县政府办公室提出的关于转变机关工作作风的规定意见（讨论稿）。

县长×××要求：各相关部门和单位按照会议要求，迅速行动起来，确保各项决议得到有效执行。同时，会议强调，要加强沟通协作，形成工作合力，共同推动县域经济社会持续健康发展。

参考答案

实训领域四　综合模拟演练活动

> **学习目标**

知识目标：帮助学生熟悉行业工作内容，初步了解工作中活动的策划、组织、实施过程，并进一步理解、掌握活动中所需的各类应用文的写作内容、要求、注意事项及使用效果。

能力目标：进一步培养学生应用文写作思维能力，增强专业、职业认知能力，提高应用文写作实践能力、职业工作能力。

素养目标：帮助学生提前感知应用文使用场景，具备一定的应用文写作相关工作素质；培养严谨负责的职业态度，团体协作的精神，达到德技双修。

综合模拟演练活动简介

应用文写作综合模拟演练活动，是指在课堂上模拟各行各业中应用文使用的工作场景，开展教学演练活动。它"以项目任务为引领"，"融理论知识于实训实践"，有助于将"专业知识与就业岗位、行业工作相结合"，使应用文教学在模拟行业工作情境中以实操演练的方式呈现，让学生走入"车间"，完成"产品"——应用文，是学生完成部分常用文种学习后的一项综合实践教学活动。在组织综合模拟演练活动时，要根据班级实际情况，将课程与行业及具体岗位结合，融入思政元素，注重学生德技兼修，达到事半功倍的效果。

一、目的意义

这种教学活动是为提高学生应用文写作能力、强化学生综合职业技能训练、提升综合职业素质而设计的写作综合模拟实训活动。它不仅促进了教学内容的整合，而且有助于提高学生组织会务活动的能力，特别是应用文写作和应用的能力以及综合工作能力，使学生在校期间就能接触、了解、熟悉未来工作场景及相关行业的工作内容和程序，使学生走上工作岗位后，能够尽快适应与应用文相关的工作。在综合实训中，学生通过分组讨论、思考、练习、演练、复盘，熟悉专业工作内容，切身体验应用文的实际应用情况和效果。让每个学生都置身于模拟的工作场景中，经历活动策划、会务准备、材料撰写、活动举办、会议召开及后期总结报道等工作阶段，使其应用文写作能力、专业能力、职业工作能力得到锻炼和提升。

二、具体实施步骤

1. 设计项目阶段。教师根据学生专业、职业方向设定可操作性的工作情景，作为一次综合实训项目。

2. 小组分工阶段。将学生进行分组，每组人数根据模拟职业场景需要工作人员的情况而确定，每次模拟演练选派1-2名学生负责，具体分工可以由学生共同商议决定。

3. 策划准备阶段。学生利用课余时间，查找资料，模拟工作人员撰写相关材料、布置活动场地等。

4. 课堂演练阶段。各小组人员按照工作程序和要求，在课堂上模拟召开会议或举办活动。

5. 活动总结阶段。有学生自评、组长评价、老师点评等环节，对此次应用文使用效果及实训活动进行全面总结、反思。

三、操作特点与注意事项

（一）注重突出学生的应用文写作思维、应用能力的培养

综合模拟演练教学中，对应用文思维能力进行形象直观的训练、强化，促进学生思考职场活动与应用文的关系，思考常用文种使用的目的、意义、作用、程序等，直观、近距离梳理写作内容和思路，选择恰当的文种使用。特别是在演练环节，学生切身体验应用文的实际应用情况，看到其解决问题的效率、效果等，从而能够及时对所写应用文文种的思路、内容、语言进行反思和修正，进一步强化文种的写作知识和技巧，逐渐培养学生的应用文思维能力。

（二）做好前期准备，提高学生对职业工作内容、流程的认识

综合模拟演练教学以应用文写作为依托，开展职业活动模拟训练。为了使学生逐步理解职业环境，可先从模拟学生熟悉的校园生活、工作环境做起，然后再增加模拟各专业学生的工作场景。在开展实训活动时，为了完成此次活动，学生需搜索涉及的相关单位、部门网站网页查询信息，或到这些单位、部门走访调研，了解其工作范围、内容和工作程序，进而在实训中呈现职业场景。这些实践活动在一定程度上使学生提前了解专业岗位知识和职业工作内容，认识职业工作环境和程序。在这样的实训活动中，学生对其就业后的职业岗位、角色、工作环境等有更多、更深的了解，有助于学生毕业后能够尽快融入工作中。

（三）扎实完成实训，提升学生综合能力和职业素质

综合模拟演练教学中，不仅要求学生准备模拟工作场景中的会议、活动中所需的所有应用写作材料，而且还需要学生模拟成立相应部门，负责安排、组织、举办会议和活动，具体包括会议、活动的策划、会场布景的准备、活动的主持、摄影摄像、相关图册的设计制作、后期的宣传报道等。经过一系列综合实训活动后，每个学生都体验了不同的工作场景、职业岗位、职业角色，经历了会务、活动的准备、举办及后期宣传工作。这不仅使学生对应用文的写作和使用有深刻认识，写作能力得以提升，而且有助于提高学生的职业思维能力、职场工作能力、组织协调沟通能力、语言表达能力及心理素质等，进而提升学生的综合能力和职业素质，为其就业和可持续发展做好准备。

实训项目二十三　院校活动综合演练

实训科目一　主题班会活动

任务情境

开学了，××学院×班级出现了一系列不良现象：部分学生生活、学习纪律散漫，顶撞老师、家长，甚至部分同学对亲情较为冷淡，认为老师和父母为自己所做的一切都是理所应当的。为此，班主任召集班委会，商讨解决办法。会上，班长说："这些现象的发生有一个重要原因，就是部分同学只顾自己，不懂得爱别人，心中没有父母，没有长辈，没有感恩之心。我建议班级组织一次以感恩教育为主题的活动，培养同学们的感恩意识，增强与家长之间的交流、沟通和理解。"班长的提议得到了老师和班委们的一致赞同。老师决定在班里组织开展一次"感恩父母 亲情回赠"主题班会活动。请问，如果要你来策划这样一次主题班会活动，你需要做哪些工作？在这次活动中，需要用到哪些应用文文种？

任务描述

要举办这样一次活动，首先要做好前期的各项准备工作。前期的准备工作包括：起草活动策划书，和班主任沟通确定后进行任务分工，然后各负责人按照分工要求和实施方案确定的内容、步骤组织同学实施，如活动前组织同学准备节目、印发邀请函、购买物料、布置场地以及起草活动中所需的倡议书、主持词等，活动结束后还需要对活动进行宣传报道、小结。

1. 班长召集班委会初步商量，大家集思广益，经过讨论确定活动基本内容：
（1）全体同学为家长代表朗诵诗歌《无言父母爱》。
（2）小组代表讲述自己与父母间最感人的亲情故事。
（3）全体同学在感恩卡上写下对父母的最诚挚的祝福。
（4）同学表演歌颂亲情的舞蹈、歌曲。
（5）班长宣读《感恩活动倡议书》。
（6）全体同学合唱《感恩的心》。
2. 根据班委会提出的活动内容，班主任对活动的各环节任务进行分工：
（1）班长负责活动整体的组织、协调工作，根据班委会建议起草活动策划书。
（2）宣传委员负责制作、发放邀请函，起草主持词、倡议书，并负责在活动结束后拟写一份简报报送学校办公室。
（3）组织委员负责在同学们中选择 4 位代表，准备讲述亲情故事，并组织同学提前练习诗歌《无言父母爱》以及其他相关表演节目。
（4）副班长负责准备音响、感恩卡、茶水、水果，并组织同学提前布置好教室。
（5）活动由王××、李×两位同学主持。

任务分工

教师根据活动内容进行模拟演练任务安排，并引导学生填写下面的任务分工卡。具体操作是：

1. 确定出 1-2 名活动总负责人，负责此次活动的策划、安排、组织，具体工作是设置活动场景，明晰活动流程，组织学生撰写活动所需材料，确定各项工作人员的角色扮演者，协助教师完成课堂模拟演练。

2. 将全班学生根据任务要求进行分组。每组选出 1 名小组负责人，负责小组管理，协助总负责人完成任务。

3. 材料组的任务主要是研讨活动材料如何撰写，要求每位学生根据自己模拟的角色及任务内容分工，查阅相关资料，进行任务分析，梳理所写应用文的内容及框架结构，并在小组内进行研讨，形成写作思路后开始撰写材料；材料完成后大家互评，最终形成一份定稿；之后根据情况安排组员参加课堂模拟演练。其他小组工作人员根据需要完成任务。

4. 对于没有学习过的文种，教师可根据情况补充相关知识。

5. 教师也可要求每位同学准备活动所需全部材料，在此基础上再进行具体任务分工。

××学院_____系____班主题班会部分工作任务分工卡					
组别	任务	组员	小组负责人	任务分析	总负责人
第1组	撰写活动策划书				
第2组	撰写邀请函				
第3组	撰写倡议书				
第4组	撰写主持词				
第5组	撰写简报				
第6组	会场布置等前期准备工作				
第7组	制作宣传微视频等后期工作				

任务实施

每位学生根据分工完成自己的写作任务及其他相关任务。

材料撰写要求：①主题明确、集中。②内容正确，条理清晰。③表达清楚、准确，语言简洁。④格式规范、齐全。

任务演练

根据××学院×班召开"感恩父母 亲情回赠"主题班会的活动安排和要求，请在本班内模拟举行此次班会活动，并对相关应用文的使用和写作进行交流和总结。

任务评价

学完本科目内容，请教师及学生根据此次任务完成的实际情况进行评价。请在下表中选择合适的分值。

内容	评价标准	评价结果			
学生自评	认真参与课堂学习实训，积极思考问题，材料撰写符合要求，学习效果明显	20-16	15-11	10-6	5-0

续表

内容	评价标准	评价结果			
组长评价	积极配合、踊跃参与、认真准备、完成任务	10-8	7-5	4-2	1-0
教师评价	应用文第一稿认真完成，按时上交	30-23	22-15	14-7	6-0
	修改稿格式正确、内容清晰、语言规范，达到科目实训效果	40-31	30-21	20-11	10-0
总分					

实训科目二　毕业典礼活动

任务情境

毕业典礼，作为学业生涯的节点，也是成长过程的节点，对外人来说，也许只是个形式，对学生自身而言，却意味深远。对每一个大学毕业生来说，它是人生的一个里程碑，既标志着大学时代的结束，也意味着一个人生新阶段的开始，不管他们是继续求学，还是就业谋生，毕业典礼都将成为他们人生的分水岭。毕业典礼是毕业生从学生身份向社会人身份转变的转折点，不仅是对毕业生学业成就的确认、肯定，也是对其所获得的新身份、新职责、新义务的赋予与确认。为了庆祝学生顺利毕业，见证学生的成长，表达学校的期望和祝愿，学校每年都会为毕业生举办毕业典礼活动。

经过学校领导商议，××学校决定将今年的毕业典礼定于6月26日上午9：30在学校体育馆举办，由学生处主办，办公室、各系部协办。假如你是学生处工作人员，你会如何安排此项工作，并举办好这次毕业典礼？在这项工作中，需要用到哪些应用文文种？

任务描述

要保证活动圆满完成、达到预期目的，首先要充分做好活动前的准备工作。筹备工作包括与领导沟通活动的有关事宜；拟定活动筹备方案；协调安排基本会务工作，如协调场地、音响设备、拍照摄像等，制作会标（会议名称标志）、席签；拟写、审核活动材料等。

为了举办好毕业典礼，学生处组织召开了毕业典礼工作协调会，对相关工作进行了分工，并落实到了相关部门，特别是把活动所需要准备的材料落实到人，责任到人。现需你们准备活动材料，主要包括拟写活动通知、会议议程、邀请函，表彰优秀毕业生、实习生的决定，学校领导讲话稿，教师代表、学生代表发言稿，以及活动结束后及时拟写简报进行宣传报道等。

经过与领导沟通还确定了以下事项：

1. 参加人员：全体毕业生；校领导；四系一部主任、总支书记以及政治部、办公室、财务处、教务处、学生处、实训处、总务处、基础部、成培处、图书馆、团委等部门主要负责人；各系大队长、毕业班班主任、辅导员；四系一部教师代表各5名；四系一部毕业生家长代表。

2. 活动议程：

（1）全体起立，奏唱国歌。

（2）学校党委副书记×××宣读《关于表彰××××届优秀毕业生、优秀实习生的决定》。

（3）颁奖仪式。

（4）毕业班学生代表发言。

（5）教师代表发言。

（6）学校党委副书记、校长×××讲话。

任务分工

教师根据活动内容进行模拟演练任务安排，并引导学生填写下面的任务分工卡。具体操作是：

1. 确定出1-2名活动总负责人，负责此次活动的策划、安排、组织，具体工作是设置活动场景，明晰活动流程，组织学生撰写活动所需材料，确定各项工作人员的角色扮演者，协助教师完成课堂模拟演练。

2. 将全班学生根据任务要求进行分组。每组选出1名小组负责人，负责小组管理，协助总负责人完成任务。

3. 材料组的任务主要是研讨活动材料如何撰写，要求每位学生根据自己模拟的角色及任务内容分工，查阅相关资料，进行任务分析，梳理所写应用文的内容及框架结构，并在小组内进行研讨，形成写作思路后开始撰写材料；材料完成后大家互评，最终形成一份定稿；之后根据情况安排组员参加课堂模拟演练。其他小组工作人员根据需要完成任务。

4. 对于没有学习过的文种，教师可根据情况补充相关知识。

5. 教师也可要求每位同学准备活动所需全部材料，在此基础上再进行具体任务分工。

××学校_____届学生毕业典礼活动工作任务分工卡

组别	任务	处室、人员	小组负责人	任务分析	总负责人
第1组	撰写活动通知	办公室：			
第2组	撰写会议议程	学生处：			
第3组	撰写邀请函	学生处：			
第4组	撰写表彰决定	实训处：			
第5组	撰写学生代表发言稿	学生处：			
第6组	撰写教师代表发言稿	教务处：			
第7组	撰写领导讲话稿	办公室：			
第8组	撰写简报	学生处：			
第9组	会场布置等前期准备工作	学生处：			
第10组	制作宣传微视频等后期工作	学生处：			

|任务实施|

每位学生根据分工完成自己的写作任务及其他相关任务。

材料撰写要求：①主题明确、集中。②内容正确，条理清晰。③表达清楚、准确，语言简洁。④格式规范、齐全。

|任务演练|

根据××学校召开××××届毕业典礼的任务安排及要求，请在班内模拟召开此次活动。模拟活动结束后，请对活动举办及材料运用情况进行交流和总结。

|任务评价|

学完本科目内容，请教师及学生根据此次任务完成的实际情况进行评价。评价内容及方式可参考实训项目二十三中的实训科目一的任务评价。

实训科目三　师生面对面座谈会

任务情境

为深入了解学情教情，加强教育教学管理，创新教学形式，提高教学质量，××学院教务处决定于学期末开展"我对教学有话说"师生面对面交流座谈会。教务处处长经请示院领导同意后开始准备此会议。假如你是教务处工作人员，领导请你来策划安排这次座谈会，你需要做哪些工作？在这项工作中，需要用到哪些应用文文种？

任务描述

要举办这样一次座谈会，教务处要做好前期的各项准备工作，主要包括：发放教学管理及教学情况的问卷调研表，了解学生对教学工作的反馈；确定座谈会的举办时间、地点、参加人员等；通知参加人员做好座谈准备，如提前准备领导讲话稿、座谈人员发言稿等；会场布置；活动结束后还需要对活动进行宣传报道等。

经过协调，座谈会定于×月×日上午9：00在行政楼三楼会议室举行。为了保证座谈会效果，院领导对此次会议提出以下几点要求：

1. 做好会议准备，确保有效。教务处及其他教学部门务必高度重视，认真做好座谈会准备工作。一是教务处于×月×日之前完成教育教学管理问卷调研工作，并将调研数据信息反馈给各教学部门。二是参加座谈会的师生要有一定的代表性，学生代表要涵盖普通学生、学生干部、成绩优秀学生、学困生等，教师代表要覆盖专业课教师、公共基础课教师、老教师、青年教师等。

2. 要突出重点，解决问题。座谈会要结合学院教学实际情况及教务处的教学反馈，紧紧围绕教育教学管理工作、教风学风建设等方面进行积极交流，畅所欲言；交流发言时重点谈存在的问题，并提出意见和建议。

3. 做好问题梳理与解决。教务处做好记录，归纳整理与会人员的意见和建议。座谈会结束后，将教学开展情况作出总结，并上报学院。重点总结分析学生反映的教学管理问题、学生学习问题及教师教学问题，要有针对性地提出下一步整改措施与整改时限；对于建设性意见要及时采纳，逐步提高教学管理水平和教学质量。

任务分工

教师根据活动内容进行模拟演练任务安排，并引导学生填写下面的任务分工卡。具体操作是：

1. 确定出1-2名活动总负责人,负责此次活动的策划、安排、组织,具体工作是设置活动场景,明晰活动流程,组织学生撰写活动所需材料,确定各项工作人员的角色扮演者,协助教师完成课堂模拟演练。

2. 将全班学生根据任务要求进行分组。每组选出1名小组负责人,负责小组管理,协助总负责人完成任务。

3. 材料组的任务主要是研讨活动材料如何撰写,要求每位学生根据自己模拟的角色及任务内容分工,查阅相关资料,进行任务分析,梳理所写应用文的内容及框架结构,并在小组内进行研讨,形成写作思路后开始撰写材料;材料完成后大家互评,最终形成一份定稿;之后根据情况安排组员参加课堂模拟演练。其他小组工作人员根据需要完成任务。

4. 对于没有学习过的文种,教师可根据情况补充相关知识。

5. 教师也可要求每位同学准备活动所需全部材料,在此基础上再进行具体任务分工。

××学院召开"我对教学有话说"师生面对面交流座谈会部分工作任务分工卡					
组别	任务	处室、人员	小组负责人	任务分析	总负责人
第1组	撰写座谈会通知	教务处:			
第2组	撰写会议议程	教务处:			
第3组	撰写讲话稿	教务处:			
第4组	撰写学生代表发言稿(不同学生代表)	各教学部门:			
第5组	撰写教师代表发言稿(不同教师代表)	各教学部门:			
第6组	做好会议记录	教务处:			
第7组	撰写教学工作情况汇报	教务处:			
第8组	撰写简报	教务处:			
第9组	会场布置等前期准备工作	教务处:			
第10组	制作宣传微视频等后期工作	教务处:			

任务实施

每位学生根据分工完成自己的写作任务及其他相关任务。

材料撰写要求：①主题明确、集中。②内容正确，条理清晰。③表达清楚、准确，语言简洁。④格式规范、齐全。

任务演练

根据××学院召开"我对教学有话说"师生面对面交流座谈会的任务安排及要求，请在班内模拟召开此次活动。模拟活动结束后，请对活动举办及材料运用情况进行交流和总结。

任务评价

学完本科目内容，请教师及学生根据此次任务完成的实际情况进行评价。评价内容及方式可参考实训项目二十三中的实训科目一的任务评价。

实训科目四　创新创业大赛活动

任务情境

中国已进入"全民创业"时代。"大众创业、万众创新"被提升到中国经济转型和保增长的"双引擎"之一的高度。我国大地上正席卷着一股创新创业的新浪潮。大学是培养创新创业人才的重要基地，大学生是"大众创业、万众创新"的生力军。××学校非常重视学生创新创业教育，每年都会组织学生报名参加创新创业大赛，以便提高学生的创新创业能力及素质，帮助学生开辟就业渠道，从而培养高质量人才。今年，小王老师正好被调整到学校实践教学部门，负责学院创新创业大赛活动。请问小王老师需要如何完成这项工作？在这项工作中，需要用到哪些应用文文种？

任务描述

中国创新创业大赛是由科技部、财政部、教育部、国家网信办和中华全国工商业联合会共同指导举办的一项以"科技创新 成就大业"为主题的全国性创业比赛。创新创业大赛为大学生提供了一个从计划到实践的训练平台，能够帮助大学生掌握创业需要的知识、技能，甚至获得重要资源。我国为大学生提供的影响力较大的创新创业大赛主要包括中国国际大学生创新大赛、"挑战杯"中国大学生创业计划竞赛、中国创新创业大赛、"创青春"中国青年创业大赛、全国大学生电子商务"创新、创意及创业"挑战赛等十多项竞赛活动。每个比赛又有不同赛道或组别。

××学校一般组织学生参加其中3项竞赛。为了能够保证活动圆满完成、达到预期目的，选拔出优秀项目参加省级比赛，冲击全国比赛，小王老师认真阅读了相关文件，请教了经验丰富的相关教师，熟悉了创新创业大赛的内容、程序及要求，随后形成了学校创新创业大赛方案，并下发了大赛通知，举办了大赛启动仪式，还召开了工作协调会，组织各系部做好宣传工作，引导学生积极参与，着手准备参赛项目。一般项目选拔的程序是：各系部先自行组织初赛，筛选出相对比较优秀的作品参加全校的盲审；然后实践教学部门邀请校外专家盲审，再次选拔出相对比较优秀的项目参加创新创业决赛；在全校举办的决赛（冠军赛）中，校内外专家当场评选出各个赛道中的优秀项目并给予奖励，随后最优项目参加全省比赛。

在这个活动中，需要准备的文字材料主要包括拟写活动方案、活动通知、议程等，以及活动结束后需要及时进行宣传报道等。现场举办的创新创业大赛中需邀请评委进行点评。

|任务分工|

教师根据活动内容进行模拟演练任务安排，并引导学生填写下面的任务分工卡。具体操作是：

1. 确定出1~2名活动总负责人，负责此次活动的策划、安排、组织，具体工作是设置活动场景（可以选取最后一个决赛场景模拟），明晰活动流程，组织学生撰写活动所需材料，确定各项工作人员的角色扮演者，协助教师完成课堂模拟演练。

2. 将全班学生根据任务要求进行分组。每组选出1名小组负责人，负责小组管理，协助总负责人完成任务。

3. 材料组的任务主要是研讨活动材料如何撰写，要求每位学生根据自己模拟的角色及任务内容分工，查阅相关资料，进行任务分析，梳理所写应用文的内容及框架结构，并在小组内进行研讨，形成写作思路后开始撰写材料；材料完成后大家互评，最终形成一份定稿；之后根据情况安排组员参加课堂模拟演练。其他小组工作人员根据需要完成任务。

4. 对于没有学习过的文种，教师可根据情况补充相关知识。

5. 教师也可要求每位同学准备活动所需全部材料，在此基础上再进行具体任务分工。

实训领域四 综合模拟演练活动

组别	任务	处室、人员	小组负责人	任务分析	总负责人
	××学校举办第×届"创新创业大赛"选拔赛部分工作任务分工卡				
第1组	撰写活动方案（附在活动通知后）	实践教学部：			
第2组	撰写活动通知	实践教学部：			
第3组	撰写活动议程	实践教学部：			
第4组	撰写邀请函	实践教学部：			
第5组	撰写主持词	实践教学部：			
第6组	撰写评委点评	实践教学部：			
第7组	撰写简报	实践教学部：			
第8组	会场布置、现场赛事保障等前期准备工作	实践教学部：			
第9组	制作宣传微视频等后期工作	实践教学部：			

任务实施

每位学生根据分工完成自己的写作任务及其他相关任务。

材料撰写要求：①主题明确、集中。②内容正确，条理清晰。③表达清楚、准确，语言简洁。④格式规范、齐全。

任务演练

根据××学校举办第×届"创新创业大赛"选拔赛的任务安排及要求，请在班内模拟召开此次活动。模拟活动结束后，请对活动举办及材料运用情况进行交流和总结。

任务评价

学完本科目内容，请教师及学生根据此次任务完成的实际情况进行评价。评价内容及方式可参考实训项目二十三中的实训科目一的任务评价。

实训项目二十四　政法工作综合演练

实训科目五　派出所宪法日宣传活动

【任务情境】

为了进一步普及法律知识，增强法治观念，树立法律的权威性，×省公安厅下发《关于在公安系统开展"12.4"国家宪法日法治宣传活动的通知》，要求公安厅下属各单位、部门结合工作实际，认真开展此项活动。假定你是××公安分局××派出所的办公室工作人员，接到这份通知该如何做？在这项活动中，需要运用哪些应用文文种？

【任务描述】

对于这样一次活动的安排，首先接到公安厅下发的通知后，要根据上级通知精神，结合单位的实际，起草本单位开展活动的具体实施方案。方案经领导审阅同意后，由相关部门负责具体组织实施。活动结束后，要将活动实施情况以信息简报或者情况报告的形式向上级部门汇报。

1. 具体的流程包括：起草方案、下发通知、组织实施、撰写简报、总结上报。

2. 本次活动将要使用的应用文文种包括：活动方案、活动通知、活动简报、总结、报告等。

3. 办公室经与领导沟通后，将活动主题确定为"弘扬宪法精神 建设法治中国"。决定在12月4日宪法日当天集中举行一次大规模的宣传活动。具体流程包括以下几方面：

（1）动员全所民警在辖区广场、重点路段、人员集中地等处，通过悬挂横幅、电子屏打字、设置宣传咨询台、集中宣讲等形式向辖区群众进行法治宣传，重点宣传劳动就业、社会保障、医疗卫生、公共安全等相关法律法规，引导群众依照宪法和法律行使权利、履行义务，通过法律途径解决矛盾纠纷，维护合法权益，促进辖区和谐稳定。

（2）在开展线下宣传的同时，通过微博、微信、移动通信等新媒体手段提供法律咨询，宣讲宪法知识，弘扬宪法精神，为辖区群众解答法律方面的疑惑。

（3）民警走访企业、社区、学校、行政事业单位等，通过发放宣传资料、举办座谈会等形式进行宣传。

（4）在本单位组织全体民警开展一次向宪法宣誓活动，并集中开展一次学习、讨论、座谈活动，请资深的法律专家为所内干警解读相关新法。

4. 对开展这次活动，派出所领导提出了具体要求：

（1）加强领导，提高认识。要充分认识宪法宣传日活动在普法工作及法治建设工作中的重要作用。各部室要按照活动安排积极组织、精心实施，确保各项宣传任务的落实。

（2）围绕主题，突出重点。紧紧围绕"弘扬宪法精神 建设法治中国"这一主题，结合本部门实际，突出重点，增强法治宣传的实效性。

（3）广泛宣传，创新形式，丰富内容，形成声势。

（4）注意留存资料，建立档案。

任务分工

教师根据活动内容进行模拟演练任务安排，并引导学生填写下面的任务分工卡。具体操作是：

1. 确定出1-2名活动总负责人，负责此次活动的策划、安排、组织，具体工作是设置活动场景（可以在系列活动中任选一个活动模拟），明晰活动流程，组织学生撰写活动所需材料，确定各项工作人员的角色扮演者，协助教师完成课堂模拟演练。

2. 将全班学生根据任务要求进行分组。每组选出1名小组负责人，负责小组管理，协助总负责人完成任务。

3. 材料组的任务主要是研讨活动材料如何撰写，要求每位学生根据自己模拟的角色及任务内容分工，查阅相关资料，进行任务分析，梳理所写应用文的内容及框架结构，并在小组内进行研讨，形成写作思路后开始撰写材料；材料完成后大家互评，最终形成一份定稿；之后根据情况安排组员参加课堂模拟演练。其他小组工作人员根据需要完成任务。

4. 对于没有学习过的文种，教师可根据情况补充相关知识。

5. 教师也可要求每位同学准备活动所需全部材料，在此基础上再进行具体任务分工。

组别	任务	处室、人员	小组负责人	任务分析	总负责人
	××公安分局××派出所关于开展"12.4"宪法日法治宣传活动部分工作任务分工卡				
第1组	撰写活动方案（附在活动通知后）	办公室：			
第2组	撰写活动通知	办公室：			
第3组	撰写活动简报	办公室：			
第4组	撰写活动总结	办公室：			
第5组	撰写活动开展情况报告	办公室：			
第6组	活动现场布置等前期准备工作	办公室：			
第7组	制作宣传微视频等后期工作	办公室：			

任务实施

每位学生根据分工完成自己的写作任务及其他相关工作。

材料撰写要求：①主题明确、集中。②内容正确，条理清晰。③表达清楚、准确，语言简洁。④格式规范、齐全。

任务演练

根据×省公安厅《关于在公安系统开展"12.4"国家宪法日法治宣传活动的通知》的要求，请在本班内模拟举办××派出所此次宣传活动中的一个活动。活动结束后，对相关应用文的写作、使用及活动举办情况进行交流和总结。

任务评价

学完本节内容，请教师及学生根据此次任务完成的实际情况进行评价。请在下表中选择合适的答案：

内容	评价标准	评价结果			
学生自评	认真参与课堂学习实训，积极思考问题，材料撰写符合要求，学习效果明显	20-16	15-11	10-6	5-0
组长评价	积极配合，踊跃参与，认真准备，完成任务	10-8	7-5	4-2	1-0
教师评价	应用文第一稿认真完成，按时上交	30-23	22-15	14-7	6-0
	修改稿格式正确、内容清晰、语言规范，达到科目实训效果	40-31	30-21	20-11	10-0
总分					

实训科目六　监狱工作暨党风廉政建设工作会议

任务情境

××××年即将到来，为了总结上一年工作，安排部署新一年的工作，青山女子监狱党委会议研究，决定召开××××年监狱工作会议，同时召开党风廉政建设工作会议。此会议由办公室主办，其他各部门协办。假如你是办公室工作人员，你会如何完成这项会议工作？在这项工作中，需要运用哪些应用文文种？

任务描述

此次会议有两个议题要完成，一是监狱党委书记、监狱长需要在全体监狱职工面前作报告，全面总结××××年工作，安排部署下一年的工作；二是纪委书记作党风廉政建设工作报告。会前筹备工作包括与领导沟通会议的有关事宜；拟定会议筹备方案；协调安排基本会务工作，如场地、会标（会议名称标志）、席签、音响等；拟写、审核、印发会议材料等。

为了举办好××××年监狱工作暨党风廉政建设工作会议，办公室主任对相关工作进行了分工，并落实到了部门工作人员，特别是把所需要准备的会议材料落实到人，责任到人。现需要准备的会议材料，主要包括拟写会议通知、会议议程、大会主持词、监狱党委书记工作报告、纪委书记的党风廉政建设工作报告等。开会时做好会议记录和会后及时进行宣传报道等。

以下是此次会议的筹备方案:

<h3 style="text-align:center">青山女子监狱召开××××年监狱工作
暨党风廉政建设工作会议预案(简案)</h3>

一、会议主题

为了认真贯彻落实党的二十届三中全会精神,全国政法工作会议和全省司法行政工作会议精神,全面总结××××年监狱工作及党风廉政建设工作,正确分析面临的形势和任务,安排部署××××年的工作。

二、会议时间、地点

拟定于××××年12月8日(星期五)下午3:00在多功能会议厅召开。

三、参加人员

监狱领导班子成员、除值班带工外的全体警察。

四、会议议程

1. 全体起立,奏唱国歌。
2. 通报××××年党建工作考核结果。
3. 纪委书记×××作党风廉政建设工作报告。
4. 党委书记、监狱长×××作工作报告。
5. 监狱局党委副书记×××做重要讲话。

五、会场设备和用品的准备

会议所需的会标、音响设备、席签等,由办公室负责。

六、会议材料准备

1. 会议通知。
2. 会议议程。
3. 会议主持词。
4. 纪委书记的党风廉政建设工作报告。
5. 党委书记、监狱长×××的工作报告。
6. 监狱局党委副书记×××的讲话稿。
7. 会议记录。
8. 宣传报道简报。

七、会议服务工作

由办公室综合协调。

青山女子监狱办公室
××××年11月20日

实训领域四 综合模拟演练活动

任务分工

教师根据活动内容进行模拟演练任务安排,并引导学生填写下面的任务分工卡。具体操作是:

1. 确定出1-2名活动总负责人,负责此次活动的策划、安排、组织,具体工作是设置活动场景,明晰活动流程,组织学生撰写活动所需材料,确定各项工作人员的角色扮演者,协助教师完成课堂模拟演练。

2. 将全班学生根据任务要求进行分组。每组选出1名小组负责人,负责小组管理,协助总负责人完成任务。

3. 材料组的任务主要是研讨活动材料如何撰写,要求每位学生根据自己模拟的角色及任务内容分工,查阅相关资料,进行任务分析,梳理所写应用文的内容及框架结构,并在小组内进行研讨,形成写作思路后开始撰写材料;材料完成后大家互评,最终形成一份定稿;之后根据情况安排组员参加课堂模拟演练。其他小组工作人员根据需要完成任务。

4. 对于没有学习过的文种,教师可根据情况补充相关知识。

5. 教师也可要求每位同学准备活动所需全部材料,在此基础上再进行具体任务分工。

青山女子监狱召开××××年监狱工作暨党风廉政建设工作会议部分工作任务分工卡					
组别	任务	处室、人员	小组负责人	任务分析	总负责人
第1组	撰写会议通知	办公室:			
第2组	撰写会议议程	办公室:			
第3组	撰写主持词	办公室:			
第4组	撰写工作报告	政治部:			
第5组	撰写纪委书记工作报告	监察室:			
第6组	撰写领导讲话稿	监狱局办公室:			
第7组	做好会议记录	办公室:			
第8组	撰写简报	办公室:			

续表

第9组	会场布置等前期准备工作	办公室及物业公司：		
第10组	制作宣传微视频等后期工作	办公室：		

任务实施

每位学生根据分工完成自己的写作任务及其他相关工作。

材料撰写要求：①主题明确、集中。②内容正确，条理清晰。③表达清楚、准确，语言简洁。④格式规范、齐全。

任务演练

根据青山女子监狱召开××××年监狱工作暨党风廉政建设工作会议的任务安排及要求，请在班内模拟召开此次会议。模拟会议结束后，请对会议召开及材料运用情况进行交流和总结。

任务评价

学完本科目内容，请教师及学生根据此次任务完成的实际情况进行评价。评价内容及方式可参考实训项目二十四中的实训科目五的任务评价。

实训科目七　公安局优秀人民警察评选表彰活动

任务情境

近年来，在×市公安系统涌现了一批成绩突出的先进集体和个人，为弘扬正气，鼓舞士气，进一步展示人民警察队伍的良好形象，×市公安局决定开展全市公安系统"十大优秀人民警察"评选活动。局长将此次活动的组织评选任务交给了办公室来负责，办公室的小王最终接到了任务。请问，小王该如何组织这次评选活动？在这次活动中，需要运用哪些应用文文种？

任务描述

本次活动开展须经以下几个步骤完成：一是和领导沟通，确定评选范围、条件、方法；二是根据确定的评选办法和相关内容，草拟评选方案并发布通知；三是各部门根据通知要求层层进行推选，并将结果报至办公室；四是办公室对各部门上报的优秀名单进行汇总，交公安局党委会讨论、决定；五是根据党委会研究结果，草拟表彰决定并召开表彰大会对评选出的"十大优秀人民警察"进行表彰；六是写简报对先进事迹进行报道。

本次评选主要使用的应用文文种有：活动方案、活动通知、先进事迹材料、表彰决定、先进事迹宣传（含编者按）、宣传简报等。

以下是办公室小王经与领导沟通确定的评选内容：

1. 评选范围。全市公安系统在编在职的人民警察及辅警，重点评选近三年以来在各项工作中取得突出成绩的基层一线民（辅）警。

2. 评选条件：

（1）坚决贯彻执行党的路线、方针、政策，忠于党、忠于祖国、忠于人民、忠于法律，具有强烈的政治责任感和献身公安事业的精神。

（2）恪尽职守，扎实工作，坚持严格、公正、规范执法和理性、平和、文明执法，圆满完成各项工作任务，作出突出贡献。

（3）不断加强思想道德修养，模范遵守纪律，秉公执法，克己奉公，清正廉洁，不徇私情，自觉抵制不正之风，无违法违纪问题。

（4）积极探索，勇于实践，在开展工作中有新思路、新办法，取得突出成绩。

（5）曾获个人三等功以上奖励。

3. 评选方法和要求。评选由全市公安系统各单位、各部门采取自下而上、层层推荐的办法，从全市1000多名在岗在编的已授衔公安民警及300多名辅警中推选出40名参选。评选活动将经过资格审查、初选、事迹介绍、确定人选、开会表彰等步骤。为充分听取基层民警和群众的意见，在初选阶段，办公室将在信息网开设投票平台，接受全体民警投票以及收集500名社会各界代表选票。此外，此次评选活动注重评选对象的广泛性和代表性，坚持"向基层倾斜、向一线民警倾斜"的原则，深入发现和推荐一批具有先进性、代表性，尤其是那些工作创新精神强、作风扎实、成绩突出、全心全意为民服务和深受社会各界好评的民警。

4. 其他相关要求。各单位务必于9月20日前将评选结果报市公安局办公室，9月28日下午2点30分，在市公安局会议室召开表彰大会，对"十大优秀人民警察"进行表彰。

任务分工

教师根据活动内容进行模拟演练任务安排，并引导学生填写下面的任务分工卡。具体操作是：

1. 确定出1-2名活动总负责人，负责此次活动的策划、安排、组织，具体工作是设置活动场景，明晰活动流程，组织学生撰写活动所需材料，确定各项工作人员的角色扮演者，协助教师完成课堂模拟演练。

2. 将全班学生根据任务要求进行分组。每组选出 1 名小组负责人，负责小组管理，协助总负责人完成任务。

3. 材料组的任务主要是研讨活动材料如何撰写，要求每位学生根据自己模拟的角色及任务内容分工，查阅相关资料，进行任务分析，梳理所写应用文的内容及框架结构，并在小组内进行研讨，形成写作思路后开始撰写材料；材料完成后大家互评，最终形成一份定稿；之后根据情况安排组员参加课堂模拟演练。其他小组工作人员根据需要完成任务。

4. 对于没有学习过的文种，教师可根据情况补充相关知识。

5. 教师也可要求每位同学准备活动所需全部材料，在此基础上再进行具体任务分工。

组别	任务	处室、人员	小组负责人	任务分析	总负责人
\multicolumn{6}{c}{×市公安局关于开展"十大优秀人民警察"评选表彰活动部分工作任务分工卡}
第1组	撰写评选活动方案	办公室：			
第2组	撰写活动通知（附活动方案）	办公室：			
第3组	撰写先进事迹材料	各单位：			
第4组	撰写表彰决定	办公室：			
第5组	撰写表彰大会领导讲话稿	办公室：			
第6组	撰写活动简报	办公室：			
第7组	表彰大会会场布置等前期准备工作	办公室及物业公司：			
第8组	制作宣传微视频等后期工作	办公室：			

▎任务实施

每位学生根据分工完成自己的写作任务及其他相关工作。

材料撰写要求：①主题明确、集中。②内容正确，条理清晰。③表达清楚、准确，语言简洁。④格式规范、齐全。

任务演练

根据×市公安局关于开展"十大优秀人民警察"评选表彰活动的安排和要求，请在本班内模拟举行此次表彰活动。活动结束后，对相关应用文的使用、写作及活动举办情况进行总结和交流。

任务评价

学完本科目内容，请教师及学生根据此次任务完成的实际情况进行评价。评价内容及方式可参考实训项目二十四中的实训科目五的任务评价。

实训科目八　基层人民法院调研活动及经验交流会

任务情境

为鼓励引导全体法官履职尽责、担当作为、拼搏奉献，进一步提升审判执行工作质效，×市中级人民法院决定组织市、县（区）两级法官干警分五批次，前往全国司法改革试点基层法院××区法院、××新区法院等6家单位就审判管理、司法改革、安全保卫等工作进行考察学习，考察结束后，×市中级人民法院组织召开市、县（区）两级法院调研经验交流会。院领导安排办公室组织实施。假如你是办公室领导，你将如何完成这项工作？在这项工作中，需要运用到的应用文文种有哪些？

任务描述

对于这样的工作，首先是根据领导意图确定调研的基本内容和参加范围。由办公室通知各单位上报调研名单，然后发函给相关单位沟通调研事宜，组织人员分批次完成调研任务，调研结束后形成调研报告，组织召开经验交流会。会前，需要提前确定交流发言人员，准备汇报材料并在会上进行交流。交流结束后，法院院长讲话提出下一步工作要求。

需准备的相关文字材料，主要包括拟写调研方案、起草活动通知并下发、起草关于前往××区人民法院调研的函、拟写经验交流会的通知、调研报告、交流发言材料、主持词、议程、院领导讲话、活动简报、会议记录等。

以下是调研活动的相关内容和要求：

×市中级人民法院调研活动预案（简案）

一、调研目的

要让基层法院法官干警通过听、看、交流、培训等方式，"走出去、学回来、用得上"，查找不足、拓宽视野、促进理念提升，为做好下一步工作明确目标。

二、调研时间、地点

拟定于8月3日-8月28日分5批次组织法官干警前往××区人民法院、××人民法院、×××人民法院、××新区人民法院、×××区人民法院、××××人民法院等6家全国司法改革试点基层人民法院调研。

三、参加人员

×市中级人民法院党组成员、中层干部；各县（区）基层人民法院班子成员。

四、调研内容

1. 审判法庭功能设计。
2. 基层法院信息化建设。
3. 审判管理。
4. 司法改革。

五、调研要求

要学习先进法院的好理念、好思路、好举措，结合自身实际，进行创造性推广，善于把学到的经验变成自己的创造性思维，把自身特色变成创新优势，提升司法能力和服务水平。

×市中级人民法院办公室
××××年7月20日

任务分工

教师根据活动内容进行模拟演练任务安排，并引导学生填写下面的任务分工卡。具体操作是：

1. 确定出1-2名活动总负责人，负责此次活动的策划、安排、组织，具体工作是设置活动场景，明晰活动流程，组织学生撰写活动所需材料，确定各项工作人员的角色扮演者，协助教师完成课堂模拟演练。

2. 将全班学生根据任务要求进行分组。每组选出1名小组负责人，负责小组管理，协助总负责人完成任务。

3. 材料组的任务主要是研讨活动材料如何撰写，要求每位学生根据自己模拟的角色及任务内容分工，查阅相关资料，进行任务分析，梳理所写应用文的内容及框架结构，并在小组内进行研讨，形成写作思路后开始撰写材料；材料完成后大家互评，最终形成一份定稿；之后根据情况安排组员参加课堂模拟演练。其他小组工作人员根据需要完成任务。

4. 对于没有学习过的文种，教师可根据情况补充相关知识。

5. 教师也可要求每位同学准备活动所需全部材料，在此基础上再进行具体任务分工。

组别	任务	处室、人员	小组负责人	任务分析	总负责人
	×市中级人民法院关于开展司法改革试点调研活动及经验交流会部分工作任务分工卡				
第1组	撰写调研活动方案	办公室：			
第2组	撰写调研活动通知	办公室：			
第3组	撰写调研的函	办公室：			
第4组	撰写经验交流会通知	办公室：			
第5组	撰写调研报告	办公室：			
第6组	撰写调研交流发言材料	各单位、处室负责人：			
第7组	撰写经验交流会主持词、议程，做好会议记录	办公室：			
第8组	撰写经验交流会领导讲话稿	办公室：			
第9组	撰写交流会简报	办公室：			
第10组	经验交流会会场布置等前期准备工作	办公室：			
第11组	制作宣传微视频等后期工作	宣传处：			

任务实施

每位学生根据分工完成自己的写作任务及其他相关工作。

材料撰写要求：①主题明确、集中。②内容正确，条理清晰。③表达清楚、准确，语言简洁。④格式规范、齐全。

任务演练

根据工作任务安排及要求，请在班内模拟开展本次经验交流会议。模拟会议结束后，请对会议召开及材料运用情况进行总结交流。

任务评价

学完本科目内容，请教师及学生根据此次任务完成的实际情况进行评价。评价内容及方式可参考实训项目二十四中的实训科目五的任务评价。

实训科目九　公安局网络安全工作汇报会

任务情境

为了推动网络安全工作又好又快发展，进一步建设网络安全工作体系，提高公安网络安全工作水平，经××市公安局研究，决定于12月20日召开网络安全工作汇报会，要求各分局主管网络安全的领导及网络安全保卫大队队长参会，就各公安分局网络安全工作情况进行汇报。假定你是××市公安局网络安全保卫支队队长，接到局领导的这个指示后会如何完成这项工作？

任务描述

对于网络安全工作情况汇报会议的安排，首先，根据领导意图，下发会议通知，随后准备会议议程、主持词、讲话稿等会议材料，安排布置会场，如会标（会议名称标志）、席签、拍照等，并与各分局（如×区分局、×县分局等）协调汇报内容及形式等。其次，协调市局参会领导，安排会议记录人员，并组织召开此次会议。最后，会议结束后，及时将会议情况以信息简报的形式进行汇报宣传。

为了保证会议效果，市局领导对此次会议提出以下几点要求：

1. 会议主要围绕网络安全工作情况进行汇报，各公安分局认真分析当前网络安全工作存在的不足和短板，寻找解决措施和途径。

2. 请各单位提前准备好汇报材料，并于会前将汇报材料电子版交市局网络安全保卫支队。

3. 要求结合PPT汇报，汇报时间不超过5分钟。

任务分工

教师根据活动内容进行模拟演练任务安排，并引导学生填写下面的任务分工卡。具体操作是：

1. 确定出 1-2 名活动总负责人，负责此次活动的策划、安排、组织，具体工作是设置活动场景，明晰活动流程，组织学生撰写活动所需材料，确定各项工作人员的角色扮演者，协助教师完成课堂模拟演练。

2. 将全班学生根据任务要求进行分组。每组选出 1 名小组负责人，负责小组管理，协助总负责人完成任务。

3. 材料组的任务主要是研讨活动材料如何撰写，要求每位学生根据自己模拟的角色及任务内容分工，查阅相关资料，进行任务分析，梳理所写应用文的内容及框架结构，并在小组内进行研讨，形成写作思路后开始撰写材料；材料完成后大家互评，最终形成一份定稿；之后根据情况安排组员参加课堂模拟演练。其他小组工作人员根据需要完成任务。

4. 对于没有学习过的文种，教师可根据情况补充相关知识。

5. 教师也可要求每位同学准备活动所需全部材料，在此基础上再进行具体任务分工。

××市公安局网络安全工作汇报会部分工作任务分工卡					
组别	任务	处室、人员	小组负责人	任务分析	总负责人
第1组	撰写会议通知	办公室：			
第2组	撰写会议议程	办公室：			
第3组	撰写会议主持词	办公室：			
第4组	撰写会议汇报材料	各相关处室：			
第5组	撰写领导讲话稿	办公室：			
第6组	负责会议记录	办公室：			
第7组	撰写会议简报	宣传科：			
第8组	会场布置等前期准备工作	办公室：			
第9组	制作宣传微视频等后期工作	宣传科：			

任务实施

每位学生根据分工完成自己的写作任务及其他相关工作。

材料撰写要求：①主题明确、集中。②内容正确，条理清晰。③表达清楚、准确，语言简洁。④格式规范、齐全。

任务演练

根据××市公安局网络安全工作汇报会的安排和要求，请在本班内模拟举行此次会议，会议结束后对相关应用文的使用和写作情况进行交流和总结。

任务评价

学完本科目内容，请教师及学生根据此次任务完成的实际情况进行评价。评价内容及方式可参考实训项目二十四中的实训科目五的任务评价。

实训科目十　交警支队百日行动查酒驾活动

任务情境

为进一步提升对酒后驾驶的查处打击力度，有力遏制酒后驾驶交通违法行为，预防和减少交通事故，保障道路交通安全，×省公安厅下发《关于开展百日行动查酒驾活动的通知》，要求交通管理局、各级交管部门认真开展此项活动。假定你是青山区交警支队的办公室工作人员，接到这份通知后需要如何去办理？在这项活动中，需要运用到的应用文文种有哪些？

任务描述

对于百日行动查酒驾活动的安排，首先是接到公安厅下发的通知后，要根据上级通知精神，结合单位的实际，起草本单位开展活动的具体实施方案。方案经领导审阅同意后，由相关部门负责具体组织实施。活动结束后，要将活动实施情况进行总结，以信息简报或者情况报告的形式向上级部门进行汇报。

1. 具体的流程包括：起草方案、下发通知、召开动员大会、组织实施、撰写简报、进行总结、通报活动情况。

2. 本次活动将使用的应用文文种包括：活动方案、活动通知、领导动员讲话稿、主持词、议程、活动简报、总结、通报等。

3. 办公室与领导沟通后，对百日行动查酒驾活动作出了安排。决定在 6 月 19 日举行百日行动查酒驾活动动员大会。开展查处酒驾工作的具体安排有以下几方面：

（1）将工作重点向农村阵地延伸，把管辖区域划分为 11 个作战区，做到乡镇全覆盖。

（2）调整警力部署，在执勤时间和方式上进行调整，压缩中午、夜间等事故多发时段的漏管环节。

（3）严防严控，采取在重点区域、重点路段设置卡点和流动巡逻相结合的办法，在全县普遍撒网，全面严查酒驾、醉驾。

（4）将查处重点时段定在 12 时至 14 时和 20 时至 24 时酒后驾驶易发的时段，并在重要路段设置检查卡点，对经过卡点的车辆做到逢车必检、逢疑必测，对酒驾等违法行为发现一起、查处一起，形成高压态势。

4. 对开展这次行动，支队领导提出了具体要求：

（1）要提高认识。要充分认识此次活动在交通管理中的重要性。各部门要按照活动方案积极组织、精心实施，确保查处酒驾任务落到实处。

（2）要规范执法。民警在开展酒驾整治行动时，要规范执法流程，补充完善执勤执法装备，配齐呼气酒精检测仪、对讲机、执法记录仪等装备，正确使用查缉战术，坚持理性、平和、文明、规范执法，保障整治工作顺利进行。

（3）强化宣传，营造氛围。充分利用新闻媒体，采取随警采访、媒体曝光、报纸专刊、材料发放、展牌展示等多种形式，广泛宣传报道酒后驾驶违法造成的严重后果及危害，最大限度地为整治行动宣传造势，增强广大群众对整治行动的理解和支持。

（4）注意留存资料，建立档案。

任务分工

教师根据活动内容进行模拟演练任务安排，并引导学生填写下面的任务分工卡。具体操作是：

1. 确定出 1-2 名活动总负责人，负责此次活动的策划、安排、组织，具体工作是设置活动场景（可以重点选择动员大会场景），明晰活动流程，组织学生撰写活动所需材料，确定各项工作人员的角色扮演者，协助教师完成课堂模拟演练。

2. 将全班学生根据任务要求进行分组。每组选出 1 名小组负责人，负责小组管理，协助总负责人完成任务。

3. 材料组任务主要是研讨活动材料如何撰写，要求每位学生根据自己模拟的角色及任务内容分工，查阅相关资料，进行任务分析，梳理所写应用文的内容及框架结构，并在小组内进行研讨，形成写作思路后开始撰写材料；材料完成后大家互评，最终形成一份定稿；之后根据情况安排组员参加课堂模拟演练。其他小组工作人员根据需要完成任务。

4. 对于没有学习过的文种，教师可根据情况补充相关知识。

5. 教师也可要求每位同学准备活动所需全部材料，在此基础上再进行具体任务分工。

组别	任务	处室、人员	小组负责人	任务分析	总负责人
	××区交警支队关于开展百日行动查酒驾活动部分工作任务分工卡				
第1组	撰写活动方案	办公室：			
第2组	撰写活动通知（附活动方案）	办公室：			
第3组	撰写动员大会议程	办公室：			
第4组	撰写动员大会主持词	办公室：			
第5组	撰写动员大会领导讲话稿	办公室：			
第6组	撰写简报	宣传科：			
第7组	撰写活动总结	办公室：			
第8组	撰写活动通报	办公室：			
第9组	会场布置等前期准备工作	办公室：			
第10组	制作宣传微视频等后期工作	宣传科：			

【任务实施】

每位学生根据分工完成自己的写作任务及其他相关工作。

材料撰写要求：①主题明确、集中。②内容正确，条理清晰。③表达清楚、准确，语言简洁。④格式规范、齐全。

【任务演练】

根据××区交警支队活动安排和要求，请在本班内模拟举行此次百日行动查酒驾活动动员大会。活动结束后，对相关应用文的使用和写作情况进行交流和总结。

| 任务评价 |

学完本科目内容，请教师及学生根据此次任务完成的实际情况进行评价。评价内容及方式可参考实训项目二十四中的实训科目五的任务评价。

实训科目十一 戒毒管理局庆祝人民警察节暨主题党日活动

| 任务情境 |

为彰显新时代司法行政戒毒系统警察新风貌，全面增强广大警察荣誉感、自豪感、归属感。1月8日，在"中国人民警察节"来临之际，×省戒毒管理局决定组织全系统开展"铸牢忠诚警魂　坚定从警信念"庆祝人民警察节暨主题党日活动。全系统300余名干警、职工、辅警参加。假定你是×省戒毒管理局的办公室工作人员，接到这项任务后需要如何去完成？在这项任务中，需要运用到的应用文文种有哪些？

| 任务描述 |

对于庆祝人民警察节暨主题党日活动的安排，首先是接到领导安排的任务后，要根据领导意图，结合单位的实际，起草活动的具体实施方案。方案经领导审阅同意后，下发通知并由相关部门负责具体组织实施。活动结束后，要将活动实施情况以信息简报或者情况报告的形式向上级部门汇报。

1. 具体的流程包括：起草方案、下发通知、起草领导讲话、准备活动议程、准备领导主持词、组织实施、撰写简报。

2. 本次活动将使用的应用文文种包括：活动方案、活动通知、领导讲话稿、主持词、活动议程、活动简报等。

3. 办公室与领导沟通后，对庆祝人民警察节暨主题党日活动作出了安排。决定在1月10日举行庆祝人民警察节暨主题党日活动。具体安排包括以下几方面：①奏唱国歌。②重温入警誓词。③优秀警察作事迹报告。④观看司法行政系统人民警察节微视频。⑤领导讲话。⑥奏唱人民警察之歌。

4. 对开展这次行动，局领导强调：人民警察队伍是一支有着光荣传统和优良作风的队伍，也是和平年代牺牲最多、奉献最大的队伍。长期以来，人民警察牢记使命、忠诚履职、不怕牺牲、无私奉献，用辛勤的汗水乃至宝贵的鲜血和生命，为捍卫政治安全、维护社会安定、保障人民安宁筑起了一道坚不可摧的铜墙铁壁。在国家层面专门为人民警察队伍设立节日，是对人民警察队伍的高度重视和关心关怀，更是进一步健全完善人民警察荣誉制度和标志体系的重要举措，对于推动人民警察队伍革命化、正规化、专业化、职业化建设具有重大意义。

局领导要求：

一要强化理想信念，永葆清醒坚定政治立场。全系统各级党委和广大党员要毫不动摇坚持党对司法行政戒毒工作的绝对领导，坚持政治建警，在事关国家最高利益和各族人民根本利益的大是大非问题上，坚决做到认识不含糊、态度不暧昧、行动不动摇，始终做到知行合一，信念坚定，对党忠诚。

二要强化学习宣传，发挥先进典型示范作用。常态化组织学习宣传先进典型，不断建立完善先进警察受益机制，有的放矢做好跟踪培养工作，给先进典型明方向、给动力、压担子，为他们个人成长提供舞台，特别是在学习培训、评优选先、提拔任用、晋升职务等方面给予优先考虑，使典型有动力，干警有榜样，在全系统营造尊重先进、爱护先进、学习先进、争当先进的浓厚氛围。

三要严守纪律规矩，打造全面过硬纪律队伍。自觉践行习近平总书记训词精神，主动发挥政治机关和纪律部队的职能作用，深化巩固教育整顿工作成果，坚持全面从严管党治警，不断深入推进戒毒执法规范化建设，严格执法监督管理，细化完善执法标准和操作规程，切实把严格规范公正文明执法要求落到实处。

四要坚持从优待警，做实暖心聚力服务保障。坚持从严治警与从优待警相结合，精神关爱与政治褒奖相统一，严格要求与悉心关怀相一致，进一步完善警察、职工、辅警及离退休干部健康体检、节日慰问、困难救助、生日关爱及购买人身意外保险等制度，真正做到从政治上爱护、思想上关注、生活上关心干警队伍。

任务分工

教师根据活动内容进行模拟演练任务安排，并引导学生填写下面的任务分工卡。具体操作是：

1. 确定出 1-2 名活动总负责人，负责此次活动的策划、安排、组织，具体工作是设置活动场景，明晰活动流程，组织学生撰写活动所需材料，确定各项工作人员的角色扮演者，协助教师完成课堂模拟演练。

2. 将全班学生根据任务要求进行分组。每组选出 1 名小组负责人，负责小组管理，协助总负责人完成任务。

3. 材料组的任务主要是研讨活动材料如何撰写，要求每位学生根据自己模拟的角色及任务内容分工，查阅相关资料，进行任务分析，梳理所写应用文的内容及框架结构，并在小组内进行研讨，形成写作思路后开始撰写材料；材料完成后大家互评,最终形成一份定稿;之后根据情况安排组员参加课堂模拟演练。其他小组工作人员根据需要完成任务。

4. 对于没有学习过的文种,教师可根据情况补充相关知识。

5. 教师也可要求每位同学准备活动所需全部材料,在此基础上再进行具体任务分工。

×省戒毒管理局庆祝人民警察节暨主题党日活动部分工作任务分工卡					
组别	任务	处室、人员	小组负责人	任务分析	总负责人
第1组	撰写活动方案	办公室:			
第2组	撰写活动通知 (附活动方案)	办公室:			
第3组	撰写活动议程	办公室:			
第4组	撰写活动主持词	办公室:			
第5组	撰写领导讲话稿	办公室:			
第6组	撰写活动简报	办公室:			
第7组	会场布置等 前期准备工作	办公室:			
第8组	制作宣传微视频 等后期工作	宣传处:			

任务实施

每位学生根据分工完成自己的写作任务及其他相关工作。

材料撰写要求:①主题明确、集中。②内容正确,条理清晰。③表达清楚、准确,语言简洁。④格式规范、齐全。

任务演练

根据活动安排和要求,请在本班内模拟举行此次庆祝警察节暨主题党日活动。活动结束后,对相关应用文的使用和写作情况进行交流和总结。

| 任务评价 |

学完本科目内容,请教师及学生根据此次任务完成的实际情况进行评价。评价内容及方式可参考实训项目二十四中的实训科目五的任务评价。

实训科目十二 司法局工作例会

| 任务情境 |

为了及时掌握下级单位工作情况,解决近期工作问题,安排下个月工作,保证各项工作顺利进行,×县司法局每月召开工作例会,召集辖区司法所汇报每月工作情况及下个月的工作安排。8月初,局领导安排办公室通知辖区司法所于8月3日(星期一)上午9:00到局三楼会议室开会。假如你是办公室领导,你会如何完成这项工作?在这项工作中,需要运用到的应用文文种有哪些?

| 任务描述 |

对于这样的日常工作会议,已经形成了会议的基本内容和程序。由办公室发通知,通知局领导及辖区各司法所所长参会。会务工作从简,一般不用准备席签、会议议程等,只需准备会议所需的多媒体及音响设备等。会前,各司法所领导准备情况汇报材料一份,并在会上汇报近期工作情况。汇报结束后,局主管领导根据实际情况对下个月的工作进行安排,××局长讲话同时提出工作要求。

现需准备会议材料,主要包括拟写会议通知、司法所工作情况汇报、局××领导讲话稿等。为了会议顺利进行,办公室领导还是在工作笔记本上梳理出了会议议程,并准备让办公室新来的小王撰写一篇宣传简报,锻炼其简报撰写能力。

| 任务分工 |

教师根据活动内容进行模拟演练任务安排,并引导学生填写下面的任务分工卡。具体操作是:

1. 确定出1-2名活动总负责人,负责此次活动的策划、安排、组织,具体工作是设置活动场景,明晰活动流程,组织学生撰写活动所需材料,确定各项工作人员的角色扮演者,协助教师完成课堂模拟演练。

2. 将全班学生根据任务要求进行分组。每组选出1名小组负责人,负责小组管理,协助总负责人完成任务。

3. 材料组的任务主要是研讨活动材料如何撰写,要求每位学生根据自己模拟的角色及任务内容分工,查阅相关资料,进行任务分析,梳理所写应用文的内容及框架结构,并在小组内进行研讨,形成写作思路后开始撰写材料;材料完成后大家互评,最终形成一份定稿;之后根据情况安排组员参加课堂模拟演练。其他小组工作人员根据需要完成任务。

4. 对于没有学习过的文种,教师可根据情况补充相关知识。

5. 教师也可要求每位同学准备活动所需全部材料,在此基础上再进行具体任务分工。

组别	任务	处室、人员	小组负责人	任务分析	总负责人
\multicolumn{6}{c}{×县司法局关于召开工作例会工作任务分工卡}					
第1组	撰写例会通知	办公室:			
第2组	撰写例会会议议程	办公室:			
第3组	撰写情况汇报	各处室			
第4组	撰写工作安排	办公室:			
第5组	撰写领导讲话稿	办公室:			
第6组	撰写会议简报	办公室:			
第7组	会场布置等前期准备工作	办公室:			

|任务实施 |

每位学生根据分工完成自己的写作任务及其他相关工作。

材料撰写要求:①主题明确、集中。②内容正确,条理清晰。③表达清楚、准确,语言简洁。④格式规范、齐全。

|任务演练 |

根据×县司法局召开工作例会的任务安排及要求,请在班内模拟召开此次会议。每组模拟会议结束后,请对会议召开及材料运用情况进行交流和总结。

|任务评价 |

学完本科目内容,请教师及学生根据此次任务完成的实际情况进行评价。评价内容及方式可参考实训项目二十四中的实训科目五的任务评价。

实训项目二十五　企业活动综合演练

实训科目十三　安全生产视频会议

任务情境

为深刻吸取××市"8.12"特别重大事故教训，认真学习贯彻落实国务院全国安全生产电视电话会议、××省紧急安全生产会议精神，部署近期公司各单位安全生产工作，确保安全生产形势稳定，××矿业公司决定于8月17日召开安全生产视频会议，就抓好当前安全工作、在全公司开展安全生产大检查进行安排部署。假如你是公司办公室领导，你会如何完成这项工作？在这项工作中，需要运用到的应用文文种有哪些？

任务描述

视频会议是利用通信网络传递图像文字和声音信号的一种现代化会议方式。适用于布置重要工作、宣布重大决定、商量紧急措施等特殊紧急的情况。××矿业公司这次视频会议在做好其他基本会务工作的基础上，还需安排专业技术人员重点做好视频会议设备的调试、检测工作，才能保证会议圆满完成。为此，办公室领导对会务进行了周密的安排布置，对相关工作进行了分工，并落实到了相关部门及个人，特别是把会议所需要准备的会议材料落实到人，责任到人。现需准备会议材料，主要包括拟写召开安全生产视频会议通知、会议议程、开展安全生产大检查的通知、公司深入开展安全生产大检查工作方案、公司安全生产大检查分组安排、公司董事长在公司安全生产视频会议上的讲话。开会时做好会议记录和会后及时进行宣传报道等。

经过与领导沟通还确定了以下事项：

1. 会议时间、地点：拟定于8月17日（星期一）上午9：00在总部及各单位会议室召开。

2. 参加人员：公司领导；公司各基层单位负责人及相关处室人员；机关各部门负责人及工作人员。

3. 会议议程：

（1）×××党委副书记传达国务院全国安全生产电视电话会议及××省紧急安全生产会议精神。

（2）×××副董事长安排部署安全生产大检查工作。

（3）×××董事长讲话。

> 任务分工

教师根据活动内容进行模拟演练任务安排，并引导学生填写下面的任务分工卡。具体操作是：

1. 确定出 1-2 名活动总负责人，负责此次活动的策划、安排、组织，具体工作是设置活动场景，明晰活动流程，组织学生撰写活动所需材料，确定各项工作人员的角色扮演者，协助教师完成课堂模拟演练。

2. 将全班学生根据任务要求进行分组。每组选出 1 名小组负责人，负责小组管理，协助总负责人完成任务。

3. 材料组的任务主要是研讨活动材料如何撰写，要求每位学生根据自己模拟的角色及任务内容分工，查阅相关资料，进行任务分析，梳理所写应用文的内容及框架结构，并在小组内进行研讨，形成写作思路后开始撰写材料；材料完成后大家互评，最终形成一份定稿；之后根据情况安排组员参加课堂模拟演练。其他小组工作人员根据需要完成任务。

4. 对于没有学习过的文种，教师可根据情况补充相关知识。

5. 教师也可要求每位同学准备活动所需全部材料，在此基础上再进行具体任务分工。

××矿业公司召开安全生产视频会议部分工作任务分工卡					
组别	任务	处室、人员	小组负责人	任务分析	总负责人
第1组	撰写会议通知	办公室：			
第2组	撰写开展安全生产大检查通知（附件为工作方案、分组安排）	办公室：			
第3组	撰写会议议程	办公室：			
第4组	撰写领导讲话稿	办公室：			
第5组	做好会议记录	办公室：			
第6组	撰写简报	办公室：			
第7组	会场布置等前期准备工作	办公室及物业公司：			
第8组	制作宣传微视频等后期工作	办公室：			

任务实施

每位学生根据分工完成自己的写作任务及其他相关任务。

材料撰写要求：①主题明确、集中。②内容正确，条理清晰。③表达清楚、准确，语言简洁。④格式规范、齐全。

任务演练

根据××矿业公司召开安全生产视频会议的任务安排及要求，请在班内模拟召开此次会议。模拟会议结束后，请对会议召开及材料运用情况进行交流和总结。

任务评价

学完本科目内容，请教师及学生根据此次任务完成的实际情况进行评价。评价内容及方式可参考实训项目二十四中的实训科目五的任务评价。

实训科目十四　新员工入职培训活动

任务情境

××公司新入职了一批员工，为了尽快提高新员工的业务技能水平，使他们尽快熟悉业务，掌握岗位技能和要求，促进公司健康快速发展，经研究决定开展新员工入职培训活动。如果领导将这项任务交给你，你该如何组织实施？在这次活动中，需要运用的应用文文种有哪些？

任务描述

首先要考虑做好这项工作需要哪些步骤才能完成。

一般活动的组织开展基本可以分为三个阶段。

1. 筹划部署阶段。要确定培训内容、人员范围、培训目标、培训时间、培训地点、培训形式等，请示上级部门及领导同意后，落实培训的老师、场地等，发布培训的通知。

2. 培训实施阶段。按照培训计划或安排表，组织实施培训。

3. 总结验收阶段。通过总结汇报、考试、比赛、评比等进行培训成果验收，培训成员交流培训心得，主办单位对培训工作进行总结。

根据以上分析的三个阶段的工作，本次活动将使用的应用文文种包括：活动请示、活动实施方案、培训工作通知、培训日程安排表、领导讲话、活动简报、活动总结、培训心得体会等。

公司人事处按照领导要求，初步确定新员工入职培训时间为 3 天。培训地点在公司五楼会议室，培训内容分别为：举行入职典礼，邀请公司领导讲话，参观公司；邀请办公室主任为新员工介绍公司概况（公司的历史、背景、机构设置、经营理念、远景、价值观等）；邀请公司人事处负责人介绍各项绩效管理制度、考核制度等，学习《员工工作手册》和《公司章程》；邀请业务科负责人介绍公司各部门、岗位的工作职责、工作内容、要求和标准，使其熟悉工作环境和流程；安排一次拓展训练，使新员工消除陌生感，减少就职前的压力感，促进彼此的交流和沟通；举行座谈会，新入职员工交流培训心得，畅谈职业规划和就职感想，颁发结业证书。

任务分工

教师根据活动内容进行模拟演练任务安排，并引导学生填写下面的任务分工卡。具体操作是：

1. 确定出 1-2 名活动总负责人，负责此次活动的策划、安排、组织，具体工作是设置活动场景（可主要选取入职典礼或者座谈会场景），明晰活动流程，组织学生撰写活动所需材料，确定各项工作人员的角色扮演者，协助教师完成课堂模拟演练。

2. 将全班学生根据任务要求进行分组。每组选出 1 名小组负责人，负责小组管理，协助总负责人完成任务。

3. 材料组的任务主要是研讨活动材料如何撰写，要求每位学生根据自己模拟的角色及任务内容分工，查阅相关资料，进行任务分析，梳理所写应用文的内容及框架结构，并在小组内进行研讨，形成写作思路后开始撰写材料；材料完成后大家互评，最终形成一份定稿；之后根据情况安排组员参加课堂模拟演练。其他小组工作人员根据需要完成任务。

4. 对于没有学习过的文种，教师可根据情况补充相关知识。

5. 教师也可要求每位同学准备活动所需全部材料，在此基础上再进行具体任务分工。

××公司关于开展新员工入职培训活动部分工作任务分工卡					
组别	任务	处室、人员	小组负责人	任务分析	总负责人
第1组	撰写活动请示（附件为活动实施方案）	人事处：			
第2组	撰写活动通知（附件为培训日程安排表）	人事处：			
第3组	撰写领导讲话稿	人事处：			
第4组	撰写培训心得	人事处：			
第5组	做好座谈会会议记录	人事处：			
第6组	撰写活动总结	人事处：			
第7组	撰写简报	人事处：			
第8组	会场布置等前期准备工作	人事处：			
第9组	制作宣传微视频等后期工作	人事处：			

│任务实施│

每位学生根据分工完成自己的写作任务及其他相关任务。

材料撰写要求：①主题明确、集中。②内容正确，条理清晰。③表达清楚、准确，语言简洁。④格式规范、齐全。

│任务演练│

根据××公司关于开展新员工入职培训活动的安排和要求，请在本班内模拟举行此次培训活动其中的一两项场景。活动结束后，请对会议召开及材料运用情况进行交流和总结。

| 任务评价 |

学完本科目内容，请教师及学生根据此次任务完成的实际情况进行评价。评价内容及方式可参考实训项目二十四中的实训科目五的任务评价。

实训科目十五　中层干部竞聘上岗活动

| 任务情境 |

为了进一步深化干部人事制度改革，形成充满活力的用人机制，进一步拓宽选人、用人渠道，激发公司全体员工的工作积极性，优化中层干部队伍结构，经××集团总公司研究，决定在全公司通过竞争上岗的方式选拔一批中层领导干部。如果公司领导让你来组织这次竞聘上岗活动，你该从哪些地方着手准备？在这次活动中，需要运用到的应用文文种有哪些？

| 任务描述 |

按照人事工作的有关要求，一般竞争上岗将按照公开报名、资格审查、竞聘演讲、民主测评、组织考察、研究决定、任前公示、任命和试用等八个程序严格执行。

为保证这次竞争上岗工作顺利进行，首先××集团总公司人事部门要专门出台中层干部竞聘上岗的实施方案，明确这项工作的指导原则、竞聘上岗所需的条件、资格以及工作的实施步骤。由办公室起草发布通知，竞聘者根据通知要求提出申请公开报名参加竞聘。主办单位对竞聘者的资格进行审核，符合条件的竞聘者准备竞聘演讲稿。竞聘活动的核心环节是竞聘演讲活动当天的组织。要事先确定好评委，制订评分标准，确定主持人，开场由领导讲话。然后竞聘者按照事先抽签顺序依次进行竞聘演讲，评委打分。最终将评委打分及组织考察结果进行公示，无异议后进行任命。

根据工作的流程和环节，这项工作涉及的应用文文种有：工作实施方案、活动通知、竞聘演讲稿、领导讲话、任命决定、活动简报等。

| 任务分工 |

教师根据活动内容进行模拟演练任务安排，并引导学生填写下面的任务分工卡。具体操作是：

1. 确定出1-2名活动总负责人，负责此次活动的策划、安排、组织，具体工作是设置活动场景，明晰活动流程，组织学生撰写活动所需材料，确定各项工作人员的角色扮演者，协助教师完成课堂模拟演练。

2. 将全班学生根据任务要求进行分组。每组选出 1 名小组负责人，负责小组管理，协助总负责人完成任务。

3. 材料组的任务主要是研讨活动材料如何撰写，要求每位学生根据自己模拟的角色及任务内容分工，查阅相关资料，进行任务分析，梳理所写应用文的内容及框架结构，并在小组内进行研讨，形成写作思路后开始撰写材料；材料完成后大家互评，最终形成一份定稿；之后根据情况安排组员参加课堂模拟演练。其他小组工作人员根据需要完成任务。

4. 对于没有学习过的文种，教师可根据情况补充相关知识。

5. 教师也可要求每位同学准备活动所需全部材料，在此基础上再进行具体任务分工。

组别	任务	处室、人员	小组负责人	任务分析	总负责人
\multicolumn{6}{c}{××集团总公司中层干部竞聘上岗活动部分工作任务分工卡}
第1组	撰写工作实施方案（附在活动通知后）	人力资源部：			
第2组	撰写活动通知	办公室：			
第3组	撰写竞聘演讲稿	竞聘者：			
第4组	撰写领导讲话稿	办公室：			
第5组	撰写任命决定	人力资源部：			
第6组	撰写简报	办公室：			
第7组	会场布置等前期准备工作	办公室：			
第8组	制作宣传微视频等后期工作	办公室：			

任务实施

每位学生根据分工完成自己的写作任务及其他相关任务。

材料撰写要求：①主题明确、集中。②内容正确，条理清晰。③表达清楚、准确，语言简洁。④格式规范、齐全。

任务演练

根据××集团总公司中层干部竞聘上岗工作的任务安排及要求，请在班内模拟开展此项活动。每组模拟结束后，请对活动组织及材料运用情况进行交流和总结。

任务评价

学完本科目内容，请教师及学生根据此次任务完成的实际情况进行评价。评价内容及方式可参考实训项目二十四中的实训科目五的任务评价。

实训科目十六　年终总结表彰大会

任务情境

为了总结本年度工作成果，表彰先进，增强公司凝聚力，××公司召开了××××年度工作总结暨表彰大会。如果公司领导让你来组织这次年终总结表彰大会，你该从哪些地方着手准备？在这次活动中，需要运用到的应用文文种有哪些？

任务描述

为保证这次年终总结表彰大会顺利召开，首先××公司要专门出台评选优秀团队、优秀员工的方案，明确这项工作的指导原则、优秀团队与员工所需的评选条件、优秀比例分配以及工作的实施步骤。由人力资源部起草发布通知，各部门根据通知要求评选出优秀团队、优秀员工，并上报。人力资源部对优秀团队、优秀员工的资格进行审核，并提交公司总经理办公会进行审查。最后对审查通过的优秀团队、优秀员工进行公示，无异议后撰写表彰决定，随后大会表彰。

在这同时，办公室开始着手准备总结表彰大会其他工作，与领导沟通确定会议时间、地点、内容、程序，确定主持人，撰写年终总结等，并下发会议通知，布置会场等。

根据工作的流程和环节，这项工作涉及的应用文文种有：优秀评选方案、优秀评选通知、公示稿、会议通知、年终总结讲话稿、表彰决定、会议议程、会议简报等文种。

> 任务分工

教师根据活动内容进行模拟演练任务安排,并引导学生填写下面的任务分工卡。具体操作是:

1. 确定出 1-2 名活动总负责人,负责此次活动的策划、安排、组织,具体工作是设置活动场景,明晰活动流程,组织学生撰写活动所需材料,确定各项工作人员的角色扮演者,协助教师完成课堂模拟演练。

2. 将全班学生根据任务要求进行分组。每组选出 1 名小组负责人,负责小组管理,协助总负责人完成任务。

3. 材料组的任务主要是研讨活动材料如何撰写,要求每位学生根据自己模拟的角色及任务内容分工,查阅相关资料,进行任务分析,梳理所写应用文的内容及框架结构,并在小组内进行研讨,形成写作思路后开始撰写材料;材料完成后大家互评,最终形成一份定稿;之后根据情况安排组员参加课堂模拟演练。其他小组工作人员根据需要完成任务。

4. 对于没有学习过的文种,教师可根据情况补充相关知识。

5. 教师也可要求每位同学准备活动所需全部材料,在此基础上再进行具体任务分工。

\×\×公司召开\×\×\×\×年度工作总结暨表彰大会部分工作任务分工卡					
组别	任务	处室、人员	小组负责人	任务分析	总负责人
第1组	撰写评选方案（附在评选通知后）	人力资源部:			
第2组	撰写评选通知	人力资源部:			
第3组	撰写公示稿	人力资源部:			
第4组	撰写表彰决定	人力资源部:			
第5组	撰写会议通知	办公室:			
第6组	撰写公司年度总结	办公室:			
第7组	撰写会议议程	办公室:			
第8组	完成会议记录	办公室:			
第9组	撰写简报	办公室:			

续表

第10组	会场布置等前期准备工作	办公室：			
第11组	制作宣传微视频等后期工作	办公室：			

任务实施

每位学生根据分工完成自己的写作任务及其他相关任务。

材料撰写要求：①主题明确、集中。②内容正确，条理清晰。③表达清楚、准确，语言简洁。④格式规范、齐全。

任务演练

根据××公司召开××××年度工作总结暨表彰大会工作的任务安排及要求，请在班内模拟开展此项活动。每组模拟结束后，请对活动组织及材料运用情况进行交流和总结。

任务评价

学完本科目内容，请教师及学生根据此次任务完成的实际情况进行评价。评价内容及方式可参考实训项目二十四中的实训科目五的任务评价。

附 录

附录

参考文献

1. 艾英：《应用写作》，中国政法大学出版社 2018 年版。
2. 刘瑞：《怎样写好倡议书》，载《应用写作》2023 年第 12 期。
3. 张良：《倡议书写作应做到三个注重》，载《应用写作》2020 年第 4 期。
4. 高靖轩：《如何打造"高颜值"简历》，载《成才与就业》2024 年第 Z2 期。
5. 范夏薇：《如何让个人简历"亮"起来》，载《应用写作》2024 年第 2 期。
6. 王桂亮、钟虹：《情况说明的性质、类型和写作注意事项》，载《应用写作》2022 年第 10 期。
7. 李林杰：《谈谈如何写好情况说明》，载《应用写作》2022 年第 7 期。
8. 陈子典、胡欣育主编：《应用文写作》，北京师范大学出版社 2011 年版。
9. 杜菁锋、陈淑仪主编：《应用文写作》，北京师范大学出版社 2020 年版。
10. 阚昌菊、董时友、晏波主编：《应用文写作》，江西人民出版社 2012 年版。
11. 孙秀秋编著：《应用写作》，中国人民大学出版社 2018 年版。
12. 赵丽英、齐小青、许莹主编：《应用文写作理实一体化教程》，湖南大学出版社 2024 年版。
13. 任鹰主编：《实用文体写作教程》，中央广播电视大学出版社 2014 年版。
14. 孟延军、高云飞、吕向阳编著：《党政机关公文标准与格式应用指南》，人民邮电出版社 2021 年版。
15. 高虹、胡天琪主编：《应用文写作新教程》，清华大学出版社 2024 年版。
16. 刘金同、刘金来主编：《应用文写作教程》，清华大学出版社 2023 年版。
17. 朱桂华、徐宏辉、张孝友主编：《高职语文》，华中科技大学出版社 2023 年版。

18. 佟晓丽主编:《应用写作实训教材》,北京理工大学出版社 2011 年版。

19. 郭雪峰、岳五九主编:《应用文写作实训教程》,清华大学出版社 2016 年版。

20. 张建主编:《应用写作》,高等教育出版社 2019 年版。

21. 李春艳主编:《常用应用文写作实务技能训练》,中国政法大学出版社 2018 年版。

22. 李春艳:《职业院校应用文写作课程课堂实训教学模式探究与实践》,载《高教论坛》2018 年第 11 期。